KB214963

한문공부와 함께하는

52주 신학과 신앙 이야기

神學과 信

나를 길러주고 기도해 주신
속초 성결교회, 신길교회, 개봉교회, 신덕교회,
응암제일교회, 나주금성교회, 광주성산교회 및
은혜와 진리를 사모하며 재림을 고대하는
모든 조국 교회와 세계 교회 성도들에게
이 책을 바친다.

서대인 목사

한문공부와 함께하는

52주 神學

신학 과 信

신앙

이야기 信

서대인 지음

순리로

추천의 글

 왕대일 교수

감리교 신학대학교 명예교수, 석좌교수, 前)한국구약신학회장

교회는 배움의 공동체이다. 교회가 감당하는 역할 가운데에는 가르치고 배우고 나누는 사역이 있다. 하나님 신앙을 하나님의 말씀을 읽고 듣고 배우는 삶으로 담아내는 열정은 교회가 지닌 소중한 덕목이다. 말씀을 '듣는 자(聽子)'에서 말씀을 '믿는 자(信者)'로, 말씀을 믿는 자에서 말씀을 '따르는 자(弟子)'로 변화되어 가는 감격은 기독교 신앙 공동체가 누리는 소중한 자산이다. 서대인 목사가 집필한 『한문공부와 함께하는 52주 신학과 신앙 이야기』는 그런 자산을 오롯이 담아낸 소중한 글이다.

『한문공부와 함께하는 52주 신학과 신앙 이야기』는 기존의 성경 공부 교재와는 성격이 다르다. 신앙생활의 초석을 말씀 위에서 가다듬으려고 하면서도 성경 학습을 통해서 신학의 구조를 일깨워 주려고 하고, 성경공부·성경 학습이란 마당에서 제자도의 내공을 키우려고 한다. 그것을 위해 한학의 유산을 배움과 학습의 마중물로 삼았으며, 그것을 이루는 수단으로 어려운 교리를 익숙한

성경 말씀으로 풀어주는 성과를 거두고 있다. 기독교 신학의 주제인 하나님, 예수 그리스도, 성령, 인간, 교회, 종말 등의 기독교 교리를 성도들의 눈높이에 맞추어 묻고, 불리고, 풀어냈다. 무엇보다도 한문이라는 우리 문화의 유산을 기독교 신학의 지평선에 들어서는 도우미로 삼으면서 '문文은 문門이다'라는 깨달음을 안겨준다. 이 글을 읽는 독자들은 1년 52주라는 틀 안에서 그리스도인을 위한 신학 강좌를 재미있게 이수하게 될 것이다. 독자들에게 이 책을 강력하게 추천하는 이유가 여기에 있다.

● 최인식 교수
서울신학대학교 명예교수, 前)한국조직신학회장

저자는 성경의 높은 봉우리로부터 깊은 골짜기를 두루두루 직관하면서 말씀의 굵은 광맥을 찾아 내어 독자들이 직접 말씀을 맛보도록 안내해 준다. 신앙이 지성을 품도록 이끌어 줌으로 현대인을 위한 복음 전도와 변증에도 이바지할 것이다. 본서는 하나님의 마음을 알기에 목말라 하는 성도들에게는 깊은 우물물을 퍼올리는 두레박이 될 것이다.

● 이기용 목사
신길성결교회 담임목사, 조국교회와 세계교회의 부흥강사

신학교 시절 나의 별명은 부흥강사였고, 저자는 신학교수였다. 그런데 동기들의 예상과는 달리 저자는 전남 나주에서 교회를 개척하며 목양 일념의 길로 갔다. 선한 목자인 저자는 분주한 목회 중에도 틈틈이 번역서와 논문, 그리고 책을 쓰더니 마침내 신학과 신앙을 고양시키는 결정판인 이 책을 썼다. 조국교회와 세계교회, 오고오는 모든 세대에게 말씀을 연구하고, 준행하며, 가르쳐 지키게 하는 필독서로 자랑스럽게 추천한다.

● **차준희 교수**

한세대학교 구약학 교수, 한국구약학연구소 소장,
前)한국구약신학회장, 미국 풀러신학대학원 객원교수

　서대인 목사님은 광주에 숨은 고수高手이며, 학자 같은 목회자
이다. 필자는 저자의 해박한 철학 지식과 더불어, 기독교신학과 성
경에 대한 깊이 있는 학문적 지식에 늘 놀라곤 한다. 저자는 이 책
에서 기독교신학과 신앙의 알짬을 잘 추려서 성경적이고 신학적으
로 알기 쉽게 설명하고 있다. 이 책 한 권에 기독교신학의 핵심들
이 모두 담겨있다니 매우 놀랍다. 기존 신자들의 재교육서와 초신
자들의 기독교입문서로 이보다 더 좋을 수는 없다.

● **한철흠 교수**

한국침례신학대학교 신약신학교수
『주제로 읽는 요한계시록(영성)』의 저자

　본 저서는 저자의 광범위한 연구를 토대로 다양한 주제를 흥
미롭게 설명한다. 저자의 학식이 묻어나는 본 저서를 통해 독자는
알아가는 기쁨을 맛볼 뿐만 아니라, 신학과 신앙의 깊이를 더하게
될 것이다.

● **김진오 사장**

CBS 사장

　내가 광주에서 만난 서대인 목사님은 영성,인성,지성을 두루 갖
춘 목사님이셨습니다. 목사님의 역작인 이책은 성령 충만한 성직
자뿐만 아니라 성경이 궁금한 넌 크리스천들에게도 지혜의 보고서
임을 알게 해 줄 것으로 믿습니다. 그 어떤 철학자나 교수들보다도
독서량과 영성이 풍성한 서대인 목사님의 진면목을 보게 될 것입
니다. 축하드리고, 축복합니다.

● 이정재 장로
광주성산성결교회 원로장로, 한국대학 총장협의회 부회장,
前)광주교육대학교 2대 총장, 광주시민•사회단체 총연합 총회장

서대인 목사님은 늘 겸손하고 진실한 철학자의 레전드로 지성, 감성, 영성이 충만한 융합형 목사로서 예수님 시대 이후 가장 큰 변화를 겪는 글로벌한 기독교적인 퍼스펙티브로 기독교 역사를 해석한 이 책은 적시摘示의 훌륭한 저술이 아닐 수 없다. 지혜와 힘이 무엇인지를 예리한 통찰로 제시하여 독자를 한없는 열망과 동경, 환희 세계로 이끌어 낸 이야기 중심으로 흐르는 지적, 정신적, 영적 사건과 영웅물로 민초들의 이야기들이 생생하게 살아있는 걸작傑作(masterpiece)이기 때문이다.

서문

"우리가 다 하나님의 아들을 믿는 것과 아는 일에 하나가 되어 온
전한 사람을 이루어 그리스도의 장성한 분량이 충만한 데까지 이
르리니" 엡4:13

"에스라가 여호와의 율법을 연구하여 준행하며 율례와 규례를 이
스라엘에게 가르치기로 결심하였었더라" 스7:10

　　『성경으로 풀어가는 역사 인문학(순리, 2022)』을 출간한 후,
"다음 책은 무엇을 쓸까요?"라는 질문을 하나님께 드렸습니다. 기
도 중에 주신 응답에 따라, 이 책을 쓰게 되었습니다. 마지막 때가
되면 적 그리스도와 이단들이 더욱 많이 나타날 것이라는 말씀(마
24:24)이 실현되는 이 시기에, 하나님께서 조국 교회와 다음 세대
를 위해 성경의 올바른 교리와 바른 신앙을 배 울 수 있도록 이 책
을 쓰도록 인도하셨다고 믿습니다.

　　1. 이 책의 제목을 『신학과 신앙』이라고 정한 이유는 바른 신
학과 열정적인 믿음이 함께할 때 참된 크리스천이 될 수 있다고 생

각했기 때문입니다. 씨뿌리는 비유에서 첫째는 진리의 말씀이 중요하며, 다음으로 우리 내면이 옥토와 같은 신앙을 지녀야 한다고 가르칩니다.

따라서, '신앙信仰'을 '신학信學'이라 표현했습니다. 예를 들어, 하나님의 치유를 뜻하는 '신유'에서 하나님을 강조하면 '신유神癒'로, "네 믿음으로 치유를 받았다"는 말씀을 따르면 '신유信癒'로 쓸 수 있는 것과 같은 이치입니다.

또한, 독일어권의 조직신학神學에서 하나님의 말씀에 대한 인격적인 믿음을 강조하는 책을 '조직신학信學'이라고 부르기도 합니다. 이는 마치 줄탁동시啐啄同時와 같은 의미를 담고 있습니다.

"내가 그리스도와 함께 십자가에 못 박혔나니 그런즉 이제는 내가 사는 것이 아니요 오직 내 안에 그리스도께서 사시는 것이라 이제 내가 육체 가운데 사는 것은 나를 사랑하사 나를 위하여 자기 자신을 버리신 하나님의 아들을 믿는 믿음 안에서 사는 것이라" 갈2:20

2. 기독교에는 하나님의 은혜에 "오직 믿음으로"와 "오직 사랑으로(청빈, 순결, 순종)"가 함께 있지만, 거짓된 믿음이나 병든 믿음도 있습니다. 이 책은 참된 신앙생활에 길잡이가 되기를 기도하며 집필했습니다.

"좋은 땅에 있다는 것은 착하고 좋은 마음으로 말씀을 듣고 지키어 인내로 결실하는 자니라"눅8:15

"내 형제들아 만일 사람이 믿음이 있노라 하고 행함이 없으면 무슨 유익이 있으리요 그 믿음이 능히 자기를 구원하겠느냐"약2:14

"나더러 주여 주여 하는 자마다 다 천국에 들어갈 것이 아니요 다만 하늘에 계신 내 아버지의 뜻대로 행하는 자라야 들어가리라" 마7:21

3. 이 책은 조직신학적으로 성경 교리를 다루고 있어, 다소 쉽게 읽히지 않을 수 있습니다. 저의 이전의 책들은 단순 명쾌하고 쉽고 재미난 책이었지만, 이 책은 에스라처럼 말씀을 연구하는 마음으로 접근해야 합니다. 저 또한 개인적인 이야기는 최소화하고, 성경 말씀을 체계적으로 연결하여 성경 자체가 우리를 직접 가르칠 수 있도록 노력했습니다.

"여호와의 율법은 완전하여 영혼을 소성시키며 여호와의 증거는 확실하여 우둔한 자를 지혜롭게 하며 여호와의 교훈은 정직하여 마음을 기쁘게 하고 여호와의 계명은 순결하여 눈을 밝게 하시도다" 시19:7-8

4. 책에서 한문 공부를 함께 다루는 이유는 성경 말씀을 깊이 각인시키기 위함입니다. 한국 기독교가 귀신 신神을 하나님 신神으로, 예의 예禮를 예수님 예禮로 바꾸어 사용한 것처럼, 사자성어에 담긴 동양사상도 이제는 기독교 신학 용어로 바꾸어 사용할 수 있다고 생각합니다.

"하나님이 이 네 소년에게 학문을 주시고 모든 서적을 깨닫게 하시고 지혜를 주셨으니 다니엘은 또 모든 환상과 꿈을 깨달아 알더라 왕이 그들에게 모든 일을 묻는 중에 그 지혜와 총명이 온 나라 박수와 술객보다 십 배나 나은 줄을 아니라" 단1:17,20

5. 본문을 52주로 나눈 것은 학생, 청년, 구역 등 성경 모임에서 공과책으로 활용하여 매주 한 과씩 배우고, 실천하며 나누기를 바라는 마음에서입니다. 우리가 학이시습學而時習하며 진실로 조국 교회와 성도님들이 '믿음의 모델', '예배의 모델', '삶의 모델'이 되시길 기원합니다.

끝으로, 이 책의 집필과 출판 과정에서 가장 많이 수고해주신 고정석 목사님, 한문 공부의 동역자인 김종수 장로님, 편집으로 수고해 주신 김병학 집사님, 사랑하는 나의 자랑 성산교회의 장로님들과 성도님들, 그리고 사랑하는 아내 정영숙 사모와 자녀들(한별, 효은, 시온 / 관, 봄, 율리, 리아 / 은진, 혜리)에게 깊은 감사를 드립니다. 또한 부족한 종에게 과분한 추천서와 서평을 써주신 존귀한 분들께도 깊은 감사를 드립니다. 무엇보다도 나의 인생과 이 책의 알파A와 오메가Ω이신 하나님께 영광과 감사를 올려드립니다.

"이 예언의 말씀을 읽는 자와 듣는 자와 그 가운데에 기록한 것을 지키는 자는 복이 있나니 때가 가까움이라" 계1:3

 "이것들을 증언하신 이가 이르시되 내가 진실로 속히 오리라 하시거늘 아멘 주 예수여 오시옵소서" 계 22:20

2024년 10월 1일
광주 성산성결교회 목양실에서 도신道臣 서대인 목사

목 차

IX. 종말론

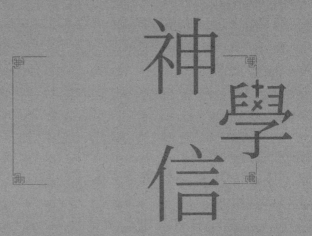

神 學 信

I

신앙과 삶의 태도

한문공부와 함께하는 **52주 신학과 신앙** 이야기

1주 숭본식말 崇本息末

근본을 숭상하면 말단은 번식한다

중국의 현인 노자老子의 『도덕경道德經』을 주석한 왕필은 노자의 핵심 사상을 '근본을 숭상하면 말단은 자연히 번성한다'는 '숭본식말'로 요약했습니다. 도덕경보다 더 권위가 있는 성경 말씀을 보아도 숭본식말이 맞습니다.

"그런즉 너희는 먼저 그의 나라와 그의 의를 구하라 그리하면 이 모든 것을 너희에게 더하시리라 마6:33"

"주 예수를 믿으라 그리하면 너와 네 집이 구원을 받으리라" 행 16:31

"겸손과 여호와를 경외함의 보상은 재물과 영광과 생명이니라" 잠22:4

기독교 선교단체 중에 연세대, 고려대, 이화여대를 중심으로 활동하는 JOY라는 단체가 있습니다. 이 단체는 신앙 생활의 우선순위를 첫째는 J(Jesus Christ/예수 그리스도), 둘째는 O(Others/이웃), 셋째는 Y(You/나 자신)로 삼겠다는 정신에 따라 'JOY'라는 이름을 정했습니다. 이것이 바로 숭본식말입니다. JOY 출신들은 오늘날에도 교회와 세상에서 믿음과 삶의 본보기가 되며, 존귀하게 쓰임받고 있습니다.

똑같은 지하자원과 자연환경을 가지고 있는 북아메리카와 남아메리카는, 세계 최고의 부국과 빈국으로 갈라졌습니다. 북미는 신앙의 조상들이 신앙을 우선으로 살아갔습니다. 그들은 교회, 학교, 가정 순으로 건물을 세웠습니다. 반면 남미는 조상들이 엘도라도, 즉 황금을 좇아 살았습니다. 그 결과 북미와 남미의 차이를 만들었습니다. 이 역시 숭본식말의 예입니다.

1. 가장 지혜로운 지식

칼빈은 기독교 고전인 기독교 강요의 첫 페이지에서 인간이 반드시 알아야 할 두 가지 지식을 강조했습니다. 첫째는 하나님을 아는 지식이며, 둘째는 자신을 아는 지식입니다. 그는 창조주 하나님을 알 때 피조물인 인간을 이해할 수 있으며, 하나님의 형상인 자신을 올바로 알기 위해서는 먼저 창조주 하나님을 알아야 한다고 설명했습니다. 그러므로 아래의 세 지식이 중요합니다.

A. 하나님을 아는 지식

세상 모든 일의 근본은 창조주 하나님을 아는 지식에 있습니다.

"여호와를 경외하는 것이 지식의 근본이거늘 미련한 자는 지혜와 훈계를 멸시하느니라" 잠1:7

"네 악이 너를 징계하겠고 네 반역이 너를 책망할 것이라. 그런즉 네 하나님 여호와를 버림과 네 속에 나를 경외함이 없는 것이 악이요 고통인 줄 알라" 렘2:19

B. 인간 / 나를 아는 지식

하나님 앞에서 내가 누구인지를 아는 지식입니다.

"하나님이 자기 형상, 곧 하나님의 형상대로 사람을 창조하시되 남자와 여자를 창조하시고" 창1:27

"너희는 택하신 족속이요 왕 같은 제사장들이요 거룩한 나라요 그의 소유가 된 백성이니 이는 너희를 어두운 데서 불러 내어 그의 기이한 빛에 들어가게 하신 이의 아름다운 덕을 선포하게 하려 하심이라" 벧전2:9

이는 곧 "하나님을 경외하고, 사람을 사랑하라"는 경천애인敬天愛人의 계명과 연결됩니다.

C. 영생을 아는 지식

"영생은 곧 유일하신 참 하나님과 그가 보내신 자 예수 그리스도를 아는 것이니이다." 요17:3

"내가 무슨 선한 일을 하여야 영생을 얻으리이까... 네가 온전하고자 할진대 가서 네 소유를 팔아 가난한 자들에게 주라 그리하면 하늘에서 보화가 네게 있으리라 그리고 와서 나를 따르라" 마 19:16,21,22

하나님을 아는 지식과 인간을 아는 지식을 가진 사람은 하나님을 섬기고 이웃을 사랑하며, 부귀의 진정한 원천을 이해하고 이를 경천애인을 위해 선용합니다. 마치 향유옥합을 깨뜨려 예수님과 제자들을 섬긴 마리아처럼 말입니다.

"주라 그리하면 너희에게 줄 것이니 곧 후히 되어 누르고 흔들어 넘치도록 하여 너희에게 안겨 주리라 너희가 헤아리는 그 헤아림으로 너희도 헤아림을 도로 받을 것이니라" 눅6:38

"천국은 마치 밭에 감추인 보화와 같으니 사람이 이를 발견한 후 숨겨 두고 기뻐하며 돌아가서 자기의 소유를 다 팔아 그 밭을 사느니라" 마13:44

"또 천국은 마치 좋은 진주를 구하는 장사와 같으니 극히 값진

진주 하나를 발견하매 가서 자기의 소유를 다 팔아 그 진주를 사느니라" 마13:45-46

가장 지혜로운 인생은 땅의 것을 투자하여 하늘의 신령한 복을 차지하는 인생입니다. 사도 바울을 비롯한 모든 신앙의 위인들은 바로 이런 지혜로운 삶을 살았습니다.

2. 숭본식말

사람의 제1되는 목적이 무엇입니까? "사람의 제1되는 목적은 하나님을 영화롭게 하는 것과 그를 영원토록 즐거워하는 것입니다." (웨스트민스터 소교리문답 제1조)

신본주의가 사라지고 인본주의人本主義의 시대가 도래하였습니다. 인간이 '만물의 척도'가 되었지만, 인간은 존귀한 주인이 되기보다는 짐승만도 못한 존재가 되어버렸습니다. 창조주 하나님과 구원자 예수님을 믿고 사랑할 때에는 인간이 만물의 영장이 되었습니다.

숭본식말! 근본을 높이면 다음 것은 저절로 번성합니다. 신본주의를 높이면 인본주의도 저절로 이루어집니다. 그러나 말단인 인본주의를 우선시하면 인본주의마저 잃어버리고, 절대가치인 신본주의도 사라지게 됩니다. 하나님의 성결을 우선시하면 인간의 행복도 저절로 주어집니다. 인간은 2H, 곧, 'Holiness(성결)'과 'Happiness(행복)'을 추구하는 존재로 지음을 받았습니다. 현대인들이 추구하는 행복은 단순히 욕망한다고 얻어지는 것이 아니라 성결을 추구함으로 주어지는 선물입니다. 행복을 우선시하면 결국 행복도 잃고 거룩도 잃어버리는 초라한 존재가 됩니다.

"인생은 B와 D 사이의 C이다"라는 말이 있습니다. 인간은 탄생(Birth)과 죽음(Death) 사이의 선택(Choice)의 존재라는 의미입니다. 인생의 모든 시간은 선택의 순간이자 결단의 순간, 책임의 순간입니다. 우리는 선택의 순간마다 먼저 하나님의 뜻을 구함으로써, 나의 뜻과 꿈도 저절로 이루어지는 존귀한 자가 되기를 바랍니다.

> "내가 오늘 하늘과 땅을 불러 너희에게 증거를 삼노라 내가 생명과 사망과 복과 저주를 네 앞에 두었은즉 너와 네 자손이 살기 위하여 생명을 택하고 네 하나님 여호와를 사랑하고 그의 말씀을 청종하며 또 그를 의지하라 그는 네 생명이시요 네 장수이시니 여호와께서 네 조상 아브라함과 이삭과 야곱에게 주리라고 맹세하신 땅에 네가 거주하리라" 신30:19,20

이런 것을 한번 생각해 봅시다. 하나님의 꿈과 나의 꿈이 충돌할 때, 나는 무엇을 먼저 선택해야 할까요?

우리는 주일에는 온전히 예배하고 안식의 시간을 가지는 것이 좋다고 알고 있습니다. 그렇다면 월요일에 시험이 있을 때, 하나님의 지혜를 구하면서 주일 성수에 초점을 맞추어야 할까요, 아니면 시험 공부에 집중해야 할까요?

나는 직장에서 순종을 잘 하는 사람입니다. 그렇다면 직장 상사의 명령이 하나님의 말씀과 어긋날 때, 내가 직장 상사를 따를까요, 하나님을 따를까요?

※ 각 장의 맨 끝에 사자성어(한자)를 한 번씩 써보고자 합니다. 영어 단어와 숙어를 외우던 정성으로 약 70개의 사자성어(한자)를 읽히면 신앙과 생활에 있어서 큰 유익이 되리라 믿습니다.

숭본식말 崇本息末

근본을 숭상하고, 말단을 없애는 것.
근본을 숭상하면 말단은 자연히 번성한다.

崇	本	息	末
숭상할 숭	근본 본	종식할 번식할 식	말단 말

崇	本	息	末				

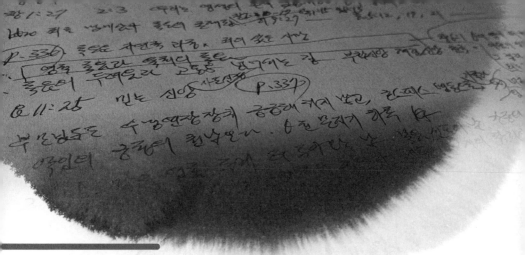

2주 거경궁리 居敬窮理

마음을 경건하게 하여 이치를 추구한다

"예수께서 이르시되 내가 곧 길이요 진리요 생명이니 나로 말미암지 않고는 아버지께로 올 자가 없느니라" Jesus answered, I am the way and the truth and the life. No one comes to the Father except through me. 요14:6

"여호와를 경외하는 것이 지식의 근본이거늘 미련한 자는 지혜와 훈계를 멸시하느니라" 잠1:7

"네가 호렙 산에서 네 하나님 여호와 앞에 섰던 날에 여호와께서 내게 이르시기를 나에게 백성을 모으라 내가 그들에게 내 말을 들려주어 그들이 세상에 사는 날 동안 나를 경외함을 배우게 하며 그 자녀에게 가르치게 하리라" 신4:10

"하나님 아는 것을 대적하여 높아진 것을 다 무너뜨리고 모든 생각을 사로잡아 그리스도에게 복종하게 하니 너희의 복종이 온전하게 될 때에 모든 복종하지 않는 것을 벌하려고 준비하는 중에 있노라" 고후10:5,6

"이스라엘 자손들아 여호와의 말씀을 들으라 여호와께서 이 땅 주민과 논쟁하시나니 이 땅에는 진실도 없고 인애도 없고 하나님을 아는 지식도 없고 내 백성이 지식이 없으므로 망하는도다. 네가 지식을 버렸으니 나도 너를 버려 내 제사장이 되지 못하게 할 것이요 네가 네 하나님의 율법을 잊었으니 나도 네 자녀들을 잊어 버리리라 그들은 번성할수록 내게 범죄하니 내가 그들의 영화를 변하여 욕이 되게 하리라" 호4:1b,6-7

1. 거경居敬: 하나님을 경외하는 삶

성경에서 하나님을 경외하거나 하나님을 사랑한다고 언급될 때, 항상 "순종하라"는 교훈이 함께 나옵니다.

"나를 사랑하고 내 계명을 지키는 자에게는 천 대까지 은혜를 베 푸느니라" 출20:6

"여호와를 경외하며 그의 길을 걷는 자마다 복이 있도다. 네가 네 손이 수고한 대로 먹을 것이라. 네가 복되고 형통하리로다" 시 128:1-2

A. 신앙생활은 죄인된 우리의 유일한 소망이신 하나님을 경외(Fear God)하므로 예배하는 것입니다.

"하나님이여, 주의 인자를 따라 내게 은혜를 베푸시며, 주의 많은 긍휼을 따라 내 죄악을 지워 주소서. 나의 죄악을 말갛게 씻으시며, 나의 죄를 깨끗이 제하소서. 무릇 나는 내 죄과를 아오니, 내 죄가 항상 내 앞에 있나이다. 내가 주께만 범죄하여 주의 목전에 악을 행하였사오니, 주께서 말씀하실 때에 의로우시다 하고, 주께서 심판하실 때에 순전하시다 하리이다." 시51:1-4

"나의 사랑하는 자들아, 너희가 나 있을 때뿐 아니라 더욱 지금 나 없을 때에도 항상 복종하여 두렵고 떨림으로 너희 구원을 이루라. 너희 안에서 행하시는 이는 하나님이시니, 자기의 기쁘신 뜻을 위하여 너희에게 소원을 두고 행하게 하시나니." 빌2:12-13

"하나님 아버지 앞에서 정결하고 더러움이 없는 경건은 곧 고아와 과부를 그 환난 중에 돌보고, 또 자기를 지켜 세속에 물들지

아니하는 그것이니라." 약1:27

B. 신앙생활은 하나님의 자녀된 성도가 하나님을 사랑(Love God)하며 예배하는 것입니다.

"나의 힘이신 여호와여, 내가 주를 사랑하나이다. 여호와는 나의 반석이시요, 나의 요새시요, 나를 건지시는 이시요, 나의 하나님이시요, 내가 그 안에 피할 나의 바위시요, 나의 방패시요, 나의 구원의 뿔이시요, 나의 산성이시로다." 시18:1-2

'하나님을 경외'하다 보면 '하나님 사랑'이 약화되고, '하나님 사랑'만 강조하다 보면 '하나님 경외'가 약해질 수 있습니다. 성도는 하나님을 경외하기 때문에 더욱 사랑하고, 하나님을 사랑하기 때문에 더욱 경외해야 합니다. 이러한 삶을 실천한 사람이 있습니다. 바로 믿음의 조상이자 축복의 조상인 아브라함입니다.

"그 아이에게 네 손을 대지 말라. 그에게 아무 일도 하지 말라. 네가 네 아들, 네 독자까지도 내게 아끼지 아니하였으니 내가 이제야 네가 하나님을 경외(헬라어 성경에는 사랑)하는 줄을 아노라." 창22:12

2. 궁리窮理

A. 성도는 하나님의 진리를 사랑하는 사람입니다.

"영생은 곧 유일하신 참 하나님과 그가 보내신 자 예수 그리스도를 아는 것이니이다." 요17:3

"복 있는 사람은 악인들의 꾀를 따르지 아니하며, 죄인들의 길에 서지 아니하며, 오만한 자들의 자리에 앉지 아니하고, 오직 여호와의 율법을 즐거워하여 그의 율법을 주야로 묵상하는도다. 그는 시냇가에 심은 나무가 철을 따라 열매를 맺으며 그 잎사귀가 마르지 아니함 같으니, 그가 하는 모든 일이 다 형통하리로다." 시1:1-3

다니엘은 바벨론 포로로 끌려간 중에도 하나님과 그의 말씀에 뜻을 정하였습니다.

"다니엘은 뜻을 정하여 왕의 음식과 그가 마시는 포도주로 자기를 더럽히지 아니하리라 하고 자기를 더럽히지 아니하도록 환관장에게 구하니 / 하나님이 이 네 소년에게 학문을 주시고 모든 서적을 깨닫게 하시고 지혜를 주셨으니 다니엘은 또 모든 환상과 꿈을 깨달아 알더라 / 왕이 그들에게 모든 일을 묻는 중에 그 지혜와 총명이 온 나라 박수와 술객보다 십 배나 나은 줄을 아니라" 단1:8,17,20

"너희는 예루살렘 거리로 빨리 다니며 그 넓은 거리에서 찾아보고 알라 너희가 만일 정의를 행하며 진리를 구하는 자를 한 사람이라도 찾으면 내가 이 성읍을 용서하리라" 렘5:1

에스라도 페르시아라는 이방 세계에서 진리에 생명을 걸었습니다.

"에스라가 여호와의 율법을 연구하여 준행하며 율례와 규례를 이스라엘에게 가르치기로 결심하였었더라" 스7:10

"이스라엘 자손들아 여호와의 말씀을 들으라 여호와께서 이 땅 주민과 논쟁하시나니 이 땅에는 진실도 없고 인애도 없고 하나님을 아는 지식도 없고 / 내 백성이 지식이 없으므로 망하는도다 네가 지식을 버렸으니 나도 너를 버려 내 제사장이 되지 못하게 할 것이요 네가 네 하나님의 율법을 잊었으니 나도 네 자녀들을 잊어버리리라 그들은 번성할수록 내게 범죄하니 내가 그들의 영화를 변하여 욕이 되게 하리라" 호4:1,6,7

B. 성도는 거경궁리의 사람입니다.

하나님은 오바댜 같은 성도를 교회와 예배 가운데 마음껏 축복하십니다.

"아합이 왕궁 맡은 자 오바댜를 불렀으니 이 오바댜는 여호와를 지극히 경외하는 자라 이세벨이 여호와의 선지자들을 멸할 때에 오바댜가 선지자 백 명을 가지고 오십 명씩 굴에 숨기고 떡과 물을 먹였더라" 왕상18:3-4

"겸손과 여호와를 경외함의 보상은 재물과 영광과 생명이니라" 잠22:4

"여호와께서는 자기에게 간구하는 모든 자 곧 진실하게 간구하는 모든 자에게 가까이 하시는도다 그는 자기를 경외하는 자들의 소원을 이루시며 또 그들의 부르짖음을 들으사 구원하시리로다 여호와께서 자기를 사랑하는 자들은 다 보호하시고 악인들은 다 멸하시리로다" 시145:18-20

거경궁리의 사람 고넬료는 이방인의 장벽을 허물고, 이방인 부흥의 첫 주인공이 되었습니다. 또한, 그는 로마 교회의 위대한 개척과 부흥의 주역이 되었습니다.

"그가 경건하여 온 집안과 더불어 하나님을 경외하며 백성을 많이 구제하고 하나님께 항상 기도하더니 고넬료가 주목하여 보고 두려워 이르되 주여 무슨 일이니이까 천사가 이르되 네 기도와 구제가 하나님 앞에 상달되어 기억하신 바가 되었으니 마침 베드로가 들어올 때에 고넬료가 맞아 발 앞에 엎드리어 절하니" 행10:2,4,25

"교회는 그의 몸이니 만물 안에서 만물을 충만하게 하시는 이의 충만함이니라" 엡 1:23

"주 예수 그리스도의 은혜와 하나님의 사랑과 성령의 교통하심이 너희 무리와 함께 있을지어다" 고후13:13

"네 시대에 평안함이 있으며 구원과 지혜와 지식이 풍성할 것이니 여호와를 경외함이 네 보배니라" 사33:6

⊕ 거경궁리 居敬窮理

마음을 경건하게 하여 이치를 추구한다

居	敬	窮	理
살 거	공경 경	다할 궁	다스릴 리(이)

居敬窮理

3주 경천애인 敬天愛人(10계명)

하나님을 공경하고 사람을 사랑하라

십계명의 핵심 정신은 실존적으로는 '왕 같은 제사장, 거룩한 성도'로서의 삶을 지향하며, 공동체적으로는 '거룩한 나라, 제사장 백성'을 이루는 것입니다. 이를 통해 우리는 하나님께서 원하시는 '하나님 나라'를 이 땅에서 구현해야 합니다.

1. 십계명의 중요성

A. 첫 오순절과 십계명

십계명은 첫 오순절 날, 하나님께서 시내산에서 자신의 손으로 직접 기록하신 말씀입니다. 이로 인해 십계명은 구약의 율법으로써 폐기될 것이 아니라, 반드시 지켜야 할 하나님의 영원한 말씀이 됩니다. 예수님께서는 율법의 일점일획도 사라지지 않으며 다 성취될 것이라고 말씀하셨습니다. 우리가 이를 온전히 지키지 못하는 한계가 있음을 아시고, 하나님께서는 두 번째 오순절 날에 성령을 보내셔서 우리로 하여금 십계명을 비롯한 모든 말씀을 성취할 수 있도록 도우셨습니다.

"율법이 육신으로 말미암아 연약하여 할 수 없는 그것을 하나님은 하시나니, 곧 죄로 말미암아 자기 아들을 죄 있는 육신의 모양으로 보내어 육신에 죄를 정하사, 육신을 따르지 않고 그 영을 따라 행하는 우리에게 율법의 요구가 이루어지게 하려 하심이라" 롬8:3-4

B. 제사장 나라와 거룩한 백성

십계명은 하나님께서 꿈꾸신 '제사장 나라'와 '거룩한 백성'을 이루기 위한 말씀입니다. 하나님은 모든 민족 중에서 하나님의 소유가 될 백성, 제사장 나라, 거룩한 백성을 세우고자 하셨습니다.

"세계가 다 내게 속하였나니 너희가 내 말을 잘 듣고 내 언약을 지키면 너희는 모든 민족 중에서 내 소유가 되겠고, 너희가 내게 대하여 제사장 나라가 되며 거룩한 백성이 되리라." 출19:5-6

C. 십계명은 특권의 말씀

십계명은 일반 도덕규범으로도 널리 사용되지만, 본래적으로는 유월절 어린 양의 피로 구원받은 하나님의 자녀들에게 주어진 '특권'의 말씀입니다. 십계명은 단순한 의무가 아닌, 구원받은 백성으로서 누리는 특권이자 은혜입니다. 그래서 십계명은 이렇게 시작됩니다.

"나는 너를 애굽 땅, 종 되었던 집에서 인도하여 낸 네 하나님 여호와니라." 출20:2

2. 십계명의 개별 교훈

A. 1계명: "너는 나 외에는 다른 신들을 네게 두지 말라" 출20:3
적극적으로 하나님을 사랑하라는 말씀입니다.

"이스라엘아 들으라 우리 하나님 여호와는 오직 유일한 여호와 이시니, 너는 마음을 다하고 뜻을 다하고 힘을 다하여 네 하나님 여호와를 사랑하라" 신6:4-5

B. 2계명:"너를 위하여 새긴 우상을 만들지 말고 그것들에게 절 하지 말라" 출20:4-5

① 우상숭배 금지: 우상 숭배는 절대 금해야 합니다.

"그들 가운데 어떤 사람들과 같이 너희는 우상 숭배하는 자가 되 지 말라" 고전10:7a

② 하나님의 마음: 죄는 삼사 대까지 갚으시지만, 은혜는 천 대 까지 베푸시는 것이 하나님의 마음입니다. 이 하나님의 마음을 이해하고 그분을 기쁘시게 합시다.

C. 3계명: "너는 네 하나님 여호와의 이름을 망령되게 부르지 말라" 출20:7

① 하나님의 이름을 존중: 하나님의 이름을 자신의 정당화나 합 리화 등에 이용해서는 절대 안 됩니다.

② 일상 언어에서 주의: 최근 젊은이들이 "오 마이 갓 Oh my God!", "지저스 크라이스트 Jesus Christ!" 등 영어 표현을 사용 하는 것은 즉시 멈추어야 합니다.

"그러므로 너희는 이렇게 기도하라. 하늘에 계신 우리 아버지 여, 이름이 거룩히 여김을 받으시오며"마6:9

D. 4계명:"안식일을 기억하여 거룩하게 지키라" 출20:8

① 안식일의 중요성: 안식일은 하나님의 날입니다. 하나님께서 우리에게 여섯 날을 주셨으니, 안식일만큼은 온 가족이 함께 하 나님께 예배드리고, 그분을 기쁘시게 하며 은혜와 축복을 받는 시간으로 삼아야 합니다.

② 안식일의 축복: "만일 안식일에 네 발을 금하여 내 성일에 오락을 행하지 아니하고, 안식일을 즐거운 날이라 하며, 여호와의 성일을 존귀한 날이라 하여 존귀하게 여기고, 네 길로 행하지 아니하며, 네 오락을 구하지 아니하며, 사사로운 말을 하지 아니하면, 네가 여호와 안에서 즐거움을 얻을 것이라. 내가 너를 땅의 높은 곳에 올리고, 네 조상 야곱의 기업으로 기르리라. 여호와의 입의 말씀이니라" 사58:13-14

E. 5계명:"네 부모를 공경하라" 출20:12

① 부모 공경의 중요성: 부모 공경은 '하나님 사랑'과 '이웃 사랑'을 연결하는 중요한 계명입니다. 보이는 부모를 공경하지 못하는 사람이 보이지 않는 하나님을 경외할 수 없기 때문입니다.

② 교육자와 주의 종에 대한 공경: 군사부일체의 원칙에 따라 선생님들을 존중합시다. 또한 주의 종을 공경합시다. "제사장은 그의 백성의 어른인즉... 너는 그를 거룩히 여기라. 그는 네 하나님의 음식을 드림이니라. 너는 그를 거룩히 여기라. 너희를 거룩하게 하는 나 여호와는 거룩함이니라" 레 21:4,8

F. 6계명: "살인하지 말라" 출20:13

① 내면의 분노도 경계: "형제에게 노하는 자마다 심판을 받게 되고, 형제를 대하여 라가라 하는 자는 공회에 잡혀가게 되고, 미련한 놈이라 하는 자는 지옥 불에 들어가게 되리라." 마5:22-24

② 생명을 살리는 자: "도둑이 오는 것은 도둑질하고 죽이고 멸망시키려는 것뿐이요, 내가 온 것은 양으로 생명을 얻게 하고 더 풍성히 얻게 하려는 것이라" 요10:10

말씀에 따라 죽이는 자가 아니라, 살리는 자가 됩시다.

G. 7계명: "간음하지 말라" 출20:14

① 생명의 하나님조차도 자신과 상대방 및 양 집안이 패가망신하게 하는 간음죄에 대해서는 일벌백계로 죽이라고 하셨습니

다. 우리는 LGBT(성소수자들)에 대해 죄인으로서 긍휼히 여기고 사랑하되, 그 죄가 개인과 가정, 나라까지 망치는 큰 죄악임을 바르게 가르쳐야 합니다.

② 간음의 심각성: "하나님의 뜻은 이것이니 너희의 거룩함이라 곧 음란을 버리고 각각 거룩함과 존귀함으로 자기의 아내 대할 줄을 알고 하나님을 모르는 이방인과 같이 색욕을 따르지 말고 … 하나님이 우리를 부르심은 부정하게 하심이 아니요 거룩하게 하심이니 그러므로 저버리는 자는 사람을 저버림이 아니요 너희에게 그의 성령을 주신 하나님을 저버림이니라" 살전4:3-8

③ 내면의 순결 유지: "나는 너희에게 이르노니 음욕을 품고 여자를 보는 자마다 마음에 이미 간음하였느니라" 마5:28

H. 8계명: "도둑질하지 말라" 출20:15

① 탐욕 경계: "우리가 먹을 것과 입을 것이 있은즉 족한 줄로 알 것이니라 부하려 하는 자들은 시험과 올무와 여러 가지 어리석고 해로운 욕심에 떨어지나니 곧 사람으로 파멸과 멸망에 빠지게 하는 것이라 돈을 사랑함이 일만 악의 뿌리가 되나니 이것을 탐내는 자들은 미혹을 받아 믿음에서 떠나 많은 근심으로써 자기를 찔렀도다 " 딤전6:8-10

I. 9계명: "네 이웃에 대하여 거짓 증거하지 말라" 출20:16

① 사리사욕과 당리당략을 위한 가짜뉴스가 판을 치는 세상입니다.

② 성도가 거짓말을 하면 예수님과 진리의 말씀이 거짓말이 됩니다. 언제나 진실을 말하도록 합시다. "내가 곧 길이요 진리요 생명이니 나로 말미암지 않고는 아버지께로 올 자가 없느니라" 요14:6

K. 10계명: "네 이웃의 집을 탐내지 말라" 출20:17

① 탐심은 우상숭배입니다.

② "그런즉 내 사랑하는 자들아 우상 숭배하는 일을 피하라"고
전10:14,33

경천애인 敬天愛人
하나님을 공경하고 사람을 사랑한다

敬	天	愛	人
공경 경	하늘 천	사랑 애	사람 인

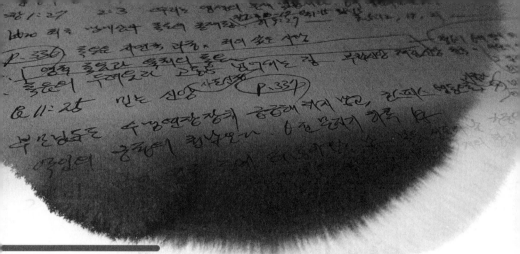

4주 경물중생 輕物重生

물질을 경시하고, 생명을 소중하게 여기라

학문에는 왕도가 없다고 하지만, 신앙생활에는 왕도가 있습니다. 경천애인敬天愛人과 경물중생輕物重生이라는 두 가지 중요한 교훈이 바로 그것입니다.

1. 경물중생輕物重生: 물질을 가볍게 여기고 생명을 소중히 여기라

초대교회는 성령충만, 사랑충만한 교회였습니다. 초대교회는 물질을 가지고 생명을 살리는데 집중했습니다.

"믿는 무리가 한마음과 한 뜻이 되어 모든 물건을 서로 통용하고 자기 재물을 조금이라도 자기 것이라 하는 이가 하나도 없더라" 행4:32

초대교회가 그렇게 사랑이 가득한 교회가 될 수 있었던 것은 전적으로 하나님의 은혜였습니다. 또한 바나바와 같이 헌신하는 성도들이 있었기 때문입니다.

"그 중에 가난한 사람이 없으니 이는 밭과 집 있는 자는 팔아 그 판 것의 값을 가져다가 사도들의 발 앞에 두매 그들이 각 사람의 필요를 따라 나누어 줌이라" 행4:34-35

엘리야 시대의 오바댜를 봅시다. 그는 경물중생을 실천한 대표적인 인물이었습니다. 그는 자신의 물질을 사용해 생명을 구하는 일에 헌신하였습니다.

"아합이 왕궁 맡은 자 오바댜를 불렀으니 이 오바댜는 여호와를 지극히 경외하는 자라 이세벨이 여호와의 선지자들을 멸할 때에 오바댜가 선지자 백 명을 가지고 오십 명씩 굴에 숨기고 떡과 물을 먹였더라" 왕상18:3-4

그러나 반대로, 영원한 하나님의 축복을 잠시의 인간적 부귀영화로 바꾸다가 패가망신하고 역사의 죄인이 되는 사람이 의외로 많습니다. 가룟 유다가 그 대표적인 예입니다. 그는 몇 푼의 돈에 예수님의 제자직과 천국의 영광을 팔아버린 가장 어리석은 사람입니다.

"돈을 사랑함이 일만 악의 뿌리가 되나니 이것을 탐내는 자들은 미혹을 받아 믿음에서 떠나 많은 근심으로써 자기를 찔렀도다" 딤전6:10

2. 신앙생활의 좁은 문과 넓은 문

신앙생활에는 좁은 문과 넓은 문이 있습니다. 우리가 물질을 어떻게 사용하느냐에 따라 좁은 문으로 들어갈 수도 있고 넓은 문으로 들어갈 수도 있습니다. 부유하려는 욕망은 시험과 올무가 되며, 결국 파멸과 멸망으로 이어질 수 있습니다.

"부하려 하는 자들은 시험과 올무와 여러 가지 어리석고 해로운 욕심에 떨어지나니, 이는 사람으로 파멸과 멸망에 빠지게 하느니

라. 돈을 사랑함이 일만 악의 뿌리가 되나니, 이것을 탐내는 자들은 미혹을 받아 믿음에서 떠나 많은 근심으로써 자기를 찔렀도다." 딤전6:9-10

우리는 땅에 보물을 쌓아 두기보다는 하늘에 보물을 쌓아 두어야 합니다.

"너희를 위하여 보물을 땅에 쌓아 두지 말라. 거기는 좀과 동록이 해하며 도둑이 구멍을 뚫고 도둑질하느니라. 오직 너희를 위하여 보물을 하늘에 쌓아 두라. 거기는 좀이나 동록이 해하지 못하며 도둑이 구멍을 뚫지도 못하고 도둑질도 못하느니라. 네 보물 있는 그곳에는 네 마음도 있느니라." 마 6:19-21

A. 성경 속 예화

① 부자청년: "네가 온전하고자 할진대 가서 네 소유를 팔아 가난한 자들에게 주라 그리하면 하늘에서 보화가 네게 있으리라 그리고 와서 나를 따르라 하시니 그 청년이 재물이 많으므로 이 말씀을 듣고 근심하며 가니라" 마19:21-22

② 어리석은 부자: "어리석은 자여 오늘 밤에 네 영혼을 도로 찾으리니 그러면 네 준비한 것이 누구의 것이 되겠느냐 하셨으니 자기를 위하여 재물을 쌓아 두고 하나님께 대하여 부요하지 못한 자가 이와 같으니라" 눅12:20-21

③ 삭개오: "삭개오가 서서 주께 여짜오되 주여 보시옵소서 내 소유의 절반을 가난한 자들에게 주겠사오며 만일 누구의 것을 속여 빼앗은 일이 있으면 네 갑절이나 갚겠나이다 예수께서 이르시되 오늘 구원이 이 집에 이르렀으니 이 사람도 아브라함의 자손임이로다" 눅19:8-9

④ 선한 사마리아인: "어떤 사마리아 사람은 여행하는 중 거기 이르러 그를 보고 불쌍히 여겨 가까이 가서 기름과 포도주를 그 상처에 붓고 싸매고 자기 짐승에 태워 주막으로 데리고 가서 돌보아 주니라 그 이튿날 그가 주막 주인에게 데나리온 둘을 내어

주며 이르되 이 사람을 돌보아 주라 비용이 더 들면 내가 돌아올 때에 갚으리라 하였으니" 눅10:33-35

3. 부귀재천富貴在天: 부유함과 귀함은 하나님께 달려 있다

다윗은 자신의 마지막 순간에 아들 솔로몬에게 물질 축복의 비밀을 전했습니다.

"부와 귀가 주께로 말미암고 또 주는 만물의 주재가 되사 손에 권세와 능력이 있사오니 모든 사람을 크게 하심과 강하게 하심이 주의 손에 있나이다" 대상29:12

다윗은 모든 것이 하나님의 손에서 비롯된 것임을 인정했습니다.

"나와 내 백성이 무엇이기에 이처럼 즐거운 마음으로 드릴 힘이 있었나이까 모든 것이 주께로 말미암았사오니 우리가 주의 손에서 받은 것으로 주께 드렸을 뿐이니이다." 대상29:14

4. 물질 축복의 길

선한 청지기로 물질을 사용하는 자에게는 뜻밖에 하나님의 놀라운 물권이 임합니다. 영권과 인권도 함께 주어집니다.

"내게 구하라 내가 이방 나라를 네 유업으로 주리니 네 소유가 땅 끝까지 이르리로다" 시2:8

"네 재물과 네 소산물의 처음 익은 열매로 여호와를 공경하라 그리하면 네 창고가 가득히 차고 네 포도즙 틀에 새 포도즙이 넘치리라" 잠3:9-10

"심는 자에게 씨와 먹을 양식을 주시는 이가 너희 심을 것을 주사 풍성하게 하시고 너희 의의 열매를 더하게 하시리니" 고후9:10

"환난의 많은 시련 가운데서 그들의 넘치는 기쁨과 극심한 가난이 그들의 풍성한 연보를 넘치도록 하게 하였느니라" 고후8:2

"이는 받으실 만한 향기로운 제물이요 하나님을 기쁘시게 한 것
이라 나의 하나님이 그리스도 예수 안에서 영광 가운데 그 풍성한
대로 너희 모든 쓸 것을 채우시리라" 빌4:18,19

하나님을 경외함으로 바른 Right 관계를, 이웃을 사랑함으로 선
한 Good 관계를, 물질의 청지기로서 청결한 Clean 관계를 유지하
며 살아가야 합니다.

🌐 경물중생 輕物重生
물질을 경시하고, 생명을 소중하게 여기라

輕	物	重	生
가벼울 경	물건 물	무거울 중	날 생

輕	物	重	生				

5주 극기복례 克己復禮

자신을 이기고, 예禮/예수님禮으로 돌아가는 것

"무리와 제자들을 불러 이르시되 누구든지 나를 따라오려거든 자기를 부인하고 자기 십자가를 지고 나를 따를 것이니라"

막8:34

"너희는 유혹의 욕심을 따라 썩어져 가는 구습을 따르는 옛 사람을 벗어 버리고 오직 너희의 심령이 새롭게 되어 하나님을 따라 의와 진리의 거룩함으로 지으심을 받은 새 사람을 입으라"

엡 4:22-24

1. 불신자의 극기복례

자신을 이기고, 예의로 돌아가는 것, 죄를 이기고 예수님께 돌아가는 것, 예수님을 회복하는 것

"자기 땅에 오매 자기 백성이 영접하지 아니하였으나 영접하는 자 곧 그 이름을 믿는 자들에게는 하나님의 자녀가 되는 권세를 주셨으니" 요1:11-12

2. 신자의 극기복례

나는 죽고 예수로 사는 것!

"내가 그리스도와 함께 십자가에 못 박혔나니 그런즉 이제는 내가 사는 것이 아니요 오직 내 안에 그리스도께서 사시는 것이라 이제 내가 육체 가운데 사는 것은 나를 사랑하사 나를 위하여 자기 자신을 버리신 하나님의 아들을 믿는 믿음 안에서 사는 것이라" 갈 2:20

A. 죄와 싸워서 승리해야 한다.

① 신앙의 모델 예수 그리스도

"그러므로 너희는 이렇게 기도하라 하늘에 계신 우리 아버지여 이름이 거룩히 여김을 받으시오며 나라가 임하시오며 뜻이 하늘에서 이루어진 것 같이 땅에서도 이루어지이다" 마 6:9-10

"아빠 아버지여 아버지께는 모든 것이 가능하오니 이 잔을 내게서 옮기시옵소서 그러나 나의 원대로 마시옵고 아버지의 원대로 하옵소서 하시고" 막14:36

② 사도 바울의 탄식

"내가 원하는 바 선은 행하지 아니하고 도리어 원하지 아니하는 바 악을 행하는도다" 롬7:19

"내 속사람으로는 하나님의 법을 즐거워하되 내 지체 속에서 한 다른 법이 내 마음의 법과 싸워 내 지체 속에 있는 죄의 법으로 나를 사로잡는 것을 보는도다" 롬7:22-23

③ 육신의 열매가 아니라 성령의 열매를 맺으라

"육신을 따르는 자는 육신의 일을, 영을 따르는 자는 영의 일을 생각하나니 육신의 생각은 사망이요 영의 생각은 생명과 평안이니라 육신의 생각은 하나님과 원수가 되나니 이는 하나님의 법에 굴복하지 아니할 뿐 아니라 할 수도 없음이라" 롬8:5-9

"육체의 일은 분명하니 곧 음행과 더러운 것과 호색과 우상 숭배와 주술과 원수 맺는 것과 분쟁과 시기와 분냄과 당 짓는 것과 분열함과 이단과 투기와 술 취함과 방탕함과 또 그와 같은 것들이라 전에 너희에게 경계한 것 같이 경계하노니 이런 일을 하는 자들은 하나님의 나라를 유업으로 받지 못할 것이요 / 오직 성령의 열매는 사랑과 희락과 화평과 오래 참음과 자비와 양선과 충성과 온유와 절제니" 갈5:19-24

④ 예수의 승리, 우리의 승리

"그러므로 이제 그리스도 예수 안에 있는 자에게는 결코 정죄함이 없나니 이는 그리스도 예수 안에 있는 생명의 성령의 법이 죄와 사망의 법에서 너를 해방하였음이라" 롬8:1-2

"이와 같이 너희도 너희 자신을 죄에 대하여는 죽은 자요 그리스도 예수 안에서 하나님께 대하여는 살아 있는 자로 여길지어다" 롬6:11

⑤ 어떻게 '극기복례'를 실천할 것인가?

말씀으로 승리: "사람이 떡으로만 살 것이 아니요 하나님의 입으로부터 나오는 모든 말씀으로 살 것이라 하였느니라" 마4:4

기도로 승리: "내가 기뻐하는 금식은 흉악의 결박을 풀어 주며 멍에의 줄을 끌러 주며 압제 당하는 자를 자유하게 하며 모든 멍에를 꺾는 것이 아니겠느냐" 사58:6

성령으로 승리: "너희는 성령을 따라 행하라 그리하면 육체의 욕심을 이루지 아니하리라 갈5:16"너희가 육신대로 살면 반드시 죽을 것이로되 영으로써 몸의 행실을 죽이면 살리니 무릇 하나님의 영으로 인도함을 받는 사람은 곧 하나님의 아들이라" 롬8:13-14

⑥ 실패의 예

가인의 실패 "네가 선을 행하면 어찌 낯을 들지 못하겠느냐 선을 행하지 아니하면 죄가 문에 엎드려 있느니라 죄가 너를 원하나 너는 죄를 다스릴지니라" 창4:7

아간(물질의 욕심) / 삼손, 다윗, 솔로몬(성적 욕망) / 아론, 미리암 고라(권력 욕망) / 데마(세상 사랑)

B. 사탄과 싸워서 승리

"그런즉 너희는 하나님께 복종할지어다 마귀를 대적하라 그리하면 너희를 피하리라 하나님을 가까이하라 그리하면 너희를 가까이하시리라 죄인들아 손을 깨끗이 하라 두 마음을 품은 자들아 마음을 성결하게 하라" 약4:7-8

"근신하라 깨어라 너희 대적 마귀가 우는 사자 같이 두루 다니며 삼킬 자를 찾나니 너희는 믿음을 굳건하게 하여 그를 대적하라 이는 세상에 있는 너희 형제들도 동일한 고난을 당하는 줄을 앎이라" 벧전5:8-9

C. 세상과 싸워서 승리

"너희는 이 세대를 본받지 말고 오직 마음을 새롭게 함으로 변화를 받아 하나님의 선하시고 기뻐하시고 온전하신 뜻이 무엇인지 분별하도록 하라" 롬12:2

D. 자기와 싸워서 승리

"모든 지킬 만한 것 중에 더욱 네 마음을 지키라 생명의 근원이 이에서 남이니라" 잠4:23

"나는 어떤 사람보다도 나 자신과 가장 열심히 싸우고 있다"
_ D. L. 무디

▲ ▼ ▲

- 억압설: 우리가 말씀으로 죄를 억누르므로 거룩하게 살아간다는 이론
- 제거설: 성령께서 우리의 죄를 근본적으로 제거하시므로 거룩하게 살아간다는 이론

⚜ 극기복례 克己復禮

자기 자신의 사욕을 극복하고 예(禮)로 돌아가는 것

克	己	復	禮
이길 극	몸 기	회복할 복	예의 례(예)

克	己	復	禮				

귀신 '신'을 기독교가 하나님 '신'으로 완전히 바꿨듯이
예수님 '예'자가 없으니 '예의 예'자를 '예수님 예'자로 바꾸는 것을
제안합니다.

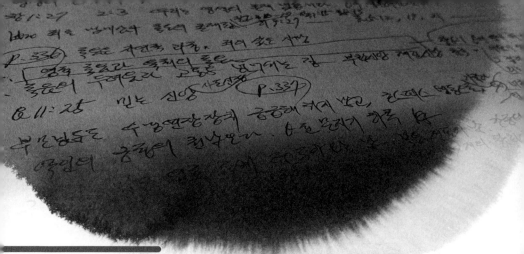

6주 학이시습 學而時習

진리를 배우고 적시에 실천한다

"에스라가 여호와의 율법을 연구하여 준행하며 율례와 규례를 이스라엘에게 가르치기로 결심하였었더라" 스7:10

"너는 하나님의 집에 들어갈 때에 네 발을 삼갈지어다 가까이 하여 말씀을 듣는 것이 우매한 자들이 제물 드리는 것보다 나으니 그들은 악을 행하면서도 깨닫지 못함이니라" 전5:1

"일의 결국을 다 들었으니 하나님을 경외하고 그의 명령들을 지킬지어다" 전12:13-14

르네상스 시대의 최고의 인간상은 관조적 삶(학이, Theoria)과 실천적 삶(시습, Praxis)이 일치된 인간입니다. 조문도 석사가의 朝聞道 夕死可矣! 아침에 진리를 깨우치면, 예수님의 천국을 확신하니까, 저녁에 죽어도 좋다는 마음이 생깁니다.

그럼 점심에는 무엇을 하고 어떻게 살아야 할까요? 깨달은 진리, 곧 '성경 말씀'을 '삶'으로 살아가는 것입니다. 도성인신 道成人身!

"말씀이 육신이 되어 우리 가운데 거하시매 우리가 그의 영광을

보니 아버지의 독생자의 영광이요 은혜와 진리가 충만하더라" 요 1:14

"나를 보내신 이가 나와 함께 하시도다 나는 항상 그가 기뻐하시는 일을 행하므로 나를 혼자 두지 아니하셨느니라" 요8:29

1. 학이學而: 관조적 인간(Theoria)

성도는 진리를 배우고, 진리로 충만해야 합니다.

"내가 곧 길이요 진리요 생명이니 나로 말미암지 않고는 아버지께로 올 자가 없느니라" 요14:6

"그러므로 예수께서 자기를 믿은 유대인들에게 이르시되 너희가 내 말에 거하면 참으로 내 제자가 되고 진리를 알지니 진리가 너희를 자유롭게 하리라" 요8:31-32

"그들을 진리로 거룩하게 하옵소서 아버지의 말씀은 진리니이다" 요17:17

"믿음은 들음에서 나며 들음은 그리스도의 말씀으로 말미암았느니라" 롬10:17

무슬림들은 자녀들을 위해 매주 꾸란 교사를 초청하여 이슬람 교리를 배우게 합니다. 기독교인들인 우리가 못할 이유가 없습니다.

2. 시습時習: 실천적 인간(Praxis)

"누구든지 나의 이 말을 듣고 행하는 자는 그 집을 반석 위에 지은 지혜로운 사람 같으리니" 마7:24

"이와 같이 행함이 없는 믿음은 그 자체가 죽은 것이라" 약2:17

(경천애인) "네 대답이 옳도다 이를 행하라 그러면 살리라 하시니 / 네 생각에는 이 세 사람 중에 누가 강도 만난 자의 이웃이 되겠느냐 이르되 자비를 베푼 자니이다 예수께서 이르시되 가서 너도 이와 같이 하라 하시니라" 눅10:28/36-37

"그러나 산파들이 하나님을 두려워하여 애굽 왕의 명령을 어기고

남자 아기들을 살린지라" 출1:17

A. 왜 이스라엘이 멸망했습니까?

말씀을 소홀히 하고, 말씀대로 살지 않았기 때문입니다.

"너희는 예루살렘 거리로 빨리 다니며 그 넓은 거리에서 찾아보고 알라 너희가 만일 정의를 행하며 진리를 구하는 자를 한 사람이라도 찾으면 내가 이 성읍을 용서하리라" 렘5:1

"그들이 하나님을 시인하나 행위로는 부인하니 가증한 자요 복종하지 아니하는 자요 모든 선한 일을 버리는 자니라" 딛1:16

B. 왜 우리는 새 이스라엘로 선택받았습니까?

"나를 따라오라 내가 너희로 사람을 낚는 어부가 되게 하리라 하시니 곧 그물을 버려 두고 따르니라" 막1:17-18

"너희는 택하신 족속이요 왕 같은 제사장들이요 거룩한 나라요 그의 소유가 된 백성이니 이는 너희를 어두운 데서 불러 내어 그의 기이한 빛에 들어가게 하신 이의 아름다운 덕을 선포하게 하려 하심이라" 벧전 2:9

C. 왜 우리는 구원받았습니까?

"인자가 온 것은 섬김을 받으려 함이 아니라 도리어 섬기려 하고 자기 목숨을 많은 사람의 대속물로 주려 함이니라" 막10:45

"너희는 그 은혜에 의하여 믿음으로 말미암아 구원을 받았으니... 우리는 그가 만드신 바라 그리스도 예수 안에서 선한 일을 위하여 지으심을 받은 자니 이 일은 하나님이 전에 예비하사 우리로 그 가운데서 행하게 하려 하심이니라" 엡2:8-10

D. 성도는 말씀과 성령에 따라 살아가는 존재입니다. 즉, 순종하는 사람입니다.

"누구든지 자기 목숨을 구원하고자 하면 잃을 것이요 누구든지 나와 복음을 위하여 자기 목숨을 잃으면 구원하리라" 막8:34

E. 지상명령의 수호자

"내가 달려갈 길과 주 예수께 받은 사명 곧 하나님의 은혜의 복음을 증언하는 일을 마치려 함에는 나의 생명조차 조금도 귀한 것으로 여기지 아니하노라" 행20:24

"나를 보내신 이가 나와 함께 하시도다 나는 항상 그가 기뻐하시는 일을 행하므로 나를 혼자 두지 아니하셨느니라" 요8:29

F. 성도는 거경궁리, 학이시습의 사람입니다.

하나님은 이런 성도를 교회와 예배 가운데 마음껏 축복하십니다.

① 아브라함: "내가 나를 가리켜 맹세하노니 네가 이같이 행하여 네 아들 네 독자도 아끼지 아니하였은즉 내가 네게 큰 복을 주고 네 씨가 크게 번성하여 하늘의 별과 같고 바닷가의 모래와 같게 하리니 네 씨가 그 대적의 성문을 차지하리라 또 네 씨로 말미암아 천하 만민이 복을 받으리니 이는 네가 나의 말을 준행하였음이니라 하셨다 하니라 이에 아브라함이 그의 종들에게로 돌아가서 함께 떠나 브엘세바에 이르러 거기 거주하였더라" 창22:16-18

② 이삭: "이삭이 그 땅에서 농사하여 그 해에 백 배나 얻었고 여호와께서 복을 주시므로 그 사람이 창대하고 왕성하여 마침내 거부가 되어" 창26:12-13

③ 출애굽 산파: "하나님이 그 산파들에게 은혜를 베푸시니 그 백성은 번성하고 매우 강해지니라 그 산파들은 하나님을 경외하였으므로 하나님이 그들의 집안을 흥왕하게 하신지라" 출1:20-21

✳ 학이시습 學而時習

진리를 배우고 적시에 실천한다

學	而	時	習
가벼울 경	말 이을 이	때 시	익힐 습

學	而	時	習				

7주 내성외왕 內聖外王

안으로는 성인이 되고, 밖으로는 왕이 되라

"너희는 택하신 족속이요 왕 같은 제사장들이요 거룩한 나라요 그의 소유가 된 백성이니" 벧전2:9

내성외왕은 기독교적으로 풀이하면, 내적으로는 성결한 성자가 되고, 외적으로는 왕 같은 제사장이 되라는 의미입니다. 서양 철학의 플라톤은 철학자가 왕이 되는 것이 철학의 목표라 하였습니다. 우리는 단순히 철학자 같은 왕이 아니라, 왕 같은 제사장으로서 세상과 나라, 지역, 자연환경을 보호하고 통치하여 하나님 나라를 이 땅에 이루어 드려야 합니다.

♬ 이 세상을 살아가는 동안에 나의 힘을 의지할 수 없으니 기도하고 낙심하지 말 것은 주께서 참 소망이 되심이라 하나님의 꿈이 나의 비전이 되고 / 예수님의 성품이 나의 인격이 되고 / 성령님의 권능이 나의 능력이 되길 / 원하고 바라고 기도합니다
찬양 「원하고 바라고 기도합니다」 중에서

1. 성결인(성자), 성령의 열매로! 팔 복의 사람이 됩시다.

"너희가 회개하여 각각 예수 그리스도의 이름으로 세례를 받고 죄 사함을 받으라 그리하면 성령의 선물을 받으리니" 행2:38

"누구든지 이런 것에서 자기를 깨끗하게 하면 귀히 쓰는 그릇이 되어 거룩하고 주인의 쓰심에 합당하며 모든 선한 일에 준비함이 되리라" 딤후2:21

"나는 너희의 하나님이 되려고 너희를 애굽 땅에서 인도하여 낸 여호와라 내가 거룩하니 너희도 거룩할지어다" 레11:45

"그들을 진리로 거룩하게 하옵소서 아버지의 말씀은 진리니이다 요17:17

A. 성결의 모델

① 요셉: "그런즉 내가 어찌 이 큰 악을 행하여 하나님께 죄를 지으리이까 여인이 날마다 요셉에게 청하였으나 요셉이 듣지 아니하여 동침하지 아니할 뿐더러 함께 있지도 아니하니라" 창39:9,10

② 다니엘: "다니엘은 뜻을 정하여 왕의 음식과 그가 마시는 포도주로 자기를 더럽히지 아니하리라 하고 자기를 더럽히지 아니하도록 환관장에게 구하니" 단1:8

③ 예수 그리스도: "그러므로 너희는 이렇게 기도하라 하늘에 계신 우리 아버지여 이름이 거룩히 여김을 받으시오며 나라가 임하시오며 뜻이 하늘에서 이루어진 것 같이 땅에서도 이루어지이다" 마6:9,10

④ 나와 교회, 우리나라: "그들로 우리 하나님 앞에서 나라와 제사장들을 삼으셨으니 그들이 땅에서 왕 노릇 하리로다 하더라" 계5:9,10

2. 왕(같은 제사장), 성령의 은사로!

하나님께서는 왕들에게 돈과 여자, 그리고 지나치게 부국강병에 집중하는 것을 경계하시며, 먼저 하나님의 나라와 의를 구하라고 하십니다.

"그는 병마를 많이 두지 말 것이요 병마를 많이 얻으려고 그 백성을 애굽으로 돌아가게 하지 말 것이니... 그에게 아내를 많이 두어 그의 마음이 미혹되게 하지 말 것이며 자기를 위하여 은금을 많이 쌓지 말 것이니라 그가 왕위에 오르거든 이 율법서의 등사본을 레위 사람 제사장 앞에서 책에 기록하여 평생에 자기 옆에 두고 읽어 그의 하나님 여호와 경외하기를 배우며 이 율법의 모든 말과 이 규례를 지켜 행할 것이라" 신17:15-20

A.왕의 모델

① 모세: "이제 가라 이스라엘 자손의 부르짖음이 내게 달하고 애굽 사람이 그들을 괴롭히는 학대도 내가 보았으니 이제 내가 너를 바로에게 보내어 너에게 내 백성 이스라엘 자손을 애굽에서 인도하여 내게 하리라 " 출3:9,10

② 여호수아: "모세가 눈의 아들 여호수아에게 안수하였으므로 그에게 지혜의 영이 충만하니 이스라엘 자손이 여호와께서 모세에게 명령하신 대로 여호수아의 말을 순종하였더라" 신34:9

③ 엘리야: "엘리야가 모든 백성에게 가까이 나아가 이르되 너희가 어느 때까지 둘 사이에서 머뭇머뭇 하려느냐 여호와가 만일 하나님이면 그를 따르고 바알이 만일 하나님이면 그를 따를 지니라 하니 백성이 말 한마디도 대답하지 아니하는지라 / 엘리야가 모든 백성을 향하여 이르되 내게로 가까이 오라 백성이 다 그에게 가까이 가매 그가 무너진 여호와의 제단을 수축하되" 왕상18:21,30

열왕기를 보면, 많은 왕들 가운데 의외로 엘리야와 엘리사가 왕 중의 왕으로 나타납니다.

④ 엘리사: "당신의 성령이 하시는 역사가 갑절이나 내게 있게 하소서 하는지라" 왕하2:9

⑤ 다윗: "사무엘이 기름 뿔병을 가져다가 그의 형제 중에서 그에게 부었더니 이 날 이후로 다윗이 여호와의 영에게 크게 감동되니라" 삼상16:12

3. 어떻게 해야 우리는 내성외왕을 하나님께 올려드릴 수 있을까요?

A. 우리가 왕이라고 말씀하시는 그 말씀을 믿음으로 "아멘" 으로 받아들이고, 말씀대로 살면 됩니다.

"평강의 하나님이 친히 너희를 온전히 거룩하게 하시고 또 너희의 온 영과 혼과 몸이 우리 주 예수 그리스도께서 강림하실 때에 흠 없게 보전되기를 원하노라 너희를 부르시는 이는 미쁘시니 그가 또한 이루시리라" 살전5:23-24

B. 성령 충만함을 통해 성결과 왕의 능력이 매일매일 우리의 삶 속에서 이루어지도록 순간순간 기도해야 합니다.

"주여 이제도 그들의 위협함을 굽어보시옵고 또 종들로 하여금 담대히 하나님의 말씀을 전하게 하여 주시오며 손을 내밀어 병을 낫게 하시옵고 표적과 기사가 거룩한 종 예수의 이름으로 이루어지게 하옵소서 하더라 빌기를 다하매 모인 곳이 진동하더니 무리가 다 성령이 충만하여 담대히 하나님의 말씀을 전하니라" 행4:29-31, 슥4:6b

"술 취하지 말라 이는 방탕한 것이니 오직 성령으로 충만함을 받으라" 엡5:18

내성외왕 內聖外王

안으로는 성인이 되고, 밖으로는 왕이 되라

內	聖	外	王
안 내	거룩할 성	바깥 외	임금 왕

內	聖	外	王				

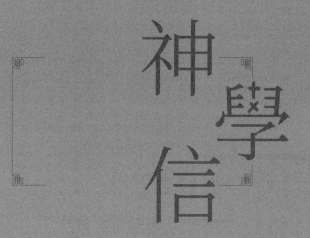

神學信

II

성경 이야기(성경론)

한문공부와 함께하는 **52주 신학과 신앙** 이야기

8주 왜 성경인가?

진리의 성경, 능력의 성경

1. 성경은 예수 그리스도를 중심으로 한 하나님의 인간 구원의 이야기(His story)입니다.

"너희가 성경에서 영생을 얻는 줄 생각하고 성경을 연구하거니와 이 성경이 곧 내게 대하여 증언하는 것이니라" 요5:39

"내가 진실로 진실로 너희에게 이르노니 내 말을 듣고 또 나 보내신 이를 믿는 자는 영생을 얻었고 심판에 이르지 아니하나니 사망에서 생명으로 옮겼느니라" 요5:24

2. 왜 '말씀'입니까? 많은 종교경전과 인생 최고의 고전들이 수두룩한데

A. 성경은 태초와 종말까지의 영원의 책입니다.

하나님의 책인 성경은, 저자이신 하나님이 태초부터 영원까지 스스로 존재하시는 분이시므로, 성경 또한 영원부터 영원까지를 아우르는 책입니다.

"태초에 말씀이 계시니라 이 말씀이 하나님과 함께 계셨으니 이 말씀은 곧 하나님이시니라" 요1:1

"나는 알파와 오메가요 처음과 마지막이라" 계21:6

하늘의 성전 안에는 하나님의 언약궤가 보이는데, 이것이 영원히 변하지 않는 진리를 상징합니다.

"이에 하늘에 있는 하나님의 성전이 열리니 성전 안에 하나님의 언약궤가 보이며" 계11:19

"모든 육체는 풀이요 그의 모든 아름다움은 들의 꽃과 같으니... 풀은 마르고 꽃은 시드나 우리 하나님의 말씀은 영원히 서리라." 사40:6-8

B. 생명의 책(영생의 말씀)

인간의 책들은 저자 자신을 구원하지 못했으며, 책 자체도 전쟁이나 재난 등으로 언제 소멸될지 모릅니다. 그러나 예수 그리스도의 성경은 저자 자신이 죽음을 정복하고 부활하신 영생의 하나님이십니다. 성경은 어떠한 상황에서도 영원하며, 영생을 이루는 유일무이한 책입니다. 요20:31, 요6:35,40

"살리는 것은 영이니 육은 무익하니라. 내가 너희에게 이른 말은 영이요 생명이라." 요6:63

"오직 이것을 기록함은 너희로 예수께서 하나님의 아들 그리스도이심을 믿게 하려 함이요 또 너희로 믿고 그 이름을 힘입어 생명을 얻게 하려 함이니라." 요20:31

"예수께서 대답하여 이르시되 기록되었으되 사람이 떡으로만 살 것이 아니요 하나님의 입으로부터 나오는 모든 말씀으로 살 것이라 하였느니라." 마4:4

"그 안에 생명이 있었으니 이 생명은 사람들의 빛이라." 요1:4

C. 진리의 책

성경은 우주와 삼라만상의 비밀, 인생관, 세계관, 존재의 이유와 목적 등 인간이 찾는 진리가 다 계시되어 있습니다.

"내가 곧 길이요 진리요 생명이니." 요14:6

"예수께서 자기를 믿은 유대인들에게 이르시되 너희가 내 말에 거하면 참으로 내 제자가 되고, 진리를 알지니 진리가 너희를 자유롭게 하리라." 요8:31-32

"그들을 진리로 거룩하게 하옵소서. 아버지의 말씀은 진리니이다." 요17:17

"이는 만물이 주에게서 나오고 주로 말미암고 주에게로 돌아감이라." 롬11:36

D. 능력의 책

성경은 죽은 나사로를 살리는 구원의 책이요, 나를 죄인에서 하나님의 사람으로 변화시킨 책이요, 예수님과 사랑에 빠지게 한 책이요, 나의 빛이요 나의 스승인 '능력의 책'입니다.

"모든 성경은 하나님의 감동으로 된 것으로 교훈과 책망과 바르게 함과 의로 교육하기에 유익하니 이는 하나님의 사람으로 온전하게 하며 모든 선한 일을 행할 능력을 갖추게 하려 함이라." 딤후3:16-17

"하나님의 말씀은 살아 있고 활력이 있어 좌우에 날선 어떤 검보다도 예리하여 혼과 영과 및 관절과 골수를 찔러 쪼개기까지 하며 또 마음의 생각과 뜻을 판단하나니." 히4:12

3. 성도들이 겪는 문제

성도들에게 있어서 대부분의 문제는 성경을 객관적 사실로만 생각하고 나의 사건으로 받아들이지 못한다는 것입니다.

당대 세계 최고의 대학 옥스퍼드의 교수였던 존 웨슬리는 성경을 통해 예수 그리스도를 만나고 나서 '한 권의 책의 사람'으로 변화되었습니다.

A. 여러분은 자신의 생명과 운명을 변화시킨 말씀이 있습니까?

"내가 진실로 진실로 너희에게 이르노니 내 말을 듣고 또 나 보내신 이를 믿는 자는 영생을 얻었고 심판에 이르지 아니하나니 사망에서 생명으로 옮겼느니라." 요5:24

"다 이루었다." 요19:30

B. 여러분의 길에 승리를 안겨준 말씀이 있습니까?

"두려워하지 말라 내가 너와 함께 함이라. 놀라지 말라 나는 네 하나님이 됨이라. 내가 너를 굳세게 하리라 참으로 너를 도와 주리라. 참으로 나의 의로운 오른손으로 너를 붙들리라." 사41:10

C. 여러분은 미래에 대한 소망과 사명을 주는 말씀이 있습니까?

"네가 나의 종이 되어 야곱의 지파들을 일으키며 이스라엘 중에 보전된 자를 돌아오게 할 것은 매우 쉬운 일이라. 내가 또 너를 이방의 빛으로 삼아 나의 구원을 베풀어서 땅 끝까지 이르게 하리라." 사49:6

D. 여러분은 마지막 날 자손들에게 줄 말씀이 있습니까?

"그런즉 너희는 먼저 그의 나라와 그의 의를 구하라. 그리하면 이 모든 것을 너희에게 더하시리라." 마6:33

"이 예언의 말씀을 읽는 자와 듣는 자와 그 가운데에 기록한 것을 지키는 자는 복이 있나니 때가 가까움이라." 계1:3

"천지의 주재이신 아버지여, 이것을 지혜롭고 슬기 있는 자들에게는 숨기시고 어린 아이들에게는 나타내심을 감사하나이다." 마11:25

4. 중요한 것은 말씀에 대한 우리의 태도입니다.

예수 그리스도에 대한 태도에 따라 사람들은 두 부류로 나뉩니다.

"자기 땅에 오매 자기 백성이 영접하지 아니하였으나 영접하는 자, 곧 그 이름을 믿는 자들에게는 하나님의 자녀가 되는 권세를 주셨으니." 요1:11-12

이와 같이 말씀에 대한 태도에 따라 사람들은 두 부류로 나뉘어집니다. 말씀을 듣고 '행하는' 사람은 반석 위의 집을 짓고, 말씀을 듣고도 '행치 아니하는' 사람은 모래 위의 집을 짓게 됩니다.

"그러므로 누구든지 이 말씀을 듣고 행하는 자는 그 집을 반석 위에 지은 지혜 있는 사람 같으리니, 비가 내리고 홍수가 나며 바람이 불어 그 집에 부딪치되 무너지지 아니하리니, 이는 주춧돌을 반석 위에 놓았음이라. 또 누구든지 이 말씀을 듣고 행치 아니하는 자는 그 집을 모래 위에 지은 미련한 사람 같으리니, 비가 내리고 홍수가 나며 바람이 불어 그 집에 부딪치매 무너지라 그 집의 무너짐이 심하니라." 마7:24-27

누가 천국에서 착하고 충성된 종이라고 일컬음을 받을까요?

"좋은 땅에 있다는 것은 착하고 좋은 마음으로 말씀을 듣고 지키어 인내로 결실하는 자니라." 눅8:15

그렇습니다. 이 땅에서 착하고 좋은 마음으로 말씀을 듣고 준행하는 자만이 천국에서 '착하고 충성된 종'으로 인정받게 됩니다.

"복 있는 사람은 오직 여호와의 율법을 즐거워하여 그의 율법을 주야로 묵상하는도다. 그는 시냇가에 심은 나무가 철을 따라 열매를 맺으며 그 잎사귀가 마르지 아니함 같으니, 그가 하는 모든 일이 다 형통하리로다." 시1:1-3

✸ 진리眞理와 능력能力의 성경

眞	理	能	力
참 진	다스릴 이	능할 능	힘 력

眞	理	能	力				

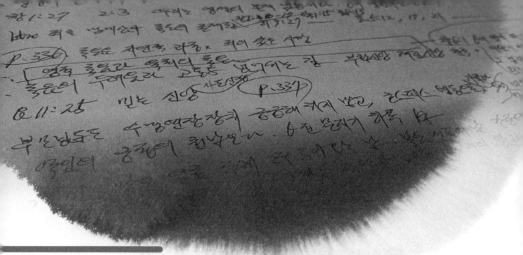

9주 두 초점으로 성경읽기

역의 합일 - 조화와 균형

1. 성경 읽기의 조화와 균형

A. 성경 읽기의 초점

"너는 하나님의 집에 들어갈 때에 네 발을 삼갈지어다 가까이 하여 말씀을 듣는 것이 우매한 자들이 제물 드리는 것보다 나으니 그들은 악을 행하면서도 깨닫지 못함이니라." 전5:1

성경은 중심이 하나인 '원'이 아니라 중심이 두 개인 '타원'과 같습니다. 성경의 역사를 볼 때, 그것을 하나님의 절대주권으로만 보기보다는, 하나님의 절대주권과 인간의 책임적 응답을 함께 고려하는 것이 바람직합니다. 이는 원심력과 구심력, 척력과 중력이 우주를 조화롭고 균형 있게 유지하는 이치와 유사합니다. 성전의 두 기둥이 성전을 지탱하듯이 말입니다.

B. 은혜와 사명: 조화와 균형

"너희는 그 은혜에 의하여 믿음으로 말미암아 구원을 받았으니 이것은 너희에게서 난 것이 아니요 하나님의 선물이라... 우리는 그가 만드신 바라 그리스도 예수 안에서 선한 일을 위하여 지으심을 받은 자니 이 일은 하나님이 전에 예비하사 우리로 그 가운데서 행하게 하려 하심이니라." 엡2:8-10

'Gabe und Aufgabe(은혜와 사명)'은 성경의 조화와 균형을 이루는 두 가지 중요한 측면입니다. 성경의 메시지는 단순히 하나님의 절대주권만을 강조하지 않으며, 동시에 인간의 책임과 응답을 중요시합니다.

C. 조화와 균형의 관점

거룩한 신부와 거룩한 군대, 청빈과 청부는 조화와 균형의 관점에서 바라보는 것이 좋습니다. 반면, 생명과 사망, 복과 저주와 같은 말씀은 선택과 버리기의 관점에서 분별해야 합니다.

"그리하여야 너희가 거룩하고 속된 것을 분별하며 부정하고 정한 것을 분별하고." 레10:10

"내가 오늘 하늘과 땅을 불러 너희에게 증거를 삼노라 내가 생명과 사망과 복과 저주를 네 앞에 두었은즉 너와 네 자손이 살기 위하여 생명을 택하고 네 하나님 여호와를 사랑하고 그의 말씀을 청종하며 또 그를 의지하라 그는 네 생명이시요 네 장수이시니 여호와께서 네 조상 아브라함과 이삭과 야곱에게 주리라고 맹세하신 땅에 네가 거주하리라." 신30:19-20

"도둑이 오는 것은 도둑질하고 죽이고 멸망시키려는 것뿐이요 내가 온 것은 양으로 생명을 얻게 하고 더 풍성히 얻게 하려는 것이라." 요10:10

2. 두 개의 초점

A. 하 나 님

초월	사랑	구원	초지일관의 하나님	기쁨	계시의 하나님
⬍	⬍	⬍	⬍	⬍	⬍
내재	정의	심판	뒤끝이 무르신 하나님	탄식	숨어계시는 하나님

B. 예 수 님

신성	하나님의 아들	부활	지혜	대제사장	멜기세덱 반차
⬍	⬍	⬍	⬍	⬍	⬍
인성	인자	십자가	능력	어린양	레위 반차

C. 성 령 님

열매	외유	성결	물	진리의 성령님
⬍	⬍	⬍	⬍	⬍
은사	내강	능력	불	능력의 성령님

D. 교 회

부르심 공동체	의인 공동체	천상교회	진리교회	살리는 교회	십자가의 신학	좁은 문
⬍	⬍	⬍	⬍	⬍	⬍	⬍
보내심 공동체	죄인 공동체	지상교회	능력교회	죽이는 교회	영광의 신학	넓은 문

E. 성 경

하나님의 말씀/마음	능력	신앙표준	저 높은 곳을 향하여	원	특별계시
⬍	⬍	⬍	⬍	⬍	⬍
인간 말/마음	문자	생활표준	저 낮은 곳을 향하여	타 원	일반계시

F. 인 간

의인	영생	이타적 존재	하나님의 형상	하나님 경배	겸손	천사	자존감	성령의 소욕
⬍	⬍	⬍	⬍	⬍	⬍	⬍	⬍	⬍
죄인	영벌	이기적 존재	죄의 종	자기 경배	교만	마귀	열등감	육신의 소욕

3. 하나님께서 정하신 때와 은혜

A. 하나님의 계획과 섭리

"보라 내가 오늘 너를 여러 나라와 여러 왕국 위에 세워 네가 그것들을 뽑고 파괴하며 파멸하고 넘어뜨리며 건설하고 심게 하였느니라." 렘1:10

"범사에 기한이 있고 천하 만사가 다 때가 있나니, 날 때가 있고 죽을 때가 있으며 심을 때가 있고 심은 것을 뽑을 때가 있으며, 죽일 때가 있고 치료할 때가 있으며 헐 때가 있고 세울 때가 있으며, 울 때가 있고 웃을 때가 있으며 슬퍼할 때가 있고 춤출 때가 있으며, 돌을 던져 버릴 때가 있고 돌을 거둘 때가 있으며, 안을 때가 있고 안는 일을 멀리 할 때가 있으며, 찾을 때가 있고 잃을 때가 있으며 지킬 때가 있고 버릴 때가 있으며, 찢을 때가 있고 꿰맬 때가 있으며 잠잠할 때가 있고 말할 때가 있으며, 사랑할 때가 있고 미워할 때가 있으며 전쟁할 때가 있고 평화할 때가 있느니라... 하나님이 모든 것을 지으시되 때를 따라 아름답게 하셨고 또 사람들에게는 영원을 사모하는 마음을 주셨느니라 그러나 하나님이 하시는 일의 시종을 사람으로 측량할 수 없게 하셨도다." 전3:1-11

B. 합력하여 선을 이루는 하나님의 뜻

하나님이 모든 것을 때를 따라 아름답게 하셨습니다. 하나님의 섭리는 서로 다른 것조차 합력하여 선을 이루도록 합니다.

"우리가 알거니와 하나님을 사랑하는 자 곧 그의 뜻대로 부르심을 입은 자들에게는 모든 것이 합력하여 선을 이루느니라 하나님이 미리 아신 자들을 또한 그 아들의 형상을 본받게 하기 위하여 미리 정하셨으니 이는 그로 많은 형제 중에서 맏아들이 되게 하려 하심이니라 또 미리 정하신 그들을 또한 부르시고 부르신 그들을 또한 의롭다 하시고 의롭다 하신 그들을 또한 영화롭게 하셨느니라" 롬8:28-30

C. 시험과 은혜의 관계

"내가 가는 길을 그가 아시나니 그가 나를 단련하신 후에는 내가 순금 같이 되어 나오리라" 욥23:10

D. 사도 바울의 고백

"내가 나 된 것은 하나님의 은혜로 된 것이니 내게 주신 그의 은혜가 헛되지 아니하여 내가 모든 사도보다 더 많이 수고하였으나 내가 한 것이 아니요 오직 나와 함께 하신 하나님의 은혜로라." 고전15:10

결론적으로, 사도 바울의 고백이 나의 고백이 되기를 바랍니다.

✵ 조화調和와 균형均衡

균형은 저울의 양팔이 고르게 되어 있는 모양이라면, 조화는 각각의 개별적 대상이 상호 관계를 맺어 하나의 자연스러움을 낳는 모양

調	和	均	衡
고를 조	화할 화	고를 균	저울 형

調	和	均	衡				

10주 인문신답 人問神答

인간의 질문과 하나님의 답변

"영생은 곧 유일하신 참 하나님과 그가 보내신 자 예수 그리스도를 아는 것이니이다" 요17:3

플라톤은 철학의 목적이 철학자가 왕이 되는 것이라고 주장했습니다. 반면, 성경은 경천애인의 사람이 '제사장 나라, 거룩한 백성'이 되며, '왕같은 제사장'이 되는 것을 목표로 합니다. 그 왕같은 제사장은 천지인天地人 삼재를 아는 사람입니다.

- 하나님을 알라(신학): 敬天愛人 경천애인
- 너 자신을 알라(철학): 事人如天 사인여천
- 천하 만물을 알라(과학): 物我一體 물아일체

"믿음은 바라는 것들의 실상이요 (선견지명 Foresight) 보이지 않는 것들의 증거니 (통찰력 Insight)" 히11:1

"내 생각이 너희의 생각과 다르며 내 길은 너희의 길과 다름이니라...이는 하늘이 땅보다 높음 같이 내 길은 너희의 길보다 높으며 내 생각은 너희의 생각보다 높음이니라" 사55:8-9

1. 하나님에 대한 경외와 진정한 지혜

틸리히는 "철학은 질문의 체계요, 신학은 답변의 체계"라고 말했습니다. 하나님에 대한 지식 위에 하나님을 경외하고 그 말씀을 지켜 행하는 자가 진정으로 지혜로운 사람입니다.

"여호와를 경외하는 것이 지식의 근본이거늘 미련한 자는 지혜와 훈계를 멸시하느니라" 잠1:7

그러나 세상의 똑똑하다는 사람들은 하나님께 감사하거나 영광을 돌리기는커녕 "하나님은 없다, 하나님은 죽었다."라고 주장합니다.

이에 대해 인간을 창조하신 하나님은 무엇이라고 말씀하실까요? 우문현답 愚問賢答처럼, 사람의 어리석은 말에도 하나님은 높은 지혜로 답을 주십니다.

"하늘에 계신 이가 웃으심이여 주께서 그들을 비웃으시리로다 / 네가 철장으로 그들을 깨뜨림이여 질그릇 같이 부수리라 하시도다" 시2:4,9

그렇다면 우리는 어떻게 응답해야 할까요?

"하나님 아는 것을 대적하여 높아진 것을 다 무너뜨리고 모든 생각을 사로잡아 그리스도에게 복종하게 하니 너희의 복종이 온전하게 될 때에 모든 복종하지 않는 것을 벌하려고 준비하는 중에 있노라" 고후10:5-6

A. 어리석은 자의 일반적인 태도

"어리석은 자는 그의 마음에 이르기를 하나님이 없다 하는도다 그들은 부패하고 그 행실이 가증하니 선을 행하는 자가 없도다 여호와께서 하늘에서 인생을 굽어살피사 지각이 있어 하나님을 찾는 자가 있는가 보려 하신즉 다 치우쳐 함께 더러운 자가 되고 선을 행하는 자가 없으니 하나도 없도다" 시14:1-3

B. 신자의 바른 태도

① 창조신앙

"태초에 하나님이 천지를 창조하시니라" 창1:1

"만물이 그에게서 창조되되 하늘과 땅에서 보이는 것들과 보이지 않는 것들과 혹은 왕권들이나 주권들이나 통치자들이나 권세들이나 만물이 다 그로 말미암고 그를 위하여 창조되었고 또한 그가 만물보다 먼저 계시고 만물이 그 안에 함께 섰느니라" 골1:16-17

② 구원신앙(예수 그리스도의 십자가와 부활)

"그가 우리를 흑암의 권세에서 건져내사 그의 사랑의 아들의 나라로 옮기셨으니 그 아들 안에서 우리가 속량 곧 죄 사함을 얻었도다" 골1:13-14

③ 재림신앙

"보라 내가 속히 오리니 내가 줄 상이 내게 있어 각 사람에게 그가 행한 대로 갚아 주리라 나는 알파와 오메가요 처음과 마지막이요 시작과 마침이라" 계22:12-13

C. 백문일답 百問一答

"백 가지 질문에 대한 답은 오직 하나, 예수 그리스도입니다."

이 구호는 김준곤 총재님의 CCC(Campus Crusade for Christ)의 슬로건으로, 오늘날 CCC의 모임에서도 여전히 백문일답을 떼창으로 화답하며 신앙의 중심을 강조하고 있습니다.

Homo Deus(신이 된 인간)가 아니라, Deus Homo(인간이 되신 예수 그리스도)를 주목하십시오. 예수 그리스도는 믿음의 창시자이자 완성자입니다.

"믿음의 주요 또 온전하게 하시는 이인 예수를 바라보자" 히12:2

2. 인문신답 人間神答

우문현답을 넘어서는 인문신답을 전개하겠습니다. 인간이 묻고, 하나님이 답하다.

한국인은 9단 자격증이 3개나 있다고 합니다. 정치 9단, 스포츠 9단, 교육 9단! 남성들은 대화 주제가 부족할 때 정치나 스포츠 이야기를 꺼내며, 여성들은 특히 교육에 관한 이야기를 통해 모임 전체가 열띤 대화를 나누는 모습을 볼 수 있습니다.

A. 세상 사람들과 관계 형성(래포)의 말씀

① 정치 이야기가 나와도 자연스럽게 예수님과 말씀으로

"가이사의 것은 가이사에게, 하나님의 것은 하나님께" 마22:21

② 스포츠 이야기도 과정과 결론은 예수 그리스도로

"나는 선한 싸움을 싸우고 나의 달려갈 길을 마치고 믿음을 지켰으니 이제 후로는 나를 위하여 의의 면류관이 예비되었으므로 주 곧 의로우신 재판장이 그 날에 내게 주실 것이며" 딤후 4:7-8

③ 교육

"여호와를 경외하는 것이 지혜의 근본이요 거룩하신 자를 아는 것이 명철이니라" 잠9:10

④ 재테크(부귀재천 富貴在天)

"부와 귀가 주께로 말미암고 또 주는 만물의 주재가 되사 손에 권세와 능력이 있사오니 모든 사람을 크게 하심과 강하게 하심이 주의 손에 있나이다" 대상29:12

⑤ 건강

"그가 네 모든 죄악을 사하시며 네 모든 병을 고치시며 네 생명을 파멸에서 속량하시고 인자와 긍휼로 관을 씌우시며" 시 103:3-4

⑥ 미모

"너희의 단장은 머리를 꾸미고 금을 차고 아름다운 옷을 입는 외모로 하지 말고 오직 마음에 숨은 사람을 온유하고 안정한 심령의 썩지 아니할 것으로 하라 이는 하나님 앞에 값진 것이니라" 벧전3:3-4

B. 크리스천이 반드시 묻고 답할 말씀(인문신답, 신문인답)

① 예수구원

"예수께서 이르시되 내가 곧 길이요 진리요 생명이니 나로 말미암지 않고는 아버지께로 올 자가 없느니라" 요14:6

"이르되 주 예수를 믿으라 그리하면 너와 네 집이 구원을 받으리라 하고" 행16:31

② 거룩

"하나님의 말씀과 기도로 거룩하여짐이라" 딤전4:5

③ 기도

"너는 내게 부르짖으라 내가 네게 응답하겠고 네가 알지 못하는 크고 은밀한 일을 네게 보이리라" 렘33:3

④ 인생과 심판

"한 번 죽는 것은 사람에게 정해진 것이요 그 후에는 심판이 있으리니" 히9:27

⑤ 마라나타

"이것들을 증언하신 이가 이르시되 내가 진실로 속히 오리라 하시거늘 아멘 주 예수여 오시옵소서" 계22:20

⑥ 부활

"예수께서 이르시되 나는 부활이요 생명이니 나를 믿는 자는 죽어도 살겠고 무릇 살아서 나를 믿는 자는 영원히 죽지 아니

하리니 이것을 네가 믿느냐" 요11:25-26

⑦ 고난과 영광

"생각하건대 현재의 고난은 장차 우리에게 나타날 영광과 비교할 수 없도다" 롬8:18

"우리가 잠시 받는 환난의 경한 것이 지극히 크고 영원한 영광의 중한 것을 우리에게 이루게 함이니" 고후4:17

⑧ 안식

"수고하고 무거운 짐 진 자들아 다 내게로 오라 내가 너희를 쉬게 하리라" 마11:28

⑨ 생각과 마음

"모든 지킬 만한 것 중에 더욱 네 마음을 지키라 생명의 근원이 이에서 남이니라" 잠4:23

⑩ 자유

"진리를 알지니 진리가 너희를 자유롭게 하리라" 요8:32

⑪ 변화

"그런즉 누구든지 그리스도 안에 있으면 새로운 피조물이라 이전것은 지나갔으니 보라 새 것이 되었도다" 고후5:17

⑫ 믿음 소망 사랑

"너희의 믿음의 역사와 사랑의 수고와 우리 주 예수 그리스도에 대한 소망의 인내를 우리 하나님 아버지 앞에서 끊임없이 기억함이니 하나님의 사랑하심을 받은 형제들아 너희를 택하심을 아노라" 살전1:3-4

⑬ 예수 그리스도의 도?

"바울이 의와 절제와 장차 오는 심판을 강론하니 벨릭스가 두려워하여 대답하되 지금은 가라 내가 틈이 있으면 너를 부르리라 하고" 행24:25

⑭ 주님, 무엇을 하리이까? (나의 사명)

"이스라엘과 이방인들에게서 내가 너를 구원하여 그들에게 보내어 그 눈을 뜨게 하여 어둠에서 빛으로, 사탄의 권세에서 하나님께로 돌아오게 하고 죄 사함과 나를 믿어 거룩하게 된 무리 가운데서 기업을 얻게 하리라" 행26:17-18

⑮ 네가 나를 사랑하느냐?

"예수를 너희가 보지 못하였으나 사랑하는도다 이제도 보지 못하나 믿고 말할 수 없는 영광스러운 즐거움으로 기뻐하니" 벧전1:8

⑯ 나의 자랑?

"여호와께서 이와 같이 말씀하시되 지혜로운 자는 그의 지혜를 자랑하지 말라 용사는 그의 용맹을 자랑하지 말라 부자는 그의 부함을 자랑하지 말라 자랑하는 자는 이것으로 자랑할지니 곧 명철하여 나를 아는 것과 나 여호와는 사랑과 정의와 공의를 땅에 행하는 자인 줄 깨닫는 것이라 나는 이 일을 기뻐하노라 여호와의 말씀이니라" 렘9:23-24

"내가 복음을 부끄러워하지 아니하노니 이 복음은 모든 믿는 자에게 구원을 주시는 하나님의 능력이 됨이라 먼저는 유대인에게요 그리고 헬라인에게로다" 롬1:16

⑰ 나의 멘토?

"믿음의 주요 또 온전하게 하시는 예수를 바라보자" 히12:2

"내가 그리스도를 본받는 자가 된 것 같이 너희는 나를 본받는 자가 되라" 고전11:1

⑱ 나의 영원한 말씀

"예수께서 열두 제자에게 이르시되 너희도 가려느냐 시몬 베드로가 대답하되 주여 영생의 말씀이 주께 있사오니 우리가 누구에게로 가오리이까" 요6:67-68

⑲ 내가 경배할 분

"그가 큰 음성으로 이르되 하나님을 두려워하며 그에게 영광을 돌리라 이는 그의 심판의 시간이 이르렀음이니 하늘과 땅과 바다와 물들의 근원을 만드신 이를 경배하라 하더라" 계14:7

3. 신문신답 神問神答

하나님의 질문에 인간은 바른 답을 하지 못합니다. 그러나 우리 예수님께서 인간을 대신하여 좋은 답을 해 주셨습니다.

A. 나와 하나님의 관계는?: 경천

"하나님이 아담에게 이르시되 네가 어디 있느냐" 창3:9

B. 나와 이웃의 관계는?: 애인

"여호와께서 가인에게 이르시되 네 아우 아벨이 어디 있느냐 그가 이르되 내가 알지 못하나이다 내가 내 아우를 지키는 자니이까" 창4:9

"예수께서 이르시되 네 마음을 다하고 목숨을 다하고 뜻을 다하여 주 너의 하나님을 사랑하라 하셨으니 이것이 크고 첫째 되는 계명이요 / 둘째도 그와 같으니 네 이웃을 네 자신 같이 사랑하라 하셨으니 이 두 계명이 온 율법과 선지자의 강령이니라" 마22:37-40

C. 나와 물질의 관계는?

"하나님은 이르시되 어리석은 자여 오늘 밤에 네 영혼을 도로 찾으리니 그러면 네 준비한 것이 누구의 것이 되겠느냐 하셨으니" 눅12:20

삭개오처럼 선한 청지기가 되라. 눅12:29-31, 마6:33

인문신답 人間神答

사람이 묻고 하나님이 답하다

人	問	神	答
사람 인	물을 문	하나님 신	대답할 답

人	問	神	答				

神學信 III

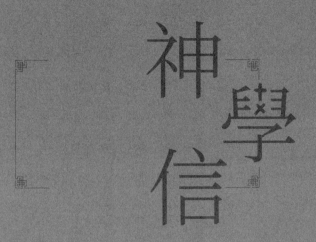

하나님 이야기(신론)

한문공부와 함께하는 **52주 신학과 신앙 이야기**

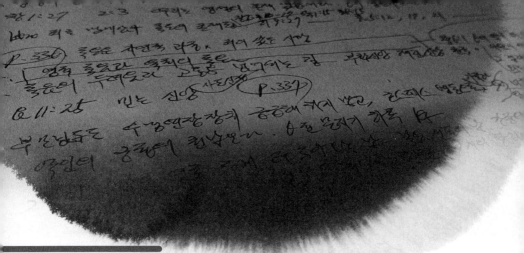

11주 하나님은 누구신가?

성명철학姓名哲學에서 신명신학神名神學으로

세상 사람들이 하나님을 아는 지식이 없어 망하므로

"우리가 여호와를 알자 힘써 여호와를 알자" 호6:3a

하나님의 거처는 하늘이지만, 그 이름을 통해 지상에 거하십니
다. 하나님은 초월과 내재의 중재자로 임하시며, 신명은 초월의 하
나님과 성전에 계시는 하나님 사이의 간격을 이어가는 다리 역할
을 합니다. 신명은 지상의 유한자에게 무한자 하나님이 임하여 우
리와 교제하는 것입니다.

족장 시대 이전의 하나님은 일반명사로 사용된 엘로힘 하나님이
었으며, 족장 시대에는 엘 샤다이, 전능하신 하나님으로, 모세 시
대에 이르러 구원자 여호와 하나님으로 자신을 소개하셨습니다.
그리하여 오늘날 우리는 하나님을 여호와 하나님으로 합쳐 부릅
니다.

이사야는 자신의 마음 속에 여호와 하나님을 모시면서도 이방 사
람들에게 하나님을 소개할 때에는 그들에게 익숙한 엘로힘 하나님

으로 소개했습니다. 하늘의 하나님이라는 표현이 종종 보이는데, 그것은 땅의 군주가 신이 아니라 하늘의 하나님 여호와가 유일무이한 참된 신이라는 것을 강조하는 것입니다.

1. 하나님은 누구신가?

A. 하나님은 시간적으로 과거 현재 미래의 하나님이십니다

"주 하나님이 이르시되 나는 알파와 오메가라 이제도 있고 전에도 있었고 장차 올 자요 전능한 자라 하시더라" 계1:8

① 에벤에셀 하나님: 과거부터 지금 여기까지 도우시는 하나님

② 임마누엘 하나님: 현재 임마누엘로 동행하시는 선한 목자 하나님

③ 여호와 이레 하나님: 미래를 여호와이레로 자녀를 위해 모든 좋은 것을 예비하시는 하나님이십니다.

B. 하나님의 대표적인 이름은 '엘로힘' 하나님과 '여호와' 하나님이십니다.

① 엘로힘 하나님: 엘 샤다이(전능하신 하나님) - 강한자, 통치자라는 뜻 창1:1

"그(아브라함)가 믿은 바 하나님은 죽은 자를 살리시며 없는 것을 있는 것으로 부르시는 이시니라" 롬4:17

② 여호와 하나님: 모세에게 "스스로 있는 자 I AM WHO I AM"라고 말씀하신 하나님은 조상들의 하나님과 동일하신 분이십니다. 처음부터 이집트의 압제로부터 이스라엘을 구원하시는 '구원자' 하나님이셨습니다. 이스라엘이 하나님을 "여호와"라고 부를 때, 이는 '구원의 하나님'이라는 의미를 내포하며, 또한 "우리를 구원하소서"라는 간절한 외침이었습니다.

"하나님이 모세에게 이르시되 나는 스스로 있는 자이니라... 이는 나의 영원한 이름이요 대대로 기억할 나의 칭호니라" 출 3:14,15

③심판 주 하나님: 마지막 날 하나님의 자녀와 사탄의 종을 구분하시는 심판자이십니다.

"선한 일을 행한 자는 생명의 부활로, 악한 일을 행한 자는 심판의 부활로 나오리라" 요5:29

C. 복음을 듣고 믿는 사랑하는 자녀들에게

① 훈련시키시는 하나님이십니다.

하나님께서는 자녀를 무기력하고 무능한 상태로 방치하지 않으시며, 모든 이가 강하고 성숙한 십자가의 군대가 되기를 원하십니다. 모세와 다윗, 예수님조차도 하나님의 훈련을 통과하여 위대한 신앙의 지도자가 되었습니다. 따라서 당면한 시련을 피하려 하지 말고, 예상치 못한 시련과 어려움을 원망하거나 불평하지 말며, 하나님의 훈련으로 받아들이고 위대한 신앙의 지도자가 되십시오.

"편안한 삶을 위하여 기도하지 말고, 강한 사람이 되기를 위하여 기도하라. Don't pray for an easy life, but pray to be a strong man." (John F. Kennedy)

② 하나님은 복 주시는 하나님이십니다.

"지극히 높으신 이의 성도들이 나라를 얻으리니 그 누림이 영원하고 영원하고 영원하리라" 단7:18

D. 하나님의 여러 이름들

① 여호와 이레: 하나님은 미리 준비하시는 하나님이십니다.

"아브라함이 그 땅 이름을 여호와 이레라 하였으므로 오늘날까지 사람들이 이르기를 여호와의 산에서 준비되리라 하더라"
창22:14

② 여호와 샬롬: 하나님은 평강의 하나님이십니다.

"여호와께서 그에게 이르시되 너는 안심하라 두려워하지 말라 죽지 아니하리라 하시니라 기드온이 여호와를 위하여 거기서 제단을 쌓고 그것을 여호와 샬롬이라 하였더라" 삿6:23-24

③ 여호와 로이: 하나님은 선한 목자이신 하나님이십니다.

"여호와는 나의 목자시니 내게 부족함이 없으리로다" 시23:1

④ 에벤에셀 하나님: 하나님은 과거부터 현재까지 도우시는 하나님이십니다.

"이스라엘 사람들이 미스바에서 나가서 블레셋 사람들을 추격하여 벧갈 아래에 이르기까지 쳤더라 사무엘이 돌을 취하여 미스바와 센 사이에 세워 이르되 여호와께서 여기까지 우리를 도우셨다 하고 그 이름을 에벤에셀이라 하니라" 삼상7:11-12

⑤ 여호와 닛시: 하나님은 승리하게 하시는 하나님이십니다.

"여호수아가 칼날로 아말렉과 그 백성을 쳐서 무찌르니라 모세가 제단을 쌓고 그 이름을 여호와 닛시(나의 깃발)라 하고"
출17:13,15

⑥ 여호와 라파: 하나님은 치료자 하나님이십니다.

"이르시되 너희가 너희 하나님 나 여호와의 말을 들어 순종하고 내가 보기에 의를 행하며 내 계명에 귀를 기울이며 내 모든 규례를 지키면 내가 애굽 사람에게 내린 모든 질병 중 하나도 너희에게 내리지 아니하리니 나는 너희를 치료하는 여호와임이라" 출15:26

⑦ 여호와 삼마: 하나님은 어디든지 계시는 하나님이십니다. 우리에게는 임마누엘의 하나님으로 더 잘 알려져 있습니다.

"그 사방의 합계는 만 팔천 척이라 그 날 후로는 그 성읍의 이름을 여호와 삼마라 하리라" 겔48:35

E. 이런 좋으신 하나님께 성도는 어떻게 예배해야 할까요?

① 회개와 믿음 "이르시되 때가 찼고 하나님의 나라가 가까이 왔으니 회개하고 복음을 믿으라 하시더라" 막1:15

② 예배 "하나님은 영이시니 예배하는 자가 영과 진리로 예배할지니라" 요4:24

③ 하나님께 영광 "그런즉 너희가 먹든지 마시든지 무엇을 하든지 다 하나님의 영광을 위하여 하라" 고전10:31

④ "너는 마음을 다하고 뜻을 다하고 힘을 다하여 네 하나님 여호와를 사랑하라" 신6:5

✿ 신명신학 神名神學
하나님의 이름으로 하나님의 존재와 능력을 배운다

神	名	神	答
하나님 신	이름 명	하나님 신	대답할 답

神	名	神	答		

12주 사도신경과 삼위일체

使徒信經과 三位一體

나는 믿습니다. 나의 주, 나의 하나님, 하나님의 아들 예수 그리스도를! 나는 또한 성경을 믿습니다! 그래서 66권 성경을 요약한 사도신경 Credo을 믿으며, 내 심장 Core을 주께 드립니다 Donation. 성막을 접으면 예수님이 되고, 예수님을 펼치면 성막이 됩니다. 성경을 접으면 사도신경이 되고, 사도신경을 펼치면 성경이 됩니다.

심볼룸(Symbolum/신경)은 본래 하나였던 물건의 나뉘어진 반쪽으로, 신원을 확인하는 표지로 사용되었습니다. 하나님과의 확인표지, 신앙인 간의 확인과 일치, 결사의 징표로 기능했습니다. 사도신경은 특히 초대교회의 세례 문답 교재로 사용되었습니다. 예를 들어, "당신은 하나님을 믿습니까?"라는 질문에 "나는 전능하신 아버지 하나님, 천지의 창조주를 믿습니다!"라고 대답하였습니다.

1. 사도신경의 고백

A. 하나님을 믿습니다.

전능하사 천지를 만드신 하나님 아버지를 믿습니다.

I believe in God the Father Almighty,

Maker of heaven and earth

전능하신 하나님(엘 샤다이), 천지만물과 나, 내 가정, 내 교회를 창조하신 그 하나님을 나는 아바 아버지로 신뢰합니다.

"너희가 육신대로 살면 반드시 죽을 것이로되 영으로써 몸의 행실을 죽이면 살리니 무릇 하나님의 영으로 인도함을 받는 사람은 곧 하나님의 아들이라" 롬8:13-14

B. 예수님을 믿습니다.

사도신경은 예수님께 초점을 맞춥니다. 동정녀 탄생(예수님의 진리와 능력사역), 예수님의 대속의 십자가와 부활 승천을 믿습니다. 또한 예수님이 재림하셔서 산 자와 죽은 자를 심판하실 것을 믿습니다.

① 동정녀 탄생

"예수 그리스도의 나심은 이러하니라 그의 어머니 마리아가 요셉과 약혼하고 동거하기 전에 성령으로 잉태된 것이 나타났더니" 마1:18

※ 사도신경에는 예수님의 공생애 사역, 곧 진리사역과 능력사역이 생략되어 있습니다.

"예수께서 온 갈릴리에 두루 다니사 그들의 회당에서 가르치시며 천국 복음을 전파하시며 백성 중의 모든 병과 모든 약한 것을 고치시니" 마4:23

② 십자가

"내가 받은 것을 먼저 너희에게 전하였노니 이는 성경대로 그리스도께서 우리 죄를 위하여 죽으시고 장사 지낸 바 되셨다가 성경대로 사흘 만에 다시 살아나사" 고전15:3-4

③ 부활

"나는 부활이요 생명이니 나를 믿는 자는 죽어도 살겠고" 요 11:25-27

④ 승천 및 재림

"갈릴리 사람들아 어찌하여 서서 하늘을 쳐다보느냐 너희 가운데서 하늘로 올려지신 이 예수는 하늘로 가심을 본 그대로 오시리라" 행1:11

그런데 우리말 사도신경에서는 "십자가에 못 박혀 죽으시고 장사되시어" 다음에 "지옥에 내려가신지 He descended into hell"가 생략되었고, 바로 "하늘에 오르사 He ascended into heaven"로 연결됩니다. 이러한 부분이 속히 복원되어, 예수님처럼 우리도 구령의 열정과 선교의 열정을 가지고 한 영혼이라도 더 구원하기 위해 기도하고 노력해야 합니다.

"이를 위하여 죽은 자들에게도 복음이 전파되었으니 이는 육체로는 사람으로 심판을 받으나 영으로는 하나님을 따라 살게 하려 함이라" 벧전4:6

C. 성령을 믿습니다.

나는 예수님과 함께 하셨다가 예수님께서 보내신 '진리'와 '능력'의 성령님이 내 안에 내 곁에 영원토록 함께하심을 믿습니다.

"내가 아버지께 구하겠으니 그가 또 다른 보혜사를 너희에게 주사 영원토록 너희와 함께 있게 하리니 그는 진리의 영이라 세상은 능히 그를 받지 못하나니 이는 그를 보지도 못하고 알지도 못함이라 그러나 너희는 그를 아나니 그는 너희와 함께 거하심이요 또 너희 속에 계시겠음이라, 보혜사 곧 아버지께서 내 이름으로 보내실 성령 그가 너희에게 모든 것을 가르치고 내가 너희에게 말한 모든 것을 생각나게 하리라, 나를 믿는 자는 내가 하는 일을 그도 할 것이요 또한 그보다 큰 일도 하리니 이는 내가 아버지께로 감이라" 요14:16,17,26,12

D. 거룩한 공교회 The Holy Catholic Church

나는 예수님의 핏값으로 세워진 머리 되신 그리스도 안에서 모인 성도의 공동체를 사랑합니다.

E. 성도의 교제(성도가 서로 교통하는 것)

나는 고독하게 신앙생활을 하는 것이 아니라, 동서고금 그리고 천상의 성도들과 함께 교제하고 있음을 믿습니다.

F. 죄를 용서받는 것(죄를 사하여 주시는 것)과 몸의 부활 (몸이 다시 사는 것)과 영생(영원히 사는 것)을 믿습니다.

"내 말을 듣고 또 나 보내신 이를 믿는 자는 영생을 얻었고 심판에 이르지 아니하나니 사망에서 생명으로 옮겼느니라" 요5:24

"네가 만일 네 입으로 예수를 주로 시인하며 또 하나님께서 그를 죽은 자 가운데서 살리신 것을 네 마음에 믿으면 구원을 받으리라 사람이 마음으로 믿어 의에 이르고 입으로 시인하여 구원에 이르느니라" 롬10:9-10

2. 삼위일체 하나님을 고백

삼위일체 교리는 어렵지만 우리는 예배 가운데 자연스럽게 삼위일체 하나님을 고백하고 있습니다.

A. 세례식

"너희는 가서 모든 민족을 제자로 삼아 아버지와 아들과 성령의 이름으로 세례를 베풀고" 마28:19

B. 축도

"주 예수 그리스도의 은혜와 하나님의 사랑과 성령의 교통하심이 너희 무리와 함께 있을지어다" 고후13:13

C. 찬송가(송영 1~7장)

유대교와 이슬람교는 유일신을 믿습니다. 그러나 우리 기독교는 삼위일체三位一體(Trinity) 하나님을 믿습니다: 성부 하나님, 성자 예수님, 그리고 성령 하나님입니다. 이 삼위일체의 개념은 한 인격이 영, 혼, 육으로 구성된 것과 유사하며, 지, 정, 의의 세 가지 요소로 한 자아를 형성하는 것과 비슷합니다. 예를 들어, 물(H_2O)은 얼음, 물, 수증기라는 세 가지 형태로 존재할 수 있습니다.

▲ ▼ ▲

창조주 하나님은 경배를 받으시는 초월자로서 보이지 않는 하나님이십니다. 구원자 예수님은 그 보이지 않는 하나님을 인간이 직접 볼 수 있는 역사적 현존자로 나타내신 하나님입니다. 성령 하나님은 높이 계신 초월의 하나님이 내 안에 거주하시며, 내주자이자 보혜사(保 보호할 보, 惠 은혜 혜, 師 스승 사)로서 paracletos 변호자, 위로자, 대언자, 상담자로서 역할을 하십니다. 예수님께서 하나님의 약속으로 오신 것처럼, 성령님도 약속으로 오셨습니다.

"아버지께서 약속하신 것을 기다리라 요한은 물로 세례를 베풀었으나 너희는 몇 날이 못되어 성령으로 세례를 받으리라 하셨느니라" 행1:4-5

원조 보혜사 예수님이 성자 하나님이시듯, 또 다른 보혜사 성령님은 성령 하나님이십니다.

"내가 아버지께 구하겠으니 그가 또 다른 보혜사를 너희에게 주

❀ 사도신경 使徒信經

사도들의 신앙과 신약성경이 가르치는 바를
자신의 신앙으로 고백하게 한 것

使	徒	信	經
하여금 사	무리 도	믿을 신	경전 경

使	徒	信	經				

13주 창조의 하나님, 언약의 하나님

創造의 하나님(VS 진화론), 言約의 하나님

1. 창조

"태초에 하나님이 천지를 창조하시니라" 창1:1

"태초에 말씀이 계시니라 이 말씀이 하나님과 함께 계셨으니 이 말씀은 곧 하나님이시니라 그가 태초에 하나님과 함께 계셨고 만물이 그로 말미암아 지은 바 되었으니 지은 것이 하나도 그가 없이는 된 것이 없느니라" 요1:1-3

"그는 보이지 아니하는 하나님의 형상이시요 모든 피조물보다 먼저 나신 이시니 만물이 그에게서 창조되되 하늘과 땅에서 보이는 것들과 보이지 않는 것들과 혹은 왕권들이나 주권들이나 통치자들이나 권세들이나 만물이 다 그로 말미암고 그를 위하여 창조되었고 또한 그가 만물보다 먼저 계시고 만물이 그 안에 함께 섰느니라" 골1:15-17

"보좌에 앉으신 이가 이르시되 보라 내가 만물을 새롭게 하노라 하시고 또 이르시되 이 말은 신실하고 참되니 기록하라 하시고 또 내게 말씀하시되 이루었도다 나는 알파와 오메가요 처음과 마지

막이라" 계21:5-7

A. 구원은 제2의 창조

구원은 하나님의 두 번째 창조 사역이라 할 수 있습니다. 고린도후서 5장 17절은

"누구든지 그리스도 안에 있으면 새로운 피조물이라. 이전 것은 지나갔으니 보라, 새 것이 되었도다"

라고 선언합니다. 이처럼 그리스도 안에서의 구원은 새로운 창조의 시작이며, 하나님의 계획이 완성되는 중요한 과정입니다.

B. 진화론과 신앙

현대 과학계에서 주류로 자리 잡은 진화론은, 필연적으로 다음과 같은 결론에 이르게 합니다: 신의 존재를 증명할 수 없고, 사후 생명이나 절대적 윤리의 기반이 없으며, 삶의 궁극적인 의미와 자유의지도 없다는 것입니다. 코넬 대학의 W. 프로바인 교수는 이러한 진화론적 세계관을 통해 인간의 영혼과 영생, 그리고 천국의 존재를 부정하게 된다고 주장합니다. 이는 결국 인간의 삶에서 희망을 제거하는 결과를 초래할 수 있습니다.

어거스틴과 칼빈은 하나님께서 우리에게 자신을 알리기 위해 두 권의 책을 주셨다고 했습니다. 하나는 '성경'이고, 다른 하나는 '자연'입니다.

"창세로부터 그의 보이지 아니하는 것들 곧 그의 영원하신 능력과 신성이 그가 만드신 만물에 분명히 보여 알려졌나니 그러므로 그들이 핑계하지 못할지니라" 롬 1:20

자연은 하나님을 알게 하는 도구로, 피조세계를 통해 그분의 존재와 권능이 드러납니다.

C. 창세기와 역사적 관점

창세기는 단순한 신앙 고백이 아니라 역사적 사실을 담고 있는 책입니다. 창세기 1-11장은 원역사, 12-50장은 이스라엘의 역사를 다룹니다. 따라서 천지창조 역시 역사적 사건으로 받아들여야 하며, 단순한 신앙 고백으로만 이해하는 것은 위험할 수 있습니다.

유신진화론자들이 창조과학자들을 비판하며 갈등을 일으키는 것은 바람직하지 않습니다. 기독교는 하나님의 실재를 역사와 과학을 통해 보여주며, 우리를 영적 세계로 인도합니다. 만약 성경의 역사적, 과학적 근거를 무시하고 단순히 신앙의 고백으로만 받아들인다면, 이는 영지주의적 위험으로 이어질 수 있습니다.

기독교는 신앙과 이성을 조화롭게 연결시킴으로써, 하나님의 창조와 구원의 역사를 완전하게 이해하도록 돕습니다.

2. 창조에 대한 우리의 고백과 찬송

"이 백성은 내가 나를 위하여 지었나니 나를 찬송하게 하려 함이니라" 사43:21

그러나 인간들은 창조주를 인정하기는커녕, 오히려 "신은 죽었다", "신은 없다"고 주장합니다.

"주의 손가락으로 만드신 주의 하늘과 주께서 베풀어 두신 달과 별들을 내가 보오니 사람이 무엇이기에 주께서 그를 생각하시며 인자가 무엇이기에 주께서 그를 돌보시나이까" 시8:3-6,9

하나님은 언약의 하나님이요
'언약과 성취 Promise & Fulfillment'의 하나님입니다.

A. 아브라함 언약

"내가 너로 큰 민족을 이루고 네게 복을 주어 네 이름을 창대하게 하리니 너는 복이 될지라" 창12:2

B. 모세의 언약

"세계가 다 내게 속하였나니 너희가 내 말을 잘 듣고 내 언약을 지키면 너희는 모든 민족 중에서 내 소유가 되겠고 너희가 내게 대하여 제사장 나라가 되며 거룩한 백성이 되리라 너는 이 말을 이스라엘 자손에게 전할지니라" 출19:5-6

C. 다윗의 언약

"내가 네 앞에서 물러나게 한 사울에게서 내 은총을 빼앗은 것처럼 그에게서 빼앗지는 아니하리라 네 집과 네 나라가 내 앞에서 영원히 보전되고 네 왕위가 영원히 견고하리라" 삼하7:15-16

D. 새언약

"내가 그들의 남편이 되었어도 그들이 내 언약을 깨뜨렸음이라 내가 이스라엘 집과 맺을 언약은 이러하니... 나는 그들의 하나님이 되고 그들은 내 백성이 될 것이라... 내가 그들의 악행을 사하고 다시는 그 죄를 기억하지 아니하리라" 렘31:31-34

E. 영원한 언약

"그들은 내 백성이 되겠고 나는 그들의 하나님이 될 것이며 내가 그들에게 한 마음과 한 길을 주어 자기들과 자기 후손의 복을 위하여 항상 나를 경외하게 하고 ... 내가 그들에게 복을 주기 위하여 그들을 떠나지 아니하리라 하는 영원한 언약을 그들에게 세우고 여호와께서 이와 같이 말씀하시니라" 렘32:38-42

Promise - making(언약 체결), Promise - keeping(언약 지킴), Promise - breaking(언약 깨뜨림) 이것이 인간의 실상입니다. 그러나 헤세드(hesed: 하나님의 신실하고 진실하며 성실한 언약적 사랑, 신약에서는 아가페의 사랑으로 표현됨)의 하나님은 우리가 약속을 깨뜨렸음에도 불구하고 그 약속을 지키시는 하나님이십니다. 예수님의 십자가의 피로 영원한 언약을 새로 세

우셨고, 성령을 보내셔서 인간조차 언약을 신실하게 지킬 수 있도록 하셨습니다. 행2:33, 롬8:1-4

F. 새언약의 성취자 예수 그리스도

"또 잔을 가지사 감사 기도 하시고 그들에게 주시며 너희가 다 이것을 마시라 이것은 죄 사함을 얻게 하려고 많은 사람을 위하여 흘리는 바 나의 피 곧 언약의 피니라" 마26:28, 눅22:20

"사도와 함께 모이사 그들에게 분부하여 이르시되 예루살렘을 떠나지 말고 내게서 들은 바 아버지께서 약속하신 것을 기다리라 요한은 물로 세례를 베풀었으나 너희는 몇 날이 못되어 성령으로 세례를 받으리라" 행1:4-5

G. 제자들의 언약

"나를 믿는 자는 내가 하는 일을 그도 할 것이요 또한 그보다 큰 일도 하리니 이는 내가 아버지께로 감이라 너희가 내 이름으로 무엇을 구하든지 내가 행하리니 이는 아버지로 하여금 아들로 말미암아 영광을 받으시게 하려 함이라" 요14:12-13

H. 하나님과 성도의 언약

"너희가 회개하여 각각 예수 그리스도의 이름으로 세례를 받고 죄 사함을 받으라 그리하면 성령의 선물을 받으리니" 행2:38

"아버지께서 약속하신 것을 기다리라 요한은 물로 세례를 베풀었으나 너희는 몇 날이 못되어 성령으로 세례를 받으리라" 행1:4-5

① 기도의 언약

"그런즉 너희는 먼저 그의 나라와 그의 의를 구하라 그리하면 이 모든 것을 너희에게 더하시리라" 마6:33

② 예배의 언약

"감사로 제사를 드리는 자가 나를 영화롭게 하나니 그의 행위

를 옳게 하는 자에게 내가 하나님의 구원을 보이리라" 시50:23

③ 순종, 축복의 언약

"네가 네 하나님 여호와의 말씀을 삼가 듣고 내가 오늘 네게 명령하는 그의 모든 명령을 지켜 행하면 네 하나님 여호와께서 너를 세계 모든 민족 위에 뛰어나게 하실 것이라 네가 네 하나님 여호와의 말씀을 청종하면 이 모든 복이 네게 임하며 네게 이르리니" 신28:1-2

✸ 창조創造와 언약言約

하나님은 말씀으로 천지를 창조하신다.
하나님은 언약하시고 성취하신다 것

創	造	言	約
시작할 창	만들(세울) 조	말씀 언	맺을 약

創	造	言	約				

14주 전지전능, 무소부재, 변함없는 하나님

全知全能, 無所不在, 不變(불변) 하나님

"그들이 다시는 각기 이웃과 형제를 가르쳐 이르기를 너는 여호와를 알라 하지 아니하리니 이는 작은 자로부터 큰 자까지 다 나를 알기 때문이라 내가 그들의 악행을 사하고 다시는 그 죄를 기억하지 아니하리라 여호와의 말씀이니라" 렘31:34

"여호와께서 이와 같이 말씀하시니라 내가 주야와 맺은 언약이 없다든지 천지의 법칙을 내가 정하지 아니하였다면" 렘33:25

우리가 하나님 아버지를 알 때(하나님을 아는 지식), 하나님의 자녀인 우리는 나와 나의 나뉨을 알 수 있습니다. (인간을 아는 지식)

1. 전능全能하신 하나님:

모든 선한 뜻을 완전하게 이루시는 '엘 샤다이' 하나님이십니다.

A. 창조주 하나님

"태초에 하나님이 천지를 창조하시니라 창1:1"

창조를 다 이루셨습니다.

"하나님이 그 일곱째 날을 복되게 하사 거룩하게 하셨으니 이는 하나님이 그 창조하시며 만드시던 모든 일을 마치시고 그 날에 안식하셨음이니라" 창2:3

B. 구원자 하나님

"그가 믿은 바 하나님은 죽은 자를 살리시며 없는 것을 있는 것으로 부르시는 이시니라 롬4:17"

하나님은 구원을 완성하셨습니다.

"예수께서 신 포도주를 받으신 후에 이르시되 다 이루었다 하시고 머리를 숙이니 영혼이 떠나가시니라" 요19:30

C. 종말의 완성자 하나님

"이루었도다 나는 알파와 오메가요 처음과 마지막이라 내가 생명수 샘물을 목마른 자에게 값없이 주리니" 계21:6

전능하신 하나님을 신뢰할 때 내게도 이러한 역사가 일어납니다.

"나는 전능한 하나님이라 너는 내 앞에서 행하여 완전하라" 창 17:1

"예수께서 이르시되 할 수 있거든이 무슨 말이냐 믿는 자에게는 능히 하지 못할 일이 없느니라" 막9:23

"내게 능력 주시는 자 안에서 내가 모든 것을 할 수 있느니라" 빌4:13

2. 전지全知하신 하나님

우주의 비밀과 인생의 모든 '비밀'을 아시는 하나님이십니다.

A. 창조하시고 다 아시는 하나님.

우주와 인생, 만물의 법칙을 창조하시고 완전히 아시는 하나님.

"내 길은 너희의 길보다 높으며 내 생각은 너희의 생각보다 높음이니라" 사55:8,9

"그리스도는 하나님의 능력이요 하나님의 지혜니라 하나님의 어리석음이 사람보다 지혜롭고 하나님의 약하심이 사람보다 강하니라" 고전1:24-25

B. 인간을 아시는 하나님

"너희에게는 머리털까지 다 세신 바 되었나니" 마10:30

"내 형질이 이루어지기 전에 주의 눈이 보셨으며 나를 위하여 정한 날이 하루도 되기 전에 주의 책에 다 기록이 되었나이다" 시139:16-17

C. 전지전능하신 예수님

예수님께서 십자가 앞에서는 무지하고 무능한 모습으로 나타나셨지만, 그로 인해 하나님의 뜻을 이루시며 온 인류를 구원하셨습니다.

"천지는 없어질지언정 내 말은 없어지지 아니하리라 그러나 그 날과 그 때는 아무도 모르나니 하늘의 천사들도, 아들도 모르고 오직 아버지만 아시느니라" 마24:35,36

D. 우리는

전지전능하신 하나님을 절대 신뢰하고, 절대 사랑으로 응답하며, 우리의 할 일에 최선을 다합시다.

"내 사랑하는 형제들아 견실하며 흔들리지 말고 항상 주의 일에 더욱 힘쓰는 자들이 되라 이는 너희 수고가 주 안에서 헛되지 않은 줄 앎이라" 고전15:58, 고전10:31-33

3. 무소부재하신 하나님(공간의 초월성)

하나님은 무한한 공간의 구석구석에 충만히 거하시면서도 동시에 그 공간을 초월하시는 하나님이십니다.

"내가 주의 영을 떠나 어디로 가며 주의 앞에서 어디로 피하리이까 내가 하늘에 올라갈지라도 거기 계시며 스올에 내 자리를 펼지라도 거기 계시니이다 내가 새벽 날개를 치며 바다 끝에 가서 거주할지라도 거기서도 주의 손이 나를 인도하시며 주의 오른손이 나를 붙드시리이다" 시139:7-10

하나님은 모든 곳에 계십니다. 하나님을 피할 수 있는 사람도 없고, 하나님이 찾지 못할 사람도 없습니다.

"여호와의 말씀이니라 나는 가까운 데에 있는 하나님이요 먼 데에 있는 하나님은 아니냐 여호와의 말씀이니라 사람이 내게 보이지 아니하려고 누가 자신을 은밀한 곳에 숨길 수 있겠느냐 여호와가 말하노라 나는 천지에 충만하지 아니하냐" 렘23:23,24

우주에 충만하신 하나님께서 밴댕이 속마음 같은 나의 내면에도 충만히 거하십니다. 부디 내 마음을 넓혀서 하나님께서 내 속에서 질식하지 않도록 하며, 호연지기(浩然之氣: 1. 온 세상에 가득 찬 넓고 큰 원기 2. 사람의 마음에 차 있는 너르고 크고 올바른 기운)의 사람이 되도록 합시다.

♪ 높은 산이 거친 들이 초막이나 궁궐이나
  내 주 예수 모신 곳이 그 어디나 하늘나라, 아멘.

4. 변함없는 하나님

하나님은 과거, 현재, 미래의 하나님이시며, 영원한 현재의 하나님이십니다. 조변석개(朝變夕改: 변덕스럽게 자꾸 고침)하는 변화무쌍한 세상 속에서도 하나님은 언제나 동일하신 하나님이십니다.

"나 여호와는 변하지 아니하나니 그러므로 야곱의 자손들아 너희가 소멸되지 아니하느니라" 말3:6

"하나님은 약속을 기업으로 받는 자들에게 그 뜻이 변하지 아니함을 충분히 나타내시려고 그 일을 맹세로 보증하셨나니" 히6:17

"예수 그리스도는 어제나 오늘이나 영원토록 동일하시니라" 히 13:8

"온갖 좋은 은사와 온전한 선물이 다 위로부터 빛들의 아버지께로부터 내려오나니 그는 변함도 없으시고 회전하는 그림자도 없으시니라" 약1:17

"이 세상도, 그 정욕도 지나가되 오직 하나님의 뜻을 행하는 자는 영원히 거하느니라" 요일2:17

🌐 전지전능 全知全能
무엇이든지 잘 알고, 모든 일을 다 행할 수 있는 능력

全	知	全	能
온전할 전	알 지	온전할 전	능할 능

全	知	全	能			

15주 거룩, 사랑, 공의, 신실하신 하나님

포의재인抱義載仁: 정의를 품되, 사랑으로 표현한다

1. 거룩하신 하나님

하나님은 인간과 질적으로 구별된 존재이십니다.

"서로 불러 이르되 거룩하다 거룩하다 거룩하다 만군의 여호와여 그의 영광이 온 땅에 충만하도다" 사6:3

"네 생물은 각각 여섯 날개를 가졌고 그 안과 주위에는 눈들이 가득하더라 그들이 밤낮 쉬지 않고 이르기를 거룩하다 거룩하다 거룩하다 주 하나님 곧 전능하신 이여 전에도 계셨고 이제도 계시고 장차 오실 이시라 하고" 계4:8

전지전능, 무소부재, 변함없는 하나님이 이것을 명백히 보여주고 있습니다.

"하나님은 하늘에 계시고 너는 땅에 있음이니라 그런즉 마땅히 말을 적게 할 것이라" 전5:2

그럼에도 불구하고 거룩하신 하나님은 사랑의 하나님이 되셔서,

하나님의 거룩하신 성품을 하나님의 형상인 우리에게 주시기를 원하십니다.

"나는 너희의 하나님이 되려고 너희를 애굽 땅에서 인도하여 낸 여호와라 내가 거룩하니 너희도 거룩할지어다" 레11:45

그러므로 우리는 하나님의 거룩하심과 정결함에 참여할 수 있으며, 동시대의 사람들과 자손들에게 하나님의 거룩하심을 가르칠 수 있습니다.

"그리하여야 너희가 거룩하고 속된 것을 분별하며 부정하고 정한 것을 분별하고 또 나 여호와가 모세를 통하여 모든 규례를 이스라엘 자손에게 가르치리라 레10:10,11"

성결한 크리스천은 세상에서 구별된 존재입니다.

2. 사랑의 하나님

"사랑하지 아니하는 자는 하나님을 알지 못하나니 이는 하나님은 사랑이심이라" 요일4:8

"여호와께서 그의 앞으로 지나시며 선포하시되 여호와라 여호와라 자비롭고 은혜롭고 노하기를 더디하고 인자와 진실이 많은 하나님이라 인자를 천대까지 베풀며 악과 과실과 죄를 용서하리라 그러나 벌을 면제하지는 아니하고 아버지의 악행을 자손 삼사 대까지 보응하리라" 출34:6-7

'죄'는 분리요, '사랑과 믿음'은 연합입니다. 죄는 하나님과의 분리요, 사랑과 믿음은 하나님과의 연합입니다.

"죄의 삯은 사망이요 하나님의 은사는 그리스도 예수 우리 주 안에 있는 영생이니라" 롬6:23

사랑의 하나님은 죄인인 우리를 심판하지 않으시고, 그 심판을 예수님께 대행하시며, 우리를 끝까지 사랑하셨습니다.

"우리가 아직 죄인 되었을 때에 그리스도께서 우리를 위하여 죽으심으로 하나님께서 우리에 대한 자기의 사랑을 확증하셨느니라" 롬5:8

"하나님이 세상을 이처럼 사랑하사 독생자를 주셨으니 이는 그를 믿는 자마다 멸망하지 않고 영생을 얻게 하려 하심이라 하나님이 그 아들을 세상에 보내신 것은 세상을 심판하려 하심이 아니요 그로 말미암아 세상이 구원을 받게 하려 하심이라" 요3:16-17

그러므로 우리도 사랑의 하나님께 오직 사랑과 충성을 드리는 사람이 됩시다.

"우리는 형제를 사랑함으로 사망에서 옮겨 생명으로 들어간 줄을 알거니와 사랑하지 아니하는 자는 사망에 머물러 있느니라 / 그가 우리를 위하여 목숨을 버리셨으니 우리가 이로써 사랑을 알고 우리도 형제들을 위하여 목숨을 버리는 것이 마땅하니라" 요일3:14,16

3. 공의의 하나님

"여호와의 말씀이니라 보라 때가 이르리니 내가 다윗에게 한 의로운 가지를 일으킬 것이라 그가 왕이 되어 지혜롭게 다스리며 세상에서 정의와 공의를 행할 것이며 그의 날에 유다는 구원을 받겠고 이스라엘은 평안히 살 것이며 그의 이름은 여호와 우리의 공의라 일컬음을 받으리라" 렘23:5-6

깡패조차 보스에게 의리를 지킵니다. 하물며 공의로우신 하나님께 우리는 신적 의리를 지켜야 합니다.

"너희가 전에는 어둠이더니 이제는 주 안에서 빛이라 빛의 자녀들처럼 행하라 빛의 열매는 모든 착함과 의로움과 진실함에 있느니라" 엡 5:8,9

"공의와 정의를 행하는 것은 제사 드리는 것보다 여호와께서 기쁘게 여기시느니라 / 공의와 인자를 따라 구하는 자는 생명과 공

의와 영광을 얻느니라" 잠21:3,21

4. 신실하신 하나님

하나님은 진실무망眞實無妄하신 하나님이십니다. 즉, 하나님은 진실하시고 망령됨이 없는 분이십니다.

"여호와의 말씀은 정직하며 그가 행하시는 일은 다 진실하시도다 그는 공의와 정의를 사랑하심이여 세상에는 여호와의 인자하심이 충만하도다" 시33:4-5

"그는 반석이시니 그가 하신 일이 완전하고 그의 모든 길이 정의롭고 진실하고 거짓이 없으신 하나님이시니 공의로우시고 바르시도다" 신32:4

신실하신 하나님께 우리도 신실하게 살아야 합니다.

♬ 신실하게 진실하게 거룩하게 살게 하소서

🌐 **포의재인 抱義載仁**
정의를 품되, 사랑으로 표현한다

抱	義	載	仁
안을 포	옳을 의	실을 재	어질 인

抱	義	載	仁				

16주 초월超越과 내재內在

예배를 받으시는 분과 임마누엘로
우리와 함께하시는 분

하나님은 '초월(예배를 받으시는 분)'과 '내재(임마누엘로 우리
와 함께하시는 분)'의 상반된 방식으로 존재하십니다. 하나님은 지
고하시고 존엄한 존재이면서도, 겸비하고 다정한 존재이십니다.
하나님은 부재하시면서도 현존하시고, 침묵하시면서도 말씀하시
며, 멀면서도 가깝고, 높으시면서도 낮으며, 자유로우시면서도 제
한되시고, 정의로우시면서도 사랑이십니다. 또한 하나님은 초월과
내재로 대표되는 양극성을 가지신 분이십니다.

하나님의 신성과 인성, 영적인 것과 육적인 것, 천상의 것과 지상
의 것, 하나님의 진노와 자비, 종말의 때에도 구속주이시면서 동시
에 심판주가 되십니다.

하나님의 임재 가운데서는 믿음과 사랑으로 하나님을 기뻐하고
즐거워하십시오. 하나님께서 침묵하시고 부재하실 때는 소망과 인
내로 오직 주를 바라보십시오.

"소망 중에 즐거워하며 환난 중에 참으며 기도에 항상 힘쓰며" 롬 12:12

"믿음의 주요 또 온전하게 하시는 이인 예수를 바라보자 그는 그 앞에 있는 기쁨을 위하여 십자가를 참으사 부끄러움을 개의치 아니하시더니 하나님 보좌 우편에 앉으셨느니라" 히12:2

1. 하나님은 거룩하신 하나님입니다.

"그들이 밤낮 쉬지 않고 이르기를 거룩하다 거룩하다 거룩하다 주 하나님 곧 전능하신 이여 전에도 계셨고 이제도 계시고 장차 오실 이시라" 계4:8

"하나님은 하늘에 계시고 너는 땅에 있음이니라 그런즉 마땅히 말을 적게 할 것이라" 전5:2

인간이 절대타자이신 하나님을 직접 만나는 순간, 인간은 다 죽었다고 믿었습니다. 실제로 죽었습니다. 이는 태양의 빛을 사랑하더라도 인간이 태양에 한없이 가까이 가면 접근하기도 전에 소멸하는 것과 같은 이치입니다. "거룩하신 하나님은 독대하면 죽고, 중보자이신 예수 그리스도와 함께하면 산다"는 유명한 말씀이 있습니다. 태양을 직접 볼 때 눈이 멀지만, 중보자인 선글라스를 끼면 잘 볼 수 있는 것과 같은 이치입니다.

모세가 거룩하신 하나님을 만났을 때,

"이리로 가까이 오지 말라 네가 선 곳은 거룩한 땅이니 네 발에서 신을 벗으라" 출3:5

하시면서 거룩하신 하나님과 죄인된 인간을 구별하셨습니다.

다니엘 단8:26-27과 바울 행9:3-4도 각각 예수님을 만났을 때 죽음에 가까운 체험을 하였습니다. 베드로는 거룩하신 주님 앞에서 자신의 죄를 낱낱이 깨달으며 이렇게 고백했습니다

"시몬 베드로가 이를 보고 예수의 무릎 아래에 엎드려 이르되 주여 나를 떠나소서 나는 죄인이로소이다" 눅5:8

2. 거룩하신 하나님은 동시에 우리 안에 임마누엘로 '내재하시는' 하나님이십니다.

① '절대타자'이신 하나님이 가장 가까운 하나님이기도 하십니다.

"말씀이 육신이 되어 우리 가운데 거하시매 우리가 그의 영광을 보니 아버지의 독생자의 영광이요 은혜와 진리가 충만하더라" 요1:14

② 내재하시는 하나님으로 인해 나와 주님이 하나가 됩니다.

"나는 포도나무요 너희는 가지라 그가 내 안에, 내가 그 안에 거하면 사람이 열매를 많이 맺나니 나를 떠나서는 너희가 아무것도 할 수 없음이라 너희가 내 안에 거하고 내 말이 너희 안에 거하면 무엇이든지 원하는 대로 구하라 그리하면 이루리라" 요15:5,7

그리하여 거룩하신 하나님은 우리에게 "거룩하라"고 말씀하시며, 우리를 거룩한 존재로 만드십니다.

"나는 너희의 하나님이 되려고 너희를 애굽 땅에서 인도하여 낸 여호와라 내가 거룩하니 너희도 거룩할지어다" 레11:45

초월과 내재의 하나님은 '사랑의 하나님'으로 하나가 되십니다.

"아버지여, 아버지께서 내 안에, 내가 아버지 안에 있는 것 같이 그들도 다 하나가 되어 우리 안에 있게 하사 세상으로 아버지께서 나를 보내신 것을 믿게 하옵소서" 요17:21

사랑할 때, '하나님'과 '사람'이 만나며, 그 순간이 영원으로 이어집니다.

"그가 우리를 위하여 목숨을 버리셨으니 우리가 이로써 사랑을 알고 우리도 형제들을 위하여 목숨을 버리는 것이 마땅하니라" 요일3:16

3. 초월의 하나님을 경배하고, 내재의 하나님을 사랑하는 우리는 행복한 사람들입니다.

사람은 창조 시에 하나님의 복을 받은 존재이며, 시간도 복된 안식일을, 공간도 복된 안식일을 받은 축복의 존재였습니다.

"이스라엘이여 너는 행복한 사람이로다 여호와의 구원을 너 같이 얻은 백성이 누구냐 그는 너를 돕는 방패시요 네 영광의 칼이시로다 네 대적이 네게 복종하리니 네가 그들의 높은 곳을 밟으리로다" 신33:29

❀ 초월超越과 내재內在
예배를 받으시는 분과 임마누엘로 우리와 함께하시는 분

超	越	內	在
뛰어넘을 초	넘을 월	안 내	있을 재

超	越	內	在				

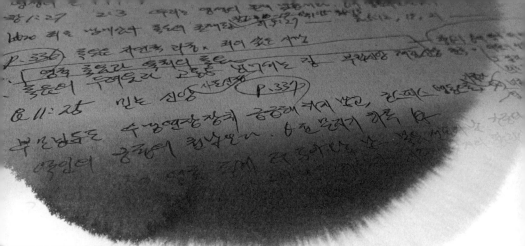

17주 섭리론 / 신정론

攝理論 / 神正論(Theodicy)

"나는 알파와 오메가요 처음과 마지막이요 시작과 마침이라" 계 22:13

1. 하나님의 섭리

천지창조와 최후의 심판이 있기까지, 하나님은 우주 만물과 인생을 보존하시며 인생과 역사의 주관자가 되셔서 하나님의 모든 뜻과 목적을 완성하십니다. 이러한 하나님의 주권적 통치를 '섭리'라고 합니다.

"내 형질이 이루어지기 전에 주의 눈이 보셨으며 나를 위하여 정한 날이 하루도 되기 전에 주의 책에 다 기록이 되었나이다 하나님이여 주의 생각이 내게 어찌 그리 보배로우신지요 그 수가 어찌 그리 많은지요" 시139:13-18

하나님의 창조는 일회적인 사역이며, 종말까지 하나님의 구원 사역은 영원한 현재의 사역입니다.

2. 섭리론 vs 운명론

섭리론攝理論(Providence)은 하나님은 역사의 주관자라 생각합니다. 반면 운명론 運命論은 모든 일이 미리 정해진 필연적인 법칙에 따라 일어나며 인간의 의지로는 변경할 수 없다는 결정론입니다.

'프로-비데오Pro-video'는 '미리 본다', '미리 알고 그것에 대책을 세운다'는 뜻입니다. 하나님은 인간의 과거와 현재만이 아니라 미래도 알고 선하게 인도하십니다. 그러나 섭리론이 운명론과 동일하다는 것은 아닙니다.

'운명론'은 인간의 노력과 상관없이 '인간의 운명은 기계적으로 정해져 있다'는 것입니다. 반면, '섭리론'은 '자유의지를 가진 하나님의 형상인 인간이 하나님의 뜻을 따라서 자신과 세상을 더 나은 세상, 곧 하나님 나라로 만들어 가는 데 합력할 수 있다'는 의미입니다. 심지어 인간이 부족하고 악할지라도 하나님은 이를 완전과 선으로 바꾸셔서 하나님의 뜻을 이루신다는 것입니다.

"참새 두 마리가 한 앗사리온에 팔리지 않느냐 그러나 너희 아버지께서 허락하지 아니하시면 그 하나도 땅에 떨어지지 아니하리라 너희에게는 머리털까지 다 세신 바 되었나니" 마10:29-30

3. 섭리 속 하나님의 통치

하나님의 섭리에는 피조물의 보존(돌보심), 협력(하나님의 주권에 대한 인간의 책임적 응답), 하나님의 최종 목적, 곧 인간과 만물을 새롭게 하시고, 하나님 나라를 이루기까지 통치하심에 있습니다.

A. 보존

"오직 주는 여호와시라 하늘과 하늘들의 하늘과 일월 성신과 땅과 땅 위의 만물과 바다와 그 가운데 모든 것을 지으시고 다 보존하시오니 모든 천군이 주께 경배하나이다" 느9:6

B. 협력

"여호와를 의뢰하고 선을 행하라 땅에 머무는 동안 그의 성실을 먹을 거리로 삼을지어다" 시37:3

"모든 일을 그의 뜻의 결정대로 일하시는 이의 계획을 따라 우리가 예정을 입어 그 안에서 기업이 되었으니" 엡1:11

C. 통치

우리도 주와 함께 왕노릇 합니다. 그래서 이 세상 사는 동안에 사람들을 전도하고, 양육하며, 제사장 나라와 거룩한 백성을 만들어 가고, 탄식하는 자들을 치유하고 회복시키는 데 힘씁니다.

"또 내가 보좌들을 보니 거기에 앉은 자들이 있어 심판하는 권세를 받았더라 / 이 첫째 부활에 참여하는 자들은 복이 있고 거룩하도다 둘째 사망이 그들을 다스리는 권세가 없고 도리어 그들이 하나님과 그리스도의 제사장이 되어 천 년 동안 그리스도와 더불어 왕 노릇 하리라" 계20:4,6

D. 신정론 Theodicy

하나님의 뜻에 반대하는 악한 자들이 다스릴지라도 하나님은 선한 뜻을 이루어 그들조차 통치하십니다. 세상은 "하나님이 없다, 하나님이 계실지라도 무능하다"고 합니다. 그러나 살아계신 하나님은 악조차 선으로(요셉을 팔아넘긴 악을 이스라엘의 구원을 위한 총리로 만드심), 죽음조차 부활로(십자가의 저주받은 죽음으로 만든 악을, 온 인류의 대속과 부활의 승리로 만드심) 바꾸시는 정의의 하나님이요, 섭리하는 하나님이십니다.

"권세 있는 자를 그 위에서 내리치셨으며 비천한 자를 높이셨고" 눅1:52

성경에도 등장하는 쾌락주의자 에피쿠로스는 신정론에 대해 의문을 제기했습니다. 그는 "신은 존재한다. 신은 전능하다, 신은 선하다. 그런데 인간과 세상에는 고통이 존재한다. 그러므로 신은 없다."고 주장하며 무신론을 제기했습니다. 쉽게 말해서, 선하고 전능한 신이 무능하거나 존재하지 않기 때문에 이 땅에 고통이 존재한다는 것입니다. 이러한 주장에 대해 우리가 어떻게 하나님의 하나님 되심을 증명할 수 있을까요? 신자가 고통을 당할 때나 세상 사람들이 전쟁, 지진, 기근, 또는 악한 독재자로 인해 고통받을 때에도 우리는 그들을 위로하고, 하나님이 고통당하는 이들과 함께 고통을 나누시며, 그들을 위로하고 소망이 되어주신다는 것을 말씀과 삶으로 보여줘야 합니다.

도덕적 악뿐만 아니라 자연적 악을 우리는 어떻게 이해해야 할까요? 하나님이 악을 창조하셨다는 주장에 대해 우리는 어떻게 반응해야 할까요? 악은 선의 결핍이라고 말함으로써 이 문제를 해결할 수 있을까요?

욥의 고난을 우리는 어떻게 이해해야 할까요? 임마누엘 칸트는 그의 『순수 이성 비판』에서 '신, 영혼 불멸, 천국'을 논하지 말자고 했지만, 도덕에 관한 책인 『실천 이성 비판』에서는 다시 소환했습니다. 이는 왜일까요?

십자가 대속의 고난은 무엇을 의미할까요? 왜 예수님은 의인 중의 의인이시면서도 욥보다 100배나 더 무거운 고난을 당하셨을까요? 아우슈비츠 수용소에서 유대인들이 죽어갈 때, 그들이 외쳤던 절규 "우리 하나님은 어디에 계시는가? 고난 중에 있는 우리를 외면하시는가?"에 대해 한 사람이 뜻밖의 답변을 했습니다. "하나님은 고통받는 우리 가운데, 바로 여기 계십니다." 하고 말입니다.

몰트만의 『십자가에 달리신 하나님』은 인간이 고통받을 때, 내가 고통받을 때 예수님이 바로 내 안에서 더 깊이 고통당하신 다는 것을 보여줍니다.

인생은 신비가 많습니다. 유한자는 무한자를 온전히 알 수 없습 니다. 하나님은 우리를 사랑하시기에 자유의지를 주셨고, 그 자유 의지는 선과 악, 정의와 불의를 선택할 수 있는 인격적인 존재로 만들었습니다. 하나님은 이 자유의지로 인해 악과 불의를 선택하 며 행할 수 있다는 것을 알고 계셨음에도 불구하고 끝까지 자유의 지를 박탈하지 않으셨습니다. 이 신비로 인해 발생하는 악의 문제 는 여전히 우리가 모르는 것이 많습니다.

E. 악에 대한 전통적인 4가지 신정론적 답변

① 이 세상의 악은 다른 신이나 천사, 혹은 인간과 같은 피조물 이 하나님에게 대항하여 죄를 짓거나 반역하게 하는 것으로 이 해됩니다.

② 악은 유한한 질서에서 필요한 면이 있으며, 이 질서 안에는 자유로운 존재와 상대적으로 안정된 물질의 질서가 존재합니다.

③ 악은 한정적이거나 일시적인 경험의 환상일 수 있으며, 영원 의 관점에서 보면 존재하지 않습니다.

④ 악의 신비에 대해 이론적인 대답은 없으며, 악의 현상에도 불 구하고 하나님께 복종하고 하나님의 선하심을 어린아이와 같이 믿을 때만이 그 깨달음을 얻을 수 있습니다.

(출처:『신학용어해설, 186p, 밴 A. 하비(1991)』)

F. 도덕적인 죄, 악, 고통, 사단

이에 대해서는 의인 중의 의인이신 예수님께서 십자가에서 고난을 받으심으로 이미 해결하셨습니다. 예수님은 "다 이루었다. 요19:30"고 말씀하셨습니다. 그리고 종말의 재림 때에 모든 것이 완전히 진·선·미·성으로 이루어질 것입니다 요21:3-7. 그날까지 우리는 "소망 중에 즐거워하며, 환난 중에 참으며, 기도에 항상 힘쓰며 롬12:12" 믿음의 사람으로 살아가야 합니다.

4. 하나님의 섭리론을 믿는 자는 이렇게 살아갑니다.

모든 것을 합력하여 선을 이루시는 하나님을 절대 신뢰합니다. 렘29:11, 롬8:28 하나님의 섭리가 이루어지기를 기도합니다. 마6:9-10 시편23편의 선한 목자를 신뢰하며, 하나님의 영광을 위하여 선한 동역자로서 삶을 살아갑니다. 고전10:31,33, 고전15:57-58 곧, 사명자로 사는 것입니다. 딤후4:7-8

⊛ 섭리攝理와 신정神正

攝	理	神	正
다스릴 섭	다스릴 리(이)	하나님 신	바를 정
攝	理	神	正				

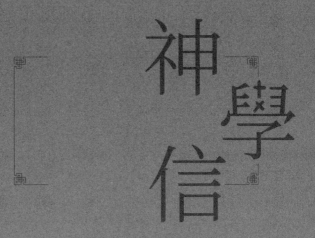

IV

인간 이야기(인간론)

한문공부와 함께하는 **52주 신학과 신앙** 이야기

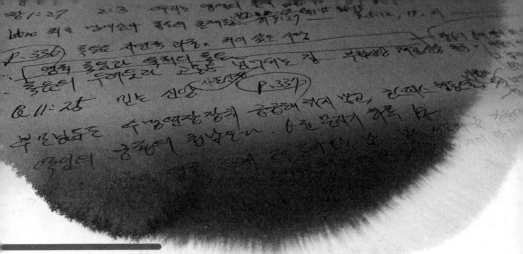

18주 하나님의 형상

신적 형상 神的 形像

"우리가 다 수건을 벗은 얼굴로 거울을 보는 것 같이 주의 영광을 보매 그와 같은 형상으로 변화하여 영광에서 영광에 이르니 곧 주의 영으로 말미암음이니라" 고후3:18

"새 사람을 입었으니 이는 자기를 창조하신 이의 형상을 따라 지식에까지 새롭게 하심을 입은 자니라" 골3:10

1. 인문주의자들의 인간이해

"인간은 버림받은(실존주의) 돈밖에 모르는(마르크스) 병든(프로이드) 원숭이(다윈)다."

A. 칸트의 인간 이해

칸트는 세상에서 선한 자가 불행하고 악한 자가 행복한 경우가 많다는 문제를 발견했습니다. 이러한 불균형을 해결하기 위해 그는 도덕적 요청을 도입하였습니다. 칸트에 따르면, 선한 자가 잠시 불행하더라도 사후에 신에 의해 영원한 천국의 행복을 누리게 되며, 악한 자는 잠시 행복하더라도 영원한 지옥에서 불행을 겪게 됩니다. 이는 사회와 국가의 붕괴를 막기 위한 도덕적 기반을 마련하려는 그의 시도였습니다.

B. 엘리자베스 퀴블러-로스의 사후생

엘리자베스 퀴블러-로스는 죽음학과 호스피스 분야를 개척한 창시자로, 사후생死後生(ON LIFE AFTER DEATH)에 대한 자신의 견해를 종교적 믿음이 아닌 '과학적 사실'로 간주했습니다. 그녀는 사후 생이 실질적인 과학적 근거가 있다고 주장했습니다.

C. 정신분석학에서 보는 인간이해

① 프로이트 - will to pleasure 인간은 '쾌락의지'의 존재로, 본능적으로 쾌락을 추구합니다.

② 아들러 - will to power 인간은 '권력의지'의 존재로, 권력과 우월성을 추구합니다.

③ 프랭클 - will to meaning 인간은 '의미 추구'의 존재로, 삶에 의미를 부여하고자 하는 존재다.

D. 고대 그리스 철학

철학을 죽음에 이르는 연습으로 보았습니다. 일반적인 사람은 죽을 때 영혼이 자유로워지지만, 철학자는 평상시에 육신의 생각을 죽임으로 영혼이 자유로운 사람입니다.

E. 하이데거의 인간 이해

마르틴 하이데거는 인간을 '죽음에 이르는 존재 Sein zum Tode'로 정의했습니다. 그는 사후 생에 대한 확답은 없지만, 인간이 죽음에 이르는 존재임을 인식하며 살아있는 동안 의미 있고 보람 있는 삶을 살 것을 강조했습니다.

2. 신학의 인간이해

인간은 '버림받은(실존주의)', '돈밖에 모르는(마르크스)', '병든 (프로이드)', '원숭이(다윈)'가 아니라, '보냄받고 사랑받으며', '돈보다 진리를 사랑하는', '거룩하고 아름답고 건강한 하나님의 형상'입니다.

A. 인간은 영 · 혼 · 육의 존재입니다. 살전5:23

① 영: 하나님 의식 (하늘 天) 원시인조차 영혼을 사모하는 마음을 가지고 있으며, 종교적 의례를 수행해 왔습니다.

② 혼: 자아 의식 (인간 人) 지(Logos), 정(Pathos), 의(Ethos -Ethics)로 구성되어 있습니다. 이러한 요소들을 관통하는 것은 로고스Logos와 소피아Sophia입니다. '지 · 정 · 의'를 총괄하는 것이 바로 '인격'입니다.

③ 육: 세계 의식(땅 地) 인간은 본능적으로 '먹느냐, 먹히느냐'를 판단합니다.

B. 사람은 육체와 물질적 존재를 넘어서 영적인 존재입니다.

"여호와 하나님이 땅의 흙으로 사람을 지으시고 생기를 그 코에 불어넣으시니 사람이 생령이 되니라" 창2:7

인간은 예수님의 마음을 닮음으로 하나님의 형상이 됩니다.

"너희 안에 이 마음을 품으라 곧 그리스도 예수의 마음이니..." 빌2:5-8

"모든 지킬 만한 것 중에 더욱 네 마음을 지키라 생명의 근원이 이에서 남이니라" 잠4:23

C. 우리는 하나님의 형상을 종교적 존재, 도덕적 존재, 이성적 존재로 이해할 수 있습니다.

그러나 무엇보다도 우리 인간을 하나님의 대리 통치자로 보는 것이 중요합니다. 하나님께서 우리의 왕이 되셔서, 섬김을 받으려 함이 아니라 도리어 섬기려 하고 자기 목숨을 많은 사람의 대속물로 주셨던 것 막10:45 처럼 우리도 하나님을 대신하여 세상의 불신자들과 피조물에게 예수님처럼 섬기는 지도자, 즉 왕같은 제사장이 되어야 합니다.

"그가 우리를 위하여 목숨을 버리셨으니 우리가 이로써 사랑을 알고 우리도 형제들을 위하여 목숨을 버리는 것이 마땅하니라" 요일3:16

우리도 예수님처럼 타자를 위한 존재Being for Others가 됩시다.

D. 우리는 예수 그리스도의 형상을 본받아서 믿음, 소망, 사랑으로 하나님의 영광을 나타내는 사람들입니다.

"너희의 믿음의 역사와 사랑의 수고와 우리 주 예수 그리스도에 대한 소망의 인내를 우리 하나님 아버지 앞에서 끊임없이 기억함이니" your work of faith and labor of love and steadfastness of hope in our Lord Jesus Christ. 살전1:3

① 믿음으로

"모든 사람이 죄를 범하였으매 하나님의 영광에 이르지 못하더니" 롬3:23

"죄에 대하여라 함은 그들이 나를 믿지 아니함이요" 요16:9

"네가 믿으면 하나님의 영광을 보리라" 요11:40

② 사랑으로

"이같이 너희 빛이 사람 앞에 비치게 하여 그들로 너희 착한 행실을 보고 하늘에 계신 너희 아버지께 영광을 돌리게 하라" 마5:16

③ 소망으로

"그가 나타나시면 우리가 그와 같을 줄을 아는 것은 그의 참모습 그대로 볼 것이기 때문이니 주를 향하여 이 소망을 가진 자마다 그의 깨끗하심과 같이 자기를 깨끗하게 하느니라" 요일 3:2-3

"너희가 먹든지 마시든지 무엇을 하든지 다 하나님의 영광을 위하여 하라" 고전11:1,31

⊕ 신적 형상(하나님의 형상) 神的 形像

神	的	形	像
하나님 신	과녁 적	모양 형	모양 상

神	的	形	像				

19주 나는 누구인가?
내 사명은 무엇인가?

복福의 통로通路

"그가 이르시되 네가 나의 종이 되어 야곱의 지파들을 일으키며 이스라엘 중에 보전된 자를 돌아오게 할 것은 매우 쉬운 일이라 내가 또 너를 이방의 빛으로 삼아 나의 구원을 베풀어서 땅 끝까지 이르게 하리라" 사49:6

사도 바울은 다메섹 도상에서 예수 그리스도를 만남으로써 인생의 가장 중요한 질문인 "나는 누구인가?"와 "나의 사명은 무엇인가?"에 대한 완벽한 해답을 얻었습니다.

"주님 누구시니이까 주께서 이르시되 나는 네가 박해하는 예수라 일어나 너의 발로 서라 내가 네게 나타난 것은 곧 네가 나를 본 일과 장차 내가 네게 나타날 일에 너로 종과 증인을 삼으려 함(나의 정체성 발견)이니 이스라엘과 이방인들에게서 내가 너를 구원하여 그들에게 보내어 그 눈을 뜨게 하여 어둠에서 빛으로, 사탄의 권세에서 하나님께로 돌아오게 하고 죄 사함과 나를 믿어 거룩하게 된 무리 가운데서 기업을 얻게 하리라(나의 사명 발견) 하더이

다" 행26:15-18

1. 나는 누구인가? 인생은 어디에서 와서 어디로 가는가?

인생은 단순히 무에서 무로, 공에서 공으로, 자연에서 자연으로 흐르는 것이 아닙니다. 우리는 하나님께 창조되었으며, 그분의 사명을 수행하다가 결국 하나님께로 돌아갑니다.

"나는 내가 어디서 오며 어디로 가는 것을 알거니와 너희는 내가 어디서 오며 어디로 가는 것을 알지 못하느니라" 요8:14

A. 하나님의 형상

"우리가 다 수건을 벗은 얼굴로 거울을 보는 것 같이 주의 영광을 보매 그와 같은 형상으로 변화하여 영광에서 영광에 이르니 곧 주의 영으로 말미암음이니라" 고후3:18

B. 죄인

"모든 사람이 죄를 범하였으매 하나님의 영광에 이르지 못하더니" 롬3:23

C. 하나님의 자녀

"야곱아 너를 창조하신 여호와께서 지금 말씀하시느니라 이스라엘아 너를 지으신 이가 말씀하시느니라 너는 두려워하지 말라 내가 너를 구속하였고 내가 너를 지명하여 불렀나니 너는 내 것이라" 사43:1

D. 예수님의 제자

"예수께서 이르시되 나를 따라오라 내가 너희로 사람을 낚는 어부가 되게 하리라" 막1:17

"나 여호와가 말하노라 너희는 나의 증인, 나의 종으로 택함을 입었나니 이는 너희가 나를 알고 믿으며" 사43:10,12

E. 왕같은 제사장 / 복있는 사람

"그러나 너희는 택하신 족속이요 왕 같은 제사장들이요 거룩한 나라요 그의 소유가 된 백성이니 이는 너희를 어두운 데서 불러 내어 그의 기이한 빛에 들어가게 하신 이의 아름다운 덕을 선포하게 하려 하심이라" 벧전2:9

"복 있는 사람은 악인들의 꾀를 따르지 아니하며 죄인들의 길에 서지 아니하며 오만한 자들의 자리에 앉지 아니하고 오직 여호와의 율법을 즐거워하여 그의 율법을 주야로 묵상하는도다 그는 시냇가에 심은 나무가 철을 따라 열매를 맺으며 그 잎사귀가 마르지 아니함 같으니 그가 하는 모든 일이 다 형통하리로다" 시1:1-3

2. 나의 사명은 무엇인가?

요셉의 별명은 '꿈꾸는 사람'이요, '하나님의 영에 감동된 사람'이었습니다. 창41:38-40

A. 요셉처럼 우리도 축복의 통로가 되어야 합니다.

요셉은 자신의 축복을 하나님의 사명으로 인식하고, 아브라함처럼 열방에 축복을 전하는 통로가 되었습니다.

"아브라함은 강대한 나라가 되고 천하 만민은 그로 말미암아 복을 받게 될 것이 아니냐 창18:18-19"

요셉이 이렇게 살았습니다.

"여호와께서 요셉과 함께 하시므로 그가 형통한 자가 되어 그의 주인 애굽 사람의 집에 있으니 그의 주인이 여호와께서 그와 함께 하심을 보며 또 여호와께서 그의 범사에 형통하게 하심을 보았더라 창39:2-3"

B. 복음의 통로가 되어야 합니다.

즉 영혼의 어부이자 십자가 복음의 전달자가 되어야 합니다. 축

복의 통로가 된 사람은 위대한 복음 전달자로서의 역할을 감당할
수 있습니다.

"오직 성령이 너희에게 임하시면 너희가 권능을 받고 예루살렘
과 온 유대와 사마리아와 땅 끝까지 이르러 내 증인이 되리라 하
시니라" 행1:8

C. 사랑의 사람이 되어야 합니다.

"우리가 다 하나님의 아들을 믿는 것과 아는 일에 하나가 되어
온전한 사람을 이루어 그리스도의 장성한 분량이 충만한 데까지
이르리니" 엡4:13

① 사랑의 예수님은 잃어버린 자를 찾아가셨습니다.

"인자가 온 것은 잃어버린 자를 찾아 구원하려 함이니라" 눅
19:10

② 사랑의 예수님은 찾아오는 자를 누구든지 품어주셨습니다.
니고데모 등 종교인과 세리와 죄인 친구들을 품어주신 것처럼
말입니다.

③ 사랑의 예수님은 누구든지 하나님 나라로 초청하셨습니다.

"수고하고 무거운 짐 진 자들아 다 내게로 오라 내가 너희를 쉬
게 하리라" 마11:28

D. 천하만물의 청지기가 되어야 합니다.

"주의 손으로 만드신 것을 다스리게 하시고 만물을 그의 발 아
래 두셨으니" 시8:6

나와 자연과의 관계는 물아일체 物我一體, 즉 자연과 내가 하
나가 되는 것입니다.

"피조물이 고대하는 바는 하나님의 아들들이 나타나는 것이니
피조물이 허무한 데 굴복하는 것은 자기 뜻이 아니요 오직 굴복

하게 하시는 이로 말미암음이라 그 바라는 것은 피조물도 썩어짐의 종노릇 한 데서 해방되어 하나님의 자녀들의 영광의 자유에 이르는 것이니라 피조물이 다 이제까지 함께 탄식하며 함께 고통을 겪고 있는 것을 우리가 아느니라" 롬8:19-22

사도 바울을 비롯한 하나님의 사람들은 사명의 길을 끝까지 완주했습니다.

"내가 달려갈 길과 주 예수께 받은 사명 곧 하나님의 은혜의 복음을 증언하는 일을 마치려 함에는 나의 생명조차 조금도 귀한 것으로 여기지 아니하노라" 행20:24

우리도 그와 같이 되기를!

"내가 그리스도를 본받는 자가 된 것 같이 너희는 나를 본받는 자가 되라" 고전11:1

🌐 축복祝福과 복음福音의 통로

祝	福	福	音
빌 축	복 복	복 복	소리 음

祝	福	福	音				

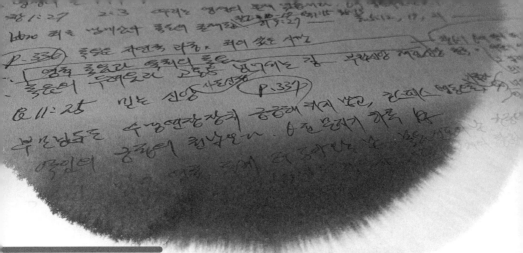

20주 자율, 타율, 신율의 존재

自律, 他律, 神律의 존재

1. 자율

  자율과 타율 중에서 어떤 것이 더 좋다고 생각하십니까? 자율은 자기 스스로가 법이 되는 것입니다. 예를 들어, 건널목에서 빨간 신호등이 켜졌을 때, 건너가지 않는 사람과 건너는 사람의 차이는 무엇일까요? 마음속에 경찰이 있는 사람은 규칙을 지키며 건너지 않습니다. 이것이 자율입니다.

  반면, 건널목 주변에 경찰이 있어서 건너지 않는 것은 타율입니다. 타율의 사람은 주변에 경찰이 없으면 규칙을 쉽게 어길 수 있습니다. 왜냐하면 자기 마음속에 경찰이 없기 때문입니다.

  자율은 원래 좋은 것이지만, 예수님을 따르지 않는 상황에서는 자율이 항상 좋은 것만은 아닙니다. 죄인이 자율로 살면 자기 스스로가 법이 되어 날마다 죄를 더해갈 수 있습니다. 그러나 하나님의 형상을 가진 사람에게는 자율이 유익할 수 있습니다. 왜냐하면 그러한 사람은 스스로 하나님의 법을 따르기 때문입니다.

한편, 타율이 모두 나쁜 것만은 아닙니다. 무엇이 좋고 나쁜지 잘 모르는 어린아이들에게는 타율이 필요합니다. 여러분의 가정에서는 부모님들이 어린 자녀들에게 좋은 것과 나쁜 것 중 어떤 것을 가르치시나요? 당연히 좋은 것을 가르칩니다. 그러나 그 좋은 것을 배우고 익히기 위해서는 타율의 과정을 거쳐야 합니다. 시간이 지나고 아이들이 자라면서 점차 자율로 살 수 있도록 변해갑니다.

자율, 타율과는 다른 제3의 시각이 있습니다. 그것은 바로 하나님의 법을 따르는 신율입니다. 그리스도인은 자율과 타율을 논쟁할 필요가 없습니다. 신율이 가장 높은 기준이기 때문입니다. 하나님의 법이 자율이 되고, 동시에 타율이 된다면 가장 좋습니다. 스스로 '하나님이 안 된다고 하시니 나는 이걸 하지 말아야겠다'고 생각하는 것은 자율로 신율을 따르는 것입니다. '아, 너무 하기 싫은데 하나님이 하라고 하니 억지로라도 하자'라고 한다면 그것은 타율로 신율을 따르는 일이 됩니다. 사람에게는 두 가지 방식이 모두 필요합니다.

서대인, 『성경으로 풀어가는 역사인문학(순리), 48-50p』

2. 타율

플라톤은 철학의 궁극적인 목적을 '왕을 만드는 것'이라고 하였습니다. 철학자 왕은 오늘날 이상적인 자율적 인간으로 이해될 수 있습니다. 이들은 타율에 얽매이지 않고, 스스로 양심의 법과 진리의 법을 지키며 준법시민으로 살아갑니다. 그러나 자율은 자유를 넘어 방종으로 흐를 위험이 있습니다. 아이들을 자율적 인간으로 교육(타율)하는 것은 중요하지만, 현재의 세상은 타율조차 부정적으로 여기는 경향이 있습니다.

비록 좋은 교육을 통해 자율적 인간으로 성장했다 하더라도, "만물보다 거짓되고 심히 부패한 것은 마음 렘 17:9"이라는 말씀이 말해주듯, 인간의 내면에 존재하는 죄악과 외부의 악의 구조, 악의 세력 앞에서 인간은 방종하거나 타인의 시선과 법을 의식하는 타율의 존재가 되기 쉽습니다.

이와 같은 상황에서 성 바울의 외침을 들어보십시오. 그는 자신의 도덕적, 종교적 업적에도 불구하고 다음과 같은 고백을 하였습니다:

> "내 지체 속에서 한 다른 법이 내 마음의 법과 싸워 내 지체 속에 있는 죄의 법으로 나를 사로잡는 것을 보는도다 오호라 나는 곤고한 사람이로다 이 사망의 몸에서 누가 나를 건져내랴" 롬7:23-24

그리하여 인간은 자율 대신 타율을 더 많이 생각하게 됩니다. 동서고금의 학문과 세계 4대 종교는 선량한 시민을 만들기 위해 윤리와 도덕, 법을 통해 교육하고 통제하여 최소한의 도덕 기준을 준수하도록 합니다. 이에 반하여, 에리히 프롬은 ,『자유로부터의 도피』에서 인간이 자율의 고통에 절망하여 스스로 타율의 존재로 도피한다고 지적했습니다. 그는 타율을 우상처럼 숭배하는 현상을 분석했습니다.

그러나 타율의 주체가 독일의 히틀러와 같은 독재자가 되면, 선량한 시민조차 악의 추종자가 될 위험이 있습니다. 반대로, 정치와 경제 지도자들이 '빵과 서커스'(오늘날로 말하면 과도한 사회복지정책, 연예계, 스포츠와 같은 엔터테인먼트)로 선량한 시민을 '고민하고 사색하는 소크라테스'에서 '배부른 돼지'로 만드는 경우도 있습니다.

3. 신율

그렇다면 자율의 장점과 타율의 장점을 어떻게 연결하여 '교학상장敎學相長(교사와 학생이 서로 최선으로 성장)'을 이룰 수 있을까요? 바로 '신율'입니다. 신율은 자신이 법이 아니고, 타인도 법이 아니며, 하나님이 법이 되는 것입니다. 이러한 관점에서 신율은 단순한 타율을 넘어서는 자율로 볼 수 있습니다.

A. 신율이란

① 창조주 하나님(신율)께서 인간의 마음에 양심(자율)을 주시고

하나님이여 내 속에 정한 마음을 창조하시고 내 안에 정직한 영을 새롭게 하소서 시51:106

② 진리의 법(타율)을 가르쳐 주시고

내가 곧 길이요 진리요 생명이니 나로 말미암지 않고는 아버지께로 올 자가 없느니라, 내가 아버지께 구하겠으니 그가 또 다른 보혜사를 너희에게 주사 영원토록 너희와 함께 있게 하리니 요14:6,16

③ 그것을 지켜서 행할 수 있는 능력을 주는 것입니다.

또 내 영을 너희 속에 두어 너희로 내 율례를 행하게 하리니 너희가 내 규례를 지켜 행할지라 겔36:27

B. 신율은 자율입니다.

너희 안에 이 마음을 품으라 곧 그리스도 예수의 마음이니 빌2:5

C. 신율은 타율입니다.

내가 곧 길이요 진리요 생명이니 나로 말미암지 않고는 아버지께로 올 자가 없느니라 요14:6

D. 그러므로 신율=타율=자율은 그리스도 예수를 믿고 사랑함으로써 삼위일체와 같이 하나가 되는 것입니다.

"아버지여, 아버지께서 내 안에, 내가 아버지 안에 있는 것 같이 그들도 다 하나가 되어 우리 안에 있게 하사 세상으로 아버지께서 나를 보내신 것을 믿게 하옵소서" 요17:21)

▲ ▼ ▲

보혜사 성령님은 예수님의 삶과 가르침(타율)을 우리의 삶과 내면(자율)에서 기쁨으로 하나님 사랑과 이웃 사랑을 행할 수 있게 하십니다. (신율)

自	律	他	律
스스로 자	법칙 률(율)	다를 타	법칙 률(율)

21주 죄, 죽음, 심판의 존재

전화위복 轉禍爲福

"욕심이 잉태한즉 죄를 낳고 죄가 장성한즉 사망을 낳느니라" 약 1:15

"한번 죽는 것은 사람에게 정해진 것이요 그 후에는 심판이 있으리니" 히9:27

인생은 이생과 내생에서 영생과 영벌의 판결이 있음을 기억해야 합니다.

"그가 와서 죄에 대하여, 의에 대하여, 심판에 대하여 세상을 책망하시리라" 요16:8

"하나님을 모르는 자들과 우리 주 예수의 복음에 복종하지 않는 자들에게 형벌을 내리시리니 이런 자들은 주의 얼굴과 그의 힘의 영광을 떠나 영원한 멸망의 형벌을 받으리로다" 살후1:8-9

소크라테스는 "너 자신을 알라"라고 말했습니다. 그 중에서도 중요한 것은 바로 '무지의 지無知之知'입니다. 인간은 무엇보다 먼저 자신이 죄인이라는 사실, 죽음을 향해 가는 존재라는 사실(하이데거), 심판의 존재라는 사실을 깨달아야 합니다.

1. 죄인: Memento mori! "너는 죽는다"는 것을 기억하라!

A. 죄인

오늘날 우리는 하나님을 잃어버리고, 자신의 정체성을 잊어버린 시대를 살아가고 있습니다. 이러한 시대에 우리는 무엇보다도 자신이 죄인임을 깊이 깨달아야 합니다.

나는 죄인입니다. 롬3:10, 28; 5:8

나는 사형 선고를 받은 자입니다. 롬1:32

나는 하나님의 심판을 받은 자입니다. 롬2:2; 3:19

나는 하나님의 진노 아래 있는 자입니다. 롬1:18

나는 하나님을 알되, 그를 영화롭게도 감사하지도 않는 자입니다. 롬1:21

나는 마음에 하나님 두기를 싫어하는 자입니다. 롬1:28

나는 하나님의 원수된 자입니다. 롬5:10; 8:7

B. 근본적인 죄 – 구원자 예수님을 불신하는 것 요16:10

"그 정죄는 이것이니 곧 빛이 세상에 왔으되 사람들이 자기 행위가 악하므로 빛보다 어둠을 더 사랑한 것이니라" 요3:19

C. 자범죄 - 하나님이 좋아하는 것을 내가 싫어하고, 하나님이 싫어하는 것을 내가 좋아하는 것

"또 이르시되 사람에게서 나오는 그것이 사람을 더럽게 하느니라 속에서 곧 사람의 마음에서 나오는 것은 악한 생각 곧 음란과 도둑질과 살인과 간음과 탐욕과 악독과 속임과 음탕과 질투와 비방과 교만과 우매함이니" 막7:20-22

D. 원 죄

"내가 죄악 중에서 출생하였음이여 어머니가 죄 중에서 나를 잉태하였나이다" 시51:5

2. 죽음에의 존재

A. 영적 죽음: 영혼육의 존재가 범죄 하여 영/혼육의 분리

하나님께서는 선악과를 따먹으면 인간이 반드시 죽을 것이라고 말씀하셨습니다. 그러나 아담은 930세까지 살았습니다. 그렇다면 하나님께서 잘못 말씀하신 것일까요? 그렇지 않습니다. 아담이 범죄한 순간, 그의 영은 하나님을 떠났으며, 이는 영적으로 이미 죽은 상태를 의미합니다. 이 영적 죽음(살았다 하나 실상은 죽은 상태)의 결과로 결국 육체적 죽음이 찾아오는 것입니다.

"여호와께서 이르시되 나의 영이 영원히 사람과 함께 하지 아니하리니 이는 그들이 육신이 됨이라 그러나 그들의 날은 백이십 년이 되리라 하시니라" 창 6:3

B. 육적 죽음

자연적인 노화나 돌발적인 사건으로 인해 영혼과 육체가 분리되어 육체가 종말을 맞이하는 것을 의미합니다.

C. 영원한 죽음: 영생의 하나님과 죄인의 영원한 분리

영원한 죽음은, 육체적으로 죽었던 자들이 백보좌 심판 직전에 잠시 부활한 후, 지옥의 심판을 받고 영원히 멸망하는 상태를 말합니다.

"사망과 음부도 불못에 던져지니 이것은 둘째 사망 곧 불못이라 누구든지 생명책에 기록되지 못한 자는 불못에 던져지더라" 계 20:14-15

성도는 육체적 죽음을 맞이할 수는 있지만, 영적 죽음은 없으며 영원한 죽음도 없는 영생의 사람이 되었습니다. 따라서 죄와 죽음, 심판을 두려워할 필요가 전혀 없습니다.

"너희는 마음에 근심하지 말라 하나님을 믿으니 또 나를 믿으라" 요14:1

오히려 하나님께서는 성도의 죽음을 천국의 출입구로서 존귀히 여기십니다.

"그의 경건한 자들의 죽음은 여호와께서 보시기에 귀중한 것이로다" 시116:15

3. 심판의 존재

"하나님은 모든 행위와 모든 은밀한 일을 선악 간에 심판하시리라" 전12:14

구원받은 자들은 '천국'으로, 진노의 심판을 받는 자들은 '지옥'으로 가게 됩니다.

"우리는 형제를 사랑함으로 사망에서 옮겨 생명으로 들어간 줄을 알거니와 사랑하지 아니하는 자는 사망에 머물러 있느니라" 요일3:14

"자기 땅에 오매 자기 백성이 영접하지 아니하였으나 / 영접하는 자 곧 그 이름을 믿는 자들에게는 하나님의 자녀가 되는 권세를 주셨으니" 요 1:11-12

"주의 날이 도둑 같이 오리니... 너희가 어떠한 사람이 되어야 마땅하냐 거룩한 행실과 경건함으로 하나님의 날이 임하기를 바라보고 간절히 사모하라" 벧후3:9-12

4. 죄, 죽음, 심판의 존재가 어떻게 하나님의 자녀, 생명, 영생복락의 존재가 될 수 있을까요?

지금 즉시 예수 그리스도를 나의 주, 나의 하나님으로 믿고 영접하면, 전화위복 轉禍爲福을 경험할 수 있습니다.

"우리가 아직 죄인 되었을 때에 그리스도께서 우리를 위하여 죽으심으로 하나님께서 우리에 대한 자기의 사랑을 확증하셨느니라" 롬5:8

"영접하는 자 곧 그 이름을 믿는 자들에게는 하나님의 자녀가 되는 권세를 주셨으니" 요1:12

"하나님이 세상을 이처럼 사랑하사 독생자를 주셨으니 이는 그를 믿는 자마다 멸망하지 않고 영생을 얻게 하려 하심이라 하나님이 그 아들을 세상에 보내신 것은 세상을 심판하려 하심이 아니요 그로 말미암아 세상이 구원을 받게 하려 하심이라" 요3:16-17

◉ 전화위복 轉禍爲福
재앙災殃과 근심, 걱정이 바뀌어 오히려 복福이 됨

轉	禍	爲	福
구를 전	재앙 화	할 위	복 복

轉	禍	爲	福				

神學信

V

인간 이야기(인간론)

- 타자를 위한 존재

한문공부와 함께하는 **52주 신학과 신앙** 이야기

22주 예수님은 누구신가

예수 그리스도 - 야소耶蘇 기독基督

내가 그의 이름을 불러주기 전에는
그는 다만
하나의 몸짓에 지나지 않았다.
내가 그의 이름을 불러주었을 때,
그는 나에게로 와서
꽃이 되었다.

내가 그의 이름을 불러준 것처럼
나의 이 빛깔과 향기에 알맞는
누가 나의 이름을 불러다오.
그에게로 가서 나도
그의 꽃이 되고 싶다.
우리들은 모두
무엇이 되고 싶다.
너는 나에게 나는 너에게
잊혀지지 않는 하나의 눈짓이 되고 싶다.

김춘수의 시, 「꽃」 전문

1. 예수님의 이름

"때가 차매 하나님이 그 아들을 보내사 여자에게서 나게 하시고 율법 아래에 나게 하신 것은 율법 아래에 있는 자들을 속량하시고 우리로 아들의 명분을 얻게 하려 하심이라" 갈4:4-5

A. 내 백성은 내 이름을 알리라!

'나의 주, 나의 하나님'의 이름은 주, 예수, 그리스도, 하나님의 아들, 인자, 임마누엘입니다.

① 주

"한 분이신 주께서 모든 사람의 주가 되사 그를 부르는 모든 사람에게 부요하시도다" 롬10:12

② 예수

"아들을 낳으리니 이름을 예수라 하라 이는 그가 자기 백성을 그들의 죄에서 구원할 자이심이라" 마1:21

③ 그리스도 – 기름부음을 받은 자 The Anointed 곧 '나의 왕', '나의 예언자', '나의 제사장'이라는 뜻

"주는 그리스도시요 살아 계신 하나님의 아들" 마16:16

④ 하나님의 아들(참하나님– 신성)

"예수를 향하여 섰던 백부장이 그렇게 숨지심을 보고 이르되 이 사람은 진실로 하나님의 아들이었도다" 막15:39

⑤ 인자(참사람– 인성)

"인자가 온 것은 섬김을 받으려 함이 아니라 도리어 섬기려 하고 자기 목숨을 많은 사람의 대속물로 주려 함이니라" 막10:45

⑥ 임마누엘

"보라 처녀가 잉태하여 아들을 낳을 것이요 그의 이름은 임마누엘이라... 하나님이 우리와 함께 계시다 함이라" 마1:23

2. 예수님의 이름을 부르는 자

우리는 신앙 고백을 통해 예수님의 이름을 부릅니다. 예수님께서 "사람들이 나를 누구라 하느냐?"고 물으신 후, "너희는 나를 누구라 하느냐?"고 제자들에게 물으셨습니다. 이때, 유명한 베드로의 고백이 있었습니다.

A. 베드로의 고백

"시몬 베드로가 대답하여 이르되 주는 그리스도시요 살아 계신 하나님의 아들이시니이다" 마16:16

B. 마르다의 고백

"예수께서 이르시되 나는 부활이요 생명이니 나를 믿는 자는 죽어도 살겠고 무릇 살아서 나를 믿는 자는 영원히 죽지 아니하리니 이것을 네가 믿느냐 이르되 주여 그러하외다 주는 그리스도시요 세상에 오시는 하나님의 아들이신 줄 내가 믿나이다" 요 11:25-27

C. 도마의 고백

"도마가 대답하여 이르되 나의 주님(여호와 하나님)이시요 나의 하나님(엘로힘 하나님)이시니이다" 요20:28

도마는 당시 로마인들이 로마 황제를 신격화하여 고백하던 '나의 주, 나의 신'이라는 표현을, 오직 예수님께만 사용하며 "나의 주, 나의 하나님"이라고 고백했습니다. 또한, 그는 예수님이 구약의 '여호와(야훼)' 하나님, '엘로힘' 하나님이라고 고백했습니다.

D. 다윗의 고백

"나의 힘이신 여호와여 내가 주를 사랑하나이다 여호와는 나의 반석이시요 나의 요새시요 나를 건지시는 이시요 나의 하나님이시요 내가 그 안에 피할 나의 바위시요 나의 방패시요 나의 구원

의 뿔이시요 나의 산성이시로다" 시18:1-2

베드로, 마르다, 도마, 다윗의 고백도 중요하지만, 이 모든 고백
을 토대로 예수님은 지금 나에게도 "너는 나를 누구라 하느냐?"
고 물으십니다. 아래에 나의 고백을 적어봅시다.

3. 구약의 하나님의 이름

구약에서 하나님의 이름은 "나는 스스로 있는 자니라 I AM
WHO I AM"입니다. 그러나 사람들은 이 의미를 이해하지 못하
고, 보이지 않는 하나님을 보여 달라고 했습니다. 이에 예수님은 자
신을 '일곱 I AM'으로 계시하여 주셨습니다.

A. Seven 'I AM'

① "I AM the bread of life" 예수께서 이르시되 **나는 생명의
떡이니** 내게 오는 자는 결코 주리지 아니할 터이요 나를 믿는 자
는 영원히 목마르지 아니하리라 요6:35

② "I AM the light of the world." **나는 세상의 빛이니** 나
를 따르는 자는 어둠에 다니지 아니하고 생명의 빛을 얻으리
라 요 8:12

③ "I AM the door of the sheep." **나는 양의 문이라** 요10:7

④ "I AM the resurrection and the life." **나는 부활이요 생
명이니** 나를 믿는 자는 죽어도 살겠고 요11:25

⑤ "I AM the good shepherd." **나는 선한 목자라** 선한 목자
는 양들을 위하여 목숨을 버리거니와 요10:11

⑥ "I AM the way, the truth, and the life." **내가 곧 길이
요 진리요 생명이니** 나로 말미암지 않고는 아버지께로 올 자가
없느니라 요14:6

⑦ "I AM the true vine." **나는 포도나무요** 너희는 가지라 그가 내 안에, 내가 그 안에 거하면 사람이 열매를 많이 맺나니 나를 떠나서는 너희가 아무 것도 할 수 없음이라 요15:5

나는 알파와 오메가요 처음과 마지막이요 시작과 마침이라
I am the Alpha and the Omega, the First and the Last,
the Beginning and the End. 계22:13

✸ 야소耶蘇 기독基督(예수 그리스도)
'야소'는 '예수'의 한자식 표기
'기독'은 '그리스도'의 한자식 표기

耶	蘇	基	督
예수 야	소생하다 소	기초 기	감독할 독

耶	蘇	基	督				

23주 메시아 3중직

예언자預言者 - 제사장祭司長 - 왕王

1. 다음 세대를 하나님의 사람으로 키우기

우리는 다음 세대를 세속의 사람이 아니라 하나님의 사람으로 키워야 합니다. 자손을 육의 사람이 아니라 영의 사람으로 양육해야 합니다. 육신의 생명을 주는 것도 귀중하지만, 물과 성령으로 거듭난 '영적' 생명의 사람이 되도록 기도하고, 말씀으로 가르쳐야 합니다.

> "내가 너희에게 분부한 모든 것을 가르쳐 지키게 하라 볼지어다 내가 세상 끝날까지 너희와 항상 함께 있으리라 하시니라" 마 28:20

> "네 자녀에게 부지런히 가르치며 집에 앉았을 때에든지 길을 갈 때에든지 누워 있을 때에든지 일어날 때에든지 이 말씀을 강론할 것이며" 신6:7

과학과 물질이 지배하는 시대에는 보이지 않는 영의 세계와 하나님 나라를 무시하고 하나님이 없다고 강요하는 경우가 많습니다.

그런 상황에서 주 예수 그리스도를 어떻게 다음 세대에 효과적으로 전수할 수 있을까요?

"아비들아 너희 자녀를 노엽게 하지 말고 오직 주의 교훈과 훈계로 양육하라" 엡6:4

"마땅히 행할 길을 아이에게 가르치라 그리하면 늙어도 그것을 떠나지 아니하리라" 잠22:6

2. 특별히 무엇을 가르쳐야 할까요?

"내가 너희 중에서 예수 그리스도와 그가 십자가에 못 박히신 것 외에는 아무 것도 알지 아니하기로 작정하였음이라" 고전2:2

"십자가의 도가 멸망하는 자들에게는 미련한 것이요 구원을 받는 우리에게는 하나님의 능력이라 / 하나님의 지혜에 있어서는 이 세상이 자기 지혜로 하나님을 알지 못하므로 하나님께서 전도의 미련한 것으로 믿는 자들을 구원하시기를 기뻐하셨도다 / 너희는 하나님으로부터 나서 그리스도 예수 안에 있고 예수는 하나님으로부터 나와서 우리에게 지혜와 의로움과 거룩함과 구원함이 되셨으니" 고전1:18/21/30

우리는 예수님이 '주 예수 그리스도'라는 것을 깨우치도록 가르쳐야 합니다. '그리스도'는 기름부음 받은 자를 의미하며, 선지자, 제사장, 왕만이 기름부음을 받았습니다.

A. 예수님은 나의 '선지자'로서 나의 죄를 드러내십니다.

"그가 와서 죄에 대하여, 의에 대하여, 심판에 대하여 세상을 책망하시리라 죄에 대하여라 함은 그들이 나를 믿지 아니함이요" 요16:8-9

"기록된 바 의인은 없나니 하나도 없으며 깨닫는 자도 없고 하나님을 찾는 자도 없고 다 치우쳐 함께 무익하게 되고 선을 행하는 자는 없나니 하나도 없도다" 롬3:10-12

B. 예수님은 나의 '제사장'으로, 나의 죄를 없애십니다.

"그리로 앞서 가신 예수께서 멜기세덱의 반차를 따라 영원히 대제사장이 되어 우리를 위하여 들어 가셨느니라" 히6:20

"아들을 낳으리니 이름을 예수라 하라 이는 그가 자기 백성을 그들의 죄에서 구원할 자이심이라 하니라" 마1:21

"오직 자기의 피로 영원한 속죄를 이루사 단번에 성소에 들어가셨느니라" 히9:12

"모든 사람이 죄를 범하였으매 하나님의 영광에 이르지 못하더니 그리스도 예수 안에 있는 속량으로 말미암아 하나님의 은혜로 값 없이 의롭다 하심을 얻은 자 되었느니라" 롬3:23-24

"그가 죽으심은 죄에 대하여 단번에 죽으심이요 그가 살아 계심은 하나님께 대하여 살아 계심이니 이와 같이 너희도 너희 자신을 죄에 대하여는 죽은 자요 그리스도 예수 안에서 하나님께 대하여는 살아 있는 자로 여길지어다" 롬6:10-11

예수님은 대제사장이시며 동시에 속죄양이십니다.

이는 예수님이 인성과 신성을 함께 가지신 것과 마찬가지입니다.

"보라 세상 죄를 지고 가는 하나님의 어린 양이로다" 요1:29b

"인자가 온 것은 섬김을 받으려 함이 아니라 도리어 섬기려 하고 자기 목숨을 많은 사람의 대속물로 주려 함이니라" 막10:45

대제사장은 축복의 사람입니다.

"여호와는 네게 복을 주시고 너를 지키시기를 원하며, 그의 얼굴을 네게 비추사 은혜 베푸시기를 원하며, 그 얼굴을 네게로 향하여 드사 평강주시기를 원하노라" 민6:24-26

C. 예수님은 나의 '왕'이 되셔서 나를 통치하십니다.

"큰 음성으로 이르되 죽임을 당하신 어린 양은 능력과 부와 지혜와 힘과 존귀와 영광과 찬송을 받으시기에 합당하도다" 계5:12

"이 첫째 부활에 참여하는 자들은 복이 있고 거룩하도다 둘째 사망이 그들을 다스리는 권세가 없고 도리어 그들이 하나님과 그리스도의 제사장이 되어 천 년 동안 그리스도와 더불어 왕 노릇 하리라" 계20:6

"하나님이 나사렛 예수에게 성령과 능력을 기름붓듯 하셨으매 그가 두루 다니시며 선한 일을 행하시고 마귀에게 눌린 모든 사람을 고치셨으니 이는 하나님이 함께 하셨음이라" 행 10:38

"우리의 씨름은 혈과 육을 상대하는 것이 아니요 통치자들과 권세들과 이 어둠의 세상 주관자들과 하늘에 있는 악의 영들을 상대함이라" 엡6:12

"이것을 너희에게 이르는 것은 너희로 내 안에서 평안을 누리게 하려 함이라 세상에서는 너희가 환난을 당하나 담대하라 내가 세상을 이기었노라" 요16:33

"그들로 우리 하나님 앞에서 나라와 제사장들을 삼으셨으니 그들이 땅에서 왕 노릇 하리로다 하더라" 계5:10

3. 왕, 예언자, 대제사장이신 예수님을 믿고 순종함으로 누리는 축복 히4:16

"우리를 사랑하사 그의 피로 우리 죄에서 우리를 해방하시고 그의 아버지 하나님을 위하여 우리를 나라와 제사장으로 삼으신 그에게 영광과 능력이 세세토록 있기를 원하노라 아멘" 계1:5b,6

"내가 그들과 세운 나의 언약이 이러하니 곧 네 위에 있는 나의 영과 네 입에 둔 나의 말이 이제부터 영원하도록 네 입에서와 네 후손의 입에서와 네 후손의 후손의 입에서 떠나지 아니하리라" 사 59:21

"내 말과 내 전도함이 설득력 있는 지혜의 말로 하지 아니하고 다만 성령의 나타나심과 능력으로 하여 너희 믿음이 사람의 지혜에 있지 아니하고 다만 하나님의 능력에 있게 하려 하였노라" 고전 2:4-5

⊛ 왕王 같은 제사장祭司長

王	祭	司	長
임금 왕	제사 제	맡을 사	길 장

王	祭	司	長				

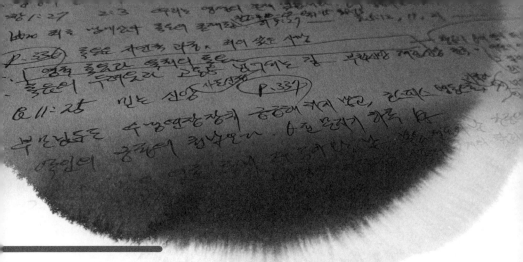

24주 희년의 예수님

희년禧年(Jubilee)과 해방解放

"너희는 오십 년째 해를 거룩하게 하여 그 땅에 있는 모든 주민을 위하여 자유를 공포하라 이 해는 너희에게 희년이니 너희는 각각 자기의 소유지로 돌아가며 각각 자기의 가족에게로 돌아갈지며" 레25:9-10

"진리를 알지니 진리가 너희를 자유롭게 하리라" 요8:31-32

1. 인생의 모든 문제의 근원은 무엇일까요? '죄'입니다.

"내 백성이 두 가지 악을 행하였나니 곧 그들이 생수의 근원되는 나를 버린 것과 스스로 웅덩이를 판 것인데 그것은 그 물을 가두지 못할 터진 웅덩이들이니라" 렘2:13

우리의 인생에서 모든 문제의 근원은 무엇입니까? 바로 '죄'입니다. 사59:1-2, 7-8

"네 악이 너를 징계하겠고 네 반역이 너를 책망할 것이라 그런즉 네 하나님 여호와를 버림과 네 속에 나를 경외함이 없는 것이 악이요 고통인 줄 알라" 렘2:19

"죄에 대하여라 함은 그들이 나를 믿지 아니함이요" 요16:9

2. 복음의 일꾼으로 변화된 삶

A. 죄의 문제를 해결하신 예수님

이 모든 문제의 근원인 '죄'를 해결하기 위해 예수님께서 하늘 보좌를 떠나 이 땅에 오셨습니다.

"아들을 낳으리니 이름을 예수라 하라 이는 그가 자기 백성을 그들의 죄에서 구원할 자이심이라 하니라" 마1:21

"모든 육체가 나 여호와는 네 구원자요 네 구속자요 야곱의 전능자인 줄 알리라" 사49:26b

B. 희년의 선포와 성취

예수님은 희년을 선포하시고 이를 성취하셨습니다. 죄의 짐에 눌린 자와 사탄에 종노릇하는 자를 해방하시고, 천국 아버지 집으로 돌아가게 하십니다.

① 영적해방(빚 탕감)

"이제 그리스도 예수 안에 있는 자에게는 결코 정죄함이 없나니 이는 그리스도 예수 안에 있는 생명의 성령의 법이 죄와 사망의 법에서 너를 해방하였음이라" 롬8:1-2

"그가 우리 죄를 없애려고 나타나신 것을 너희가 아나니 그에게는 죄가 없느니라" 요일3:5

② 죽음에서 해방

"죽기를 무서워하므로 한평생 매여 종 노릇 하는 모든 자들을 놓아 주려 하심이니" 히2:15

"이제는 우리 구주 그리스도 예수의 나타나심으로 말미암아 나타났으니 그는 사망을 폐하시고 복음으로써 생명과 썩지 아니할 것을 드러내신지라" 딤후1:10

③사탄에게서 해방

"죄를 짓는 자는 마귀에게 속하나니 마귀는 처음부터 범죄함이라 하나님의 아들이 나타나신 것은 마귀의 일을 멸하려 하심이라" 요일3:8

④ 가족에게 돌아감

"아버지는 종들에게 이르되 제일 좋은 옷을 내어다가 입히고 손에 가락지를 끼우고 발에 신을 신기라 그리고 살진 송아지를 끌어다가 잡으라 우리가 먹고 즐기자 이 내 아들은 죽었다가 다시 살아났으며 내가 잃었다가 다시 얻었노라 하니 그들이 즐거워하더라" 눅15:22-24

⑤ 천국의 회복

"하나님의 나라는 먹는 것과 마시는 것이 아니요 오직 성령 안에 있는 의와 평강과 희락이라" 롬14:17

"무릇 시온에서 슬퍼하는 자에게 화관을 주어 그 재를 대신하며 기쁨의 기름으로 그 슬픔을 대신하며 찬송의 옷으로 그 근심을 대신하시고 그들이 의의 나무 곧 여호와께서 심으신 그 영광을 나타낼 자라 일컬음을 받게 하려 하심이라 너희가 수치 대신에 보상을 배나 얻으며 능욕 대신에 몫으로 말미암아 즐거워할 것이라 그리하여 그들의 땅에서 갑절이나 얻고 영원한 기쁨이 있으리라" 사61:3,7

C. 회개와 믿음으로 누리는 희년의 자유

희년의 예수님을 거절한 죄를 회개하고, 그를 믿고 영접하면 누구나 희년의 자유와 해방을 지금 누릴 수 있습니다.

"여호와의 말씀이니라 구속자가 시온에 임하며 야곱의 자손 가운데에서 죄과를 떠나는 자에게 임하리라" 사59:20

"베드로가 이르되 너희가 회개하여 각각 예수 그리스도의 이름으로 세례를 받고 죄 사함을 받으라 그리하면 성령의 선물을 받

으리니" 행2:38

"이에 예수께서 그들에게 말씀하시되 이 글이 오늘 너희 귀에 응하였느니라 하시니" 눅4:21

D. **죄와 사망을 이기는 능력:** 죄와 사망, 사탄과 음부를 이길 수 있는 힘을 예수님께서 주십니다.

E. **복음의 일꾼으로 변화된 삶**

내가 체험한 기쁨의 사건을 천하 만민이 체험할 수 있도록 복음의 일꾼으로 나를 변화시키십니다.

① 하나님의 영광을 나타낼 선교사

"그가 이르시되 네가 나의 종이 되어 야곱의 지파들을 일으키며 이스라엘 중에 보전된 자를 돌아오게 할 것은 매우 쉬운 일이라 내가 또 너를 이방의 빛으로 삼아 나의 구원을 베풀어서 땅 끝까지 이르게 하리라" 사49:6

"일어나라 빛을 발하라 이는 네 빛이 이르렀고 여호와의 영광이 네 위에 임하였음이니라" 사60:1

"그들이 의의 나무 곧 여호와께서 심으신 그 영광을 나타낼 자라 일컬음을 받게 하려 하심이라" 사61:3b

② 하나님의 제사장

"오직 너희는 여호와의 제사장이라 일컬음을 받을 것이라 사람들이 너희를 우리 하나님의 봉사자라 할 것이며 너희가 이방 나라들의 재물을 먹으며 그들의 영광을 얻어 자랑할 것이니라" 사61:6

"너희는 택하신 족속이요 왕 같은 제사장들이요 거룩한 나라요 그의 소유가 된 백성이니 이는 너희를 어두운 데서 불러 내어 그의 기이한 빛에 들어가게 하신 이의 아름다운 덕을 선포하게 하려 하심이라" 벧전2:9

③ 여호와께 복받은 자손

"그들의 자손을 뭇 나라 가운데에, 그들의 후손을 만민 가운데에 알리리니 무릇 이를 보는 자가 그들은 여호와께 복 받은 자손이라 인정하리라" 사61:9

"내가 그들과 세운 나의 언약이 이러하니 곧 네 위에 있는 나의 영과 네 입에 둔 나의 말이 이제부터 영원하도록 네 입에서와 네 후손의 입에서와 네 후손의 후손의 입에서 떠나지 아니하리라 하시니라 어호와의 말씀이니라" 사59:21

⊕ 희년禧年과 해방解放

禧	年	解	放
복 희	해 년	풀 해	놓을 방

禧	年	解	放				

25주 제자도: 구원/진리/능력 사역

구원救援, 진리眞理, 능력能力(治癒)사역

예수님은 회당에서 가르치시며(양육 사역), 천국 복음을 전파하시고(진리 사역), 모든 병과 약한 것을 고치셨습니다(능력 사역) 마 9:35. 예수님의 3대 사역은 진리 사역(복음 선포), 양육 사역(가르쳐 지키게 하라), 능력 사역입니다.

1. 복음 선포 사역

복음 선포 사역은 중생(회개와 믿음)으로, 물과 성령으로 거듭나서 하나님의 자녀가 되는 것입니다.

"영접하는 자 곧 그 이름을 믿는 자들에게는 하나님의 자녀가 되는 권세를 주셨으니" 요1:12

2. 제자(양육) 사역

A. 제자(양육) 사역은

제자 사역은 성결(사랑과 헌신)로, 하나님의 거룩하심을 본받아 내가 거룩한 사람, 예수님을 닮은 제자가 되는 것입니다. 하나님의 자녀가 된 사람만이 예수님의 제자가 될 수 있습니다.

"내가 그리스도와 함께 십자가에 못 박혔나니 그런즉 이제는 내가 사는 것이 아니요 오직 내 안에 그리스도께서 사시는 것이라 이제 내가 육체 가운데 사는 것은 나를 사랑하사 나를 위하여 자기 자신을 버리신 하나님의 아들을 믿는 믿음 안에서 사는 것이라" 갈2:20

"그런즉 누구든지 그리스도 안에 있으면 새로운 피조물이라 이전 것은 지나갔으니 보라 새 것이 되었도다 모든 것이 하나님께로서 났으며 그가 그리스도로 말미암아 우리를 자기와 화목하게 하시고 또 우리에게 화목하게 하는 직분을 주셨으니" 고후 5:17-18

B. 제자 됨=성결과 능력=왕 같은 제사장=제사장 나라(하나님 나라)의 거룩한 백성

제자란 이런 사람입니다.

"또 산에 오르사 자기가 원하는 자들을 부르시니 나아온지라 이에 열둘을 세우셨으니 이는 자기와 함께 있게 하시고 또 보내사 전도도 하며 귀신을 내쫓는 권능도 가지게 하려 하심이러라 막 3:13-15

인자가 온 것은 섬김을 받으려 함이 아니라 도리어 섬기려 하고 자기 목숨을 많은 사람의 대속물로 주려 함이니라" 막10:45

"누구든지 나를 따라오려거든 자기를 부인하고 자기 십자가를 지고 나를 따를 것이니라" 막8:34

"내가 그리스도를 본받는 자가 된 것 같이 너희는 나를 본받는 자가 되라" 고전11:1

C. 제자의 삶

① 거저 받았으니 거저 주라 마10:8

② 샬롬의 전달자 마10:12

③ 청빈, 순결, 순종 마10:16

– 청빈: "심령이 가난한 자는 복이 있나니 천국이 그들의 것임이요" 마5:3

– 순결: "마음이 청결한 자는 복이 있나니 그들이 하나님을 볼 것임이요" 마5:8

– 순종: "말씀을 듣고 순종하는 반석 위의 집인가? 말씀을 듣고도 순종하지 않는 모래 위의 집인가" 마7:24,27

D. 지금 여기에서 말씀을 담대히 선포하라 마10:19-20

"네가 많은 증인 앞에서 내게 들은 바를 충성된 사람들에게 부탁하라 그들이 또 다른 사람들을 가르칠 수 있으리라" 딤후2:2

"아브라함은 강대한 나라가 되고 천하 만민은 그로 말미암아 복을 받게 될 것이 아니냐 내가 그로 그 자식과 권속에게 명하여 여호와의 도를 지켜 의와 공도를 행하게 하려고 그를 택하였나니 이는 나 여호와가 아브라함에게 대하여 말한 일을 이루려 함이니라" 창18:18-19

"자랑하는 자는 이것으로 자랑할지니 곧 명철하여 나를 아는 것과 나 여호와는 사랑과 정의와 공의를 땅에 행하는 자인 줄 깨닫는 것이라 나는 이 일을 기뻐하노라" 렘9:24

제자되고 제자 삼으라!

3. 능력 사역

축사逐邪 사역은 악한 영들을 좇아내는 사역이며, 신유神癒 사역은 하나님의 능력으로 병든 자를 고치는 사역입니다. 결론적으로, 예수 그리스도를 믿는 사람은 모든 귀신을 멸하고 좇아내신 예수님의 권세를 받은 사람입니다.

"근신하라 깨어라 너희 대적 마귀가 우는 사자 같이 두루 다니며 삼킬 자를 찾나니 너희는 믿음을 굳건하게 하여 그를 대적하라 이는 세상에 있는 너희 형제들도 동일한 고난을 당하는 줄을 앎이라" 벧전5:8-9

그러므로 마귀와 귀신을 두려워하지 말고, 예수 그리스도의 이름으로 명하여 내쫓으면 됩니다. 다른 영혼들을 넘보는 마귀와 귀신을 볼 때마다 "제가 기도해줘도 될까요?"라고 묻고 그들이 도움을 구하면, 내게서 마귀와 귀신을 쫓아냈듯이 예수 그리스도의 이름으로 그들 속에 역사하는 악령과 귀신을 물리치는 기도를 하면 됩니다.

"내가 너희에게 뱀과 전갈을 밟으며 원수의 모든 능력을 제어할 권능을 주었으니 너희를 해칠 자가 결코 없으리라 그러나 귀신들이 너희에게 항복하는 것으로 기뻐하지 말고 너희 이름이 하늘에 기록된 것으로 기뻐하라 하시니라" 눅10:19-20

가장 중요한 것은 사탄을 대적하여 물리치는 것보다 우리가 먼저 하나님께 순종하고, 하나님을 늘 가까이하는 것입니다. 예수님처럼 말씀으로 마귀를 물리치면 사탄은 한 길로 왔다가도 일곱 길로 도망가게 됩니다.

"그런즉 너희는 하나님께 복종할지어다 마귀를 대적하라 그리하면 너희를 피하리라 하나님을 가까이하라 그리하면 너희를 가까이하시리라 죄인들아 손을 깨끗이 하라 두 마음을 품은 자들아 마음을 성결하게 하라" 약4:7-8

또한, 하나님의 은혜로 마귀가 쫓겨난 것을 체험한 사람은 계속해서 말씀 충만, 성령 충만한 가운데 영과 진리로 예배하는 삶을 유지해야 합니다. 이 상태가 지속되지 않으면 언제든지 사탄에게 다시 실족될 수 있습니다.

"더러운 귀신이 사람에게서 나갔을 때에 물 없는 곳으로 다니며 쉬기를 구하되 쉴 곳을 얻지 못하고 이에 이르되 내가 나온 내 집으로 돌아가리라 하고 와 보니 그 집이 비고 청소되고 수리되었거늘 이에 가서 저보다 더 악한 귀신 일곱을 데리고 들어가서 거하니 그 사람의 나중 형편이 전보다 더욱 심하게 되느니라 이 악한 세대가 또한 이렇게 되리라 "마12:43-45

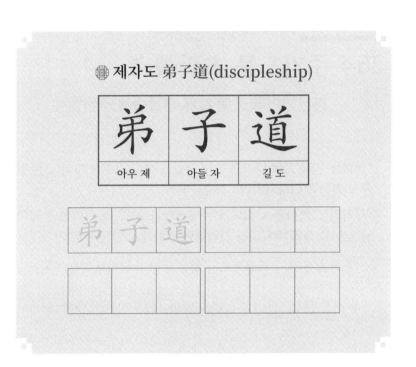

26주 주기도문 主祈禱文

경천애인敬天愛人과 견물중생輕物重生

"너희는 먼저 그의 나라와 그의 의를 구하라 그리하면 이 모든 것을 너희에게 더하시리라" 마6:33

"구하라 그리하면 너희에게 주실 것이요 찾으라 그리하면 찾아낼 것이요 문을 두드리라 그리하면 너희에게 열릴 것이니" 마7:7

주기도문을 통해 구체적으로 무엇을 구할지 알아보겠습니다.

1. 주기도문의 전반부: '하나님과 나(우리)'의 관계 속에서 기도

A. 하늘에 계신 우리 아버지여

"하나님은 하늘에 계시고 너는 땅에 있음이니라" 전5:2b

"성령이 친히 우리의 영과 더불어 우리가 하나님의 자녀인 것을 증언하시나니 자녀이면 또한 상속자 곧 하나님의 상속자요 그리스도와 함께 한 상속자니 우리가 그와 함께 영광을 받기 위하여 고난도 함께 받아야 할 것이니라" 롬8:16-17

B. 이름이 거룩히 여김을 받으시오며

"나는 너희의 하나님이 되려고 너희를 애굽 땅에서 인도하여 낸 여호와라 내가 거룩하니 너희도 거룩할지어다" 레11:45

"하나님의 뜻은 이것이니 너희의 거룩함이라 곧 음란을 버리고 각각 거룩함과 존귀함으로 자기의 아내 대할 줄을 알고" 살전4:3-4

C. 나라가 임하옵시며

"일곱째 천사가 나팔을 불매 하늘에 큰 음성들이 나서 이르되 세상 나라가 우리 주와 그의 그리스도의 나라가 되어 그가 세세토록 왕 노릇 하시리로다" 계11:15

"하나님의 나라는 먹는 것과 마시는 것이 아니요 오직 성령 안에 있는 의와 평강과 희락이라 이로써 그리스도를 섬기는 자는 하나님을 기쁘시게 하며 사람에게도 칭찬을 받느니라" 롬14:17-18

D. 뜻이 하늘에서 이루어진 것 같이 땅에서도 이루어지이다

"내 아버지여 만일 할 만하시거든 이 잔을 내게서 지나가게 하옵소서 그러나 나의 원대로 마시옵고 아버지의 원대로 하옵소서" 마26:39

"내가 하늘에서 내려온 것은 내 뜻을 행하려 함이 아니요 나를 보내신 이의 뜻을 행하려 함이니라 나를 보내신 이의 뜻은 내게 주신 자 중에 내가 하나도 잃어버리지 아니하고 마지막 날에 다시 살리는 이것이니라 내 아버지의 뜻은 아들을 보고 믿는 자마다 영생을 얻는 이것이니 마지막 날에 내가 이를 다시 살리리라" 요6:38-40

2. 주기도문의 후반부: '나와 공동체'의 관계 속에서 기도

A. 오늘 우리에게 일용할 양식을 주시옵고 (양식)

"이스라엘 자손이 그같이 하였더니 그 거둔 것이 많기도 하고 적기도 하나 오멜로 되어 본즉 많이 거둔 자도 남음이 없고 적게 거둔 자도 부족함이 없이 각 사람은 먹을 만큼만 거두었더라" 출 16:17-18

"형제를 사랑하여 서로 우애하고 존경하기를 서로 먼저 하며, 성도들의 쓸 것을 공급하며 손 대접하기를 힘쓰라" 롬12:10,13

B. 우리가 우리에게 죄 지은 자를 사하여 준 것 같이 우리 죄를 사하여 주시옵고 (용서)

"이 말씀을 하시고 그들을 향하사 숨을 내쉬며 이르시되 성령을 받으라 너희가 누구의 죄든지 사하면 사하여질 것이요 누구의 죄든지 그대로 두면 그대로 있으리라 하시니라" 요20:22,23

"믿음의 기도는 병든 자를 구원하리니 주께서 그를 일으키시리라 혹시 죄를 범하였을지라도 사하심을 받으리라 그러므로 너희 죄를 서로 고백하며 병이 낫기를 위하여 서로 기도하라 의인의 간구는 역사하는 힘이 큼이니라" 약5:15-16

C. 우리를 시험에 들게 하지 마시옵고 다만 악에서 구하시옵소서 (보호)

"오직 각 사람이 시험을 받는 것은 자기 욕심에 끌려 미혹됨이니 욕심이 잉태한즉 죄를 낳고 죄가 장성한즉 사망을 낳느니라" 약1:14-15

D. 주기도문을 요약하면 십계명과 같은 결론에 도달합니다:

① 경천애인敬天愛人

"네 마음을 다하고 목숨을 다하고 뜻을 다하여 주 너의 하나님을 사랑하라 하셨으니 이것이 크고 첫째 되는 계명이요 둘째도 그와 같으니 네 이웃을 네 자신 같이 사랑하라 하셨으니 이 두 계명이 온 율법과 선지자의 강령이니라" 마22:37-40

② 경물중생輕物重生

"예수께서 이르시되 네가 온전하고자 할진대 가서 네 소유를 팔아 가난한 자들에게 주라 그리하면 하늘에서 보화가 네게 있으리라 그리고 와서 나를 따르라 하시니" 마19:21

3. 주기도문의 마지막: 송영

대개 나라와 권세와 영광이 아버지께 영원히 있사옵나이다.

A. 믿음

"네가 믿으면 하나님의 영광을 보리라" 요11:40

B. 기도

"너희가 내 이름으로 무엇을 구하든지 내가 행하리니 이는 아버지로 하여금 아들로 말미암아 영광을 받으시게 하려 함이라" 요14:13

C. 착한 행실

"이같이 너희 빛이 사람 앞에 비치게 하여 그들로 너희 착한 행실을 보고 하늘에 계신 너희 아버지께 영광을 돌리게 하라" 마5:16

"너희가 전에는 어둠이더니 이제는 주 안에서 빛이라. 빛의 자녀들처럼 행하라. 빛의 열매는 모든 착함과 의로움과 진실함에 있느니라" 엡5:8-9

4. 주기도문과 현대적 기도

서구의 드라마나 영화 중에서 주인공이 중요한 결정을 내릴 때 기도하는 장면이 종종 등장합니다. 이때의 기도는 주로 주기도문을 기도하는 경우가 많습니다. 이는 개인의 구체적인 기도가 아니라, 주기도문을 통해 내 뜻이 아닌 하나님의 뜻대로 이루어지기를 기도하는 것입니다. 전 세계적으로 성경 신자 Bible believer로 알려진 조국교회 성도들은 이 점을 본받으면 좋겠습니다. 조국교회에서 주기도문이 종종 생각 없이 암송되는 경우가 많으며, 예배가 끝났다는 의식의 순서로 전락하기도 합니다. 예수님이 가르쳐 주신 주기도문이 매 식사기도, 하루의 시작 또는 일과의 마무리 때, 가장 거룩히고 영괭스러운 기도로 회복되기를 진심으로 바랍니다.

🏵 주기도문 主祈禱文

主	祈	禱	文
임금 주	빌 기	빌 도	글월 문

主	祈	禱	文				

27주 십자가

살신성인殺身成仁, 가상칠언

1. 예루살렘 입성

예수님께서 종려주일에 나귀를 타시고 예루살렘에 왕으로 입성하신 사건은 매우 놀랍고도 중요한 의미를 지니고 있습니다. 평소에 늘 걸어서 다니시던 예수님께서 왜 갑자기 나귀를 타고 입성하셨을까요? 그리고 온유하고 겸손하신 그분이 왜 이처럼 공개적이고 왕의 행차 같은 모습을 보이셨을까요?

이 사건은 스가랴 9장 9절의 예언을 성취하기 위한 것이었습니다. 스가랴 13장 1절은 이렇게 말합니다. "그 날에 죄와 더러움을 씻는 샘이 다윗의 족속과 예루살렘 주민을 위하여 열리리라" 예수님의 나귀 입성은 사람들의 시선을 그분께 집중시키고, 이후 십자가 사건을 통해 죄 사함과 구원의 복음을 온 세상에 알리기 위함이었습니다. 사도 바울도 고린도전서 15장 3-4절에서 이렇게 말합니다. "이는 성경대로 그리스도께서 우리 죄를 위하여 죽으시고, 장사 지낸 바 되셨다가 성경대로 사흘 만에 다시 살아나사" 또한 고린도전서 1장 18절에서는 "십자가의 도가 멸망하는 자들에게는 미련한 것이요 구원을 받는 우리에게는 하나님의 능력이라"고 말씀합니다. 로마서 4장 7-8절에서도 "불법이 사함을 받고 죄가 가리어짐을 받는 사람들은 복이 있고, 주께서 그 죄를 인정하지 아니하실 사람은 복이 있도다"라고 기록되어 있습니다.

　그렇다면 '복음'이란 무엇일까요? 고대 그리스 · 로마 시대에는 왕의 탄생과 전쟁에서의 승리 소식을 복음이라 불렀습니다. 그러나 기독교는 예수 그리스도의 탄생(자기 백성을 죄에서 구원할 자의 탄생)과 십자가와 부활로 영적 전쟁에서 예수 그리스도께서 죄와 죽음과 사망과 사탄을 정복하였다라는 승리의 소식으로 복음을 새롭게 정의하였습니다.

　"내가 너로 여자와 원수가 되게 하고 네 후손도 여자의 후손과 원수가 되게 하리니 여자의 후손은 네 머리를 상하게 할 것이요 너는 그의 발꿈치를 상하게 할 것이니라 하시고" 창3:15

　더 나아가 예수님은 우리를 그분과 같은 왕이자 승리자로 변화시키셨습니다.

　"또 충성된 증인으로 죽은 자들 가운데에서 먼저 나시고 땅의 임금들의 머리가 되신 예수 그리스도로 말미암아 은혜와 평강이 너희에게 있기를 원하노라 우리를 사랑하사 그의 피로 우리 죄에서 우리를 해방하시고 그의 아버지 하나님을 위하여 우리를 나라와 제사장으로 삼으신 그에게 영광과 능력이 세세토록 있기를 원하노라 아멘" 계1:5-6

2. 십자가의 의의

A. 구약예언의 성취

"그가 찔림은 우리의 허물 때문이요 그가 상함은 우리의 죄악 때문이라 그가 징계를 받으므로 우리는 평화를 누리고 그가 채찍에 맞으므로 우리는 나음을 받았도다 우리는 다 양 같아서 그릇 행하여 각기 제 길로 갔거늘 여호와께서는 우리 모두의 죄악을 그에게 담당시키셨도다 / 그는 강포를 행하지 아니하였고 그의 입에 거짓이 없었으나 그의 무덤이 악인들과 함께 있었으며 그가 죽은 후에 부자와 함께 있었도다 " 사53:5-6,9

B. 예수님의 예언 성취

예수님은 공생애 중 세 번이나 자신이 받을 고난과 죽음, 그리고 부활을 예언하셨습니다.

"이 때로부터 예수 그리스도께서 자기가 예루살렘에 올라가 장로들과 대제사장들과 서기관들에게 많은 고난을 받고 죽임을 당하고 제삼일에 살아나야 할 것을 제자들에게 비로소 나타내시니" 마16:21

C. 복음의 완성

"육체의 생명은 피에 있음이라 내가 이 피를 너희에게 주어 제단에 뿌려 너희의 생명을 위하여 속죄하게 하였나니 생명이 피에 있으므로 피가 죄를 속하느니라" 레17:11

예수님의 십자가는 이 원리를 완전히 이루었으며, 죄뿐만 아니라 인류의 마지막 원수인 죽음과 사탄을 멸하셨습니다.

"죄를 짓는 자마다 불법을 행하나니 죄는 불법이라 그가 우리 죄를 없애려고 나타나신 것을 너희가 아나니 그에게는 죄가 없느니라 / 죄를 짓는 자는 마귀에게 속하나니 마귀는 처음부터 범죄함이라 하나님의 아들이 나타나신 것은 마귀의 일을 멸하려 하심이라"요1 3:4-5/8

3. 십자가를 믿는 믿음

우리는 믿음으로 구원의 은혜를 받습니다.

"너희는 그 은혜에 의하여 믿음으로 말미암아 구원을 받았으니 이것은 너희에게서 난 것이 아니요 하나님의 선물이라 행위에서 난 것이 아니니 이는 누구든지 자랑하지 못하게 함이라" 엡2:8,9

나는 죽고 예수로 사는 새 삶이 시작되었습니다.

"내가 그리스도와 함께 십자가에 못 박혔나니 그런즉 이제는 내가 사는 것이 아니요 오직 내 안에 그리스도께서 사시는 것이라 이제 내가 육체 가운데 사는 것은 나를 사랑하사 나를 위하여 자기 자신을 버리신 하나님의 아들을 믿는 믿음 안에서 사는 것이라" 갈2:20

4. 가상칠언

A. 용서의 말씀 – 아버지, 저들을 사하여 주옵소서

"예수께서 이르시되 아버지, 저들을 사하여 주옵소서. 자기들이 하는 것을 알지 못함이니이다 하시더라. 그들이 그의 옷을 나눠 제비 뽑을새" 눅23:34

B. 구원의 말씀 - 네가 낙원에 있으리라

"이르노니 오늘 네가 나와 함께 낙원에 있으리라" 눅23:43

C. 사랑의 말씀 - 보라 네 어머니라

"예수께서 자기의 어머니와 사랑하시는 제자가 곁에 서 있는 것을 보시고 자기 어머니께 말씀하시되 여자여 보소서 아들이니이다 하시고 또 그 제자에게 이르시되 보라 네 어머니라" 요 19:26-27

D. 고뇌의 말씀 - 어찌하여 나를 버리시나이까

"제 구시쯤에 예수께서 크게 소리 질러 이르시되 엘리 라마 사박다니 하시니 이는 곧 나의 하나님, 나의 하나님, 어찌하여 나를 버리셨나이까 하는 뜻이라" 마27:46

E. 고통의 말씀 - 내가 목마르다

"그 후에 예수께서 모든 일이 이미 이루어진 줄 아시고 성경을 응하게 하려 하사 이르시되 내가 목마르다 하시니" 요19:28

F. 승리의 말씀 - 다 이루었도다

"예수께서 신 포도주를 받으신 후에 이르시되 다 이루었다 하시고 머리를 숙이니 영혼이 떠나가시니라" 요19:30

G. 만족의 말씀 - 내 영혼을 부탁하나이다

"예수께서 큰 소리로 불러 이르시되 아버지 내 영혼을 아버지 손에 부탁하나이다 하고 이 말씀을 하신 후 숨지시니라" 눅23:46

🏵 **살신성인 殺身成仁**

자기自己의 몸을 희생犧牲하여 인仁을 이룸

殺	身	成	仁
죽일 살	몸 신	이룰 성	어질 인

殺	身	成	仁				

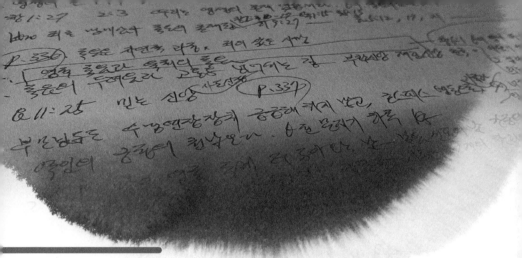

28주 부활復活

극고난克苦難 도환희到歡喜

1. 극고난克苦難 도환희到歡喜

부활의 기쁨은 고난의 십자가를 통과해야만 얻어질 수 있습니다. 베토벤은 임마누엘 예수님의 제자는 십자가를 짐으로 반드시 부활의 영광에 이를 것이라며, 환희의 송가를 노래했습니다.

"나는 부활이요 생명이니 나를 믿는 자는 죽어도 살겠고 무릇 살아서 나를 믿는 자는 영원히 죽지 아니하리니 이것을 네가 믿느냐 이르되 주여 그러하외다 주는 그리스도시요 세상에 오시는 하나님의 아들이신 줄 내가 믿나이다" 요11:25-27

인생의 가장 큰 문제는 '죽음'입니다. 철학은 '어떻게 하면 좋은 죽음을 맞이할 것인가?'를 고민하며, '죽음의 예행연습'을 강조합니다. 종교는 죽음을 '없애려는' 노력을 합니다. 그러나 기독교는 죽음을 넘어 '영생을 내세와 현세에서 맛보고 누리며 살아가는 것'을 제시합니다. 히9:27; 요11:25-26

2. 부활

- 부활은 십자가가 옳았음을 증명합니다.
- 예수님의 예언과 성경의 예언이 성취되었습니다.
- 인간의 최고의 원수인 죽음을 정복하셨습니다.
- 죄와 귀신과 사탄을 이기셨습니다.
- 부활신앙, 재림신앙, 천국신앙을 선물로 주셨습니다.

그리하여 십자가와 부활은 우리에게 영원한 구원을 주십니다.

"내가 진실로 진실로 너희에게 이르노니 내 말을 듣고 또 나 보내신 이를 믿는 자는 영생을 얻었고 심판에 이르지 아니하나니 사망에서 생명으로 옮겼느니라" 요5:24

3. 누가 부활의 체험자요, 부활의 증인이 되는가?

A. '십자가의 은혜'를 체험한 사람

아담과 예수님의 대조 고전 15:21-22, 45, 47-49를 통해, 십자가의 은혜를 체험한 자가 부활의 증인이 됩니다.

① '죄사함'의 체험자

"그가 찔림은 우리의 허물 때문이요..." 사53:5

"그 날에 죄와 더러움을 씻는 샘이 다윗의 족속과 예루살렘 주민을 위하여" 슥13:1

② 사탄의 종에서 '하나님의 자녀'로

"자녀들은 혈과 육에 속하였으매 그도 또한 같은 모양으로 혈과 육을 함께 지니심은 죽음을 통하여 죽음의 세력을 잡은 자 곧 마귀를 멸하시며, 또 죽기를 무서워하므로 한평생 매여 종노릇 하는 모든 자들을 놓아 주려 하심이니" 히2:14-15

③ 죽음에서 '생명'으로

"사망에서 생명으로 옮겼느니라" 요5:24

④ 저주에서 '축복'으로

"그리스도께서 우리를 위하여 저주를 받은 바 되사 율법의 저
주에서 우리를 속량하셨으니… 아브라함의 복이 이방인에게
미치게 하고, 우리로 하여금 믿음으로 말미암아 성령의 약속을
받게 하려 함이라" 갈3:13-14

⑤ 지옥에서 '천국'으로

"우리를 사랑하사 그의 피로 우리 죄에서 우리를 해방하시고,
우리를 나라와 제사장으로 삼으신" 계1:5-6

B. 성경은 죽은 사람의 책이 아니라 '산 자'의 책인 것을 체험한 사람

"이는 성경대로 그리스도께서 우리 죄를 위하여 죽으시고, 장사
지낸 바 되셨다가 성경대로 사흘 만에 다시 살아나사" 고전15:3-4

성경은 죽음을 기록한 책이 아니라, 부활과 생명을 기록한 책입
니다. 부활을 체험한 사람은 이 생명의 책을 믿고, 성경 말씀대로
다시 살아나신 예수님을 따릅니다.

"너는 나를 본 고로 믿느냐? 보지 못하고 믿는 자들은 복되도다.
믿음 없는 자가 되지 말고 믿는 자가 되라" 요 20:29, 27

예수님을 눈으로 보지 못했더라도, 믿음으로 그분의 부활을 받
아들이는 자들은 더 큰 복을 누립니다. 부활을 믿고 증거하는 자
는 산 자의 책인 성경을 자신의 삶에서 체험하는 자들입니다.

C. 예수님의 부활을 '나의 부활'로 날마다 살아가는 사람

부활은 단순히 죽은 몸이 영생의 존재로 변화되는 사건이 아니
라, 우리의 삶과 세계관을 변화시키는 중대한 사건입니다. 예수
님의 부활을 체험한 우리는 땅의 세계관에서 하늘의 세계관으로

변화되어야 합니다.

① 나는 죽고 예수로 사는 삶

"나는 날마다 죽노라" 고전15:31

예수님의 죽으심은 죄에 대하여 단번에 죽으신 것이며, 그가 살아계심은 하나님께 대하여 살아 계심입니다. 우리도 이와 같이 살아가야 합니다. "이와 같이 너희도 스스로 죄에 대하여는 죽은 자요 하나님께 대하여는 살아 있는 자로 여길지어다" 롬 6:10-11

② 항상 주의 일에 힘쓰라

"견실하며 흔들리지 말고 항상 주의 일에 더욱 힘쓰는 자들이 되라. 너희 수고가 주 안에서 헛되지 않은 줄 앎이라" 고전 15:57-58

③ 십자가와 부활의 비밀을 전파하는 자

"보라, 내가 너희에게 비밀을 말하노니 우리가 다 잠잘 것이 아니요, 마지막 나팔에 순식간에 홀연히 다 변화되리니 죽은 자들이 썩지 아니할 것으로 다시 살아나고 우리도" 고전15:51-52

부활의 소망을 가진 우리는 이 비밀을 전파하는 사명도 맡고 있습니다.

"그러므로 나나 그들이나 이같이 전파하매 너희도 이같이 믿었느니라" 고전15:11

이와 같은 믿음으로 우리는

"너의 종이 되어 야곱의 지파들을 일으키며 이스라엘 중에 보전된 자를 돌아오게 할 것은 매우 쉬운 일이라, 내가 또 너를 이방의 빛으로 삼아 나의 구원을 베풀어서 땅 끝까지 이르게 하리라" 사49:6

라는 하나님의 사명을 수행해야 합니다.

4. 경험으로 절대 있을 수 없는 부활을 믿을 수 있는 역사적 사실들

A. 예수님의 죽음과 부활

'무'에서 '유'를 창조하신 전능하신 하나님을 믿는다면, 구원자 예수님의 '죽음'과 '부활'을 믿을 수 있습니다.

"내가 내 목숨을 버리는 것은 그것을 내가 다시 얻기 위함이니 이로 말미암아 아버지께서 나를 사랑하시느니라 이를 내게서 빼앗는 자가 있는 것이 아니라 내가 스스로 버리노라 나는 버릴 권세도 있고 다시 얻을 권세도 있으니 이 계명은 내 아버지에게서 받았노라" 요10:17-18

B. 예수님은 3번이나 죽은 자를 다시 살리셨습니다.

① 나인성 과부의 죽은 외아들을 살리심:

"청년아, 내가 네게 말하노니 일어나라!" 눅7:13-15

② 회당장 야이로의 죽은 딸을 살리심:

"아이야, 일어나라" 눅8:54

③ 죽은 나사로를 살리심:

"나사로야, 나오라" 요11:43

C. 모든 말씀의 성취자이신 예수님

예수님은 특히 자기가 예언하신 십자가에서 '죽음'과 '부활'의 말씀을 직접 "다 이루었다"고 말씀하십니다. 요19:30

D. 빈무덤의 증거예수의 시신이 발견되었다면

예수님과 부활의 증인인 제자들은 대사기꾼으로 검거되었을 것이며, 그 후로 기독교는 멸망했을 것입니다. 눅24:3

E. 천사의 증언

역사적 예수의 탄생을 예언했던 천사가 신앙의 그리스도가 부활하셨음을 직접 증거합니다. 마28:6

F. 부활 후의 확실한 증거

"그가 고난 받으신 후에 그들에게 확실한 많은 증거로 친히 살아 계심을 나타내사 사십 일 동안 보이시며 하나님 나라의 일을 말씀하시니라" 행1:3

G. 부활의 목격자와 증인들

예수님이 500여 명의 형제들에게 부활을 나타내신 사실.
고전15:3-8

H. 부활의 터 위에 세워진 전 세계의 교회

2천 년간 십자가의 능력과 부활을 체험한 믿음의 선진들, 그리고 지금 십자가의 도와 부활의 예수님을 "나의 주, 나의 하나님"으로 인격적으로 믿고 체험하는 나.

"예수를 너희가 보지 못하였으나 사랑하는도다. 이제도 보지 못하나 믿고, 말할 수 없는 영광스러운 즐거움으로 기뻐하니, 믿음의 결국 곧 영혼의 구원을 받음이라" 벧전 1:8-9

5. 나는 지금 십자가와 부활의 믿음으로 살아가고 있는가? 아니면 망각하고 있는가? 마27:62-28:20

"내가 받은 것을 먼저 너희에게 전하였노니 이는 성경대로 그리스도께서 우리 죄를 위하여 죽으시고 장사 지낸 바 되셨다가 성경대로 사흘 만에 다시 살아나사... 기록된 바 첫 사람 아담은 생령이 되었다 함과 같이 마지막 아담은 살려 주는 영이 되었나니" 고전15:3-4,45

A. 부활을 기억하는 자와 망각하는 자

대제사장과 장로들 vs 제자들

B. 부활을 살아가는 자와 잃어버린 자

　제자들 vs 부활 목격자 경비병들

C. 부활 사건으로 영혼을 살리는 자와 죽이는 자

　제자들 vs 대제사장과 장로들

"주여, 이제도 그들의 위협함을 굽어보시옵고, 또 종들로 하여금 담대히 하나님의 말씀을 전하게 하여 주시오며, 손을 내밀어 병을 낫게 하시옵고, 표적과 기사가 거룩한 종 예수의 이름으로 이루어지게 하옵소서" 행4:29-31

🏵 극고난 克苦難 / 도환희 到歡喜

克	苦	難	到	歡	喜
이길 극	괴로울 고	어려울 난	이를 도	기쁠 환	기쁠 희

克	苦	難	到	歡	喜

"신앙은 저 높은 곳을 향하여,
생활은 저 낮은 곳을 향하여!"

_서대인

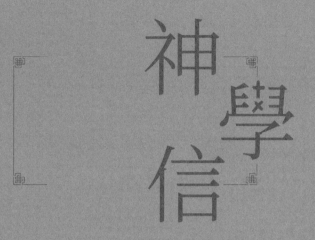

VI

구원의 신앙(구원론)

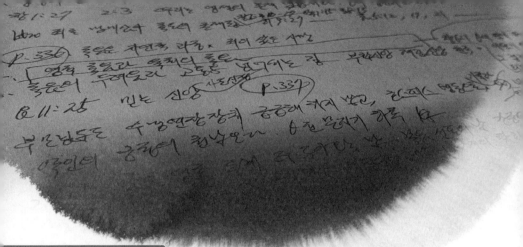

29주 죄와 회개

개과천선 改過遷善

개과천선: 예수님 앞에서 잘못 들어선 길을 버리고 착한 사람으로 다시 태어나는 것

"하나님을 모르는 자들과 우리 주 예수의 복음에 복종하지 않는 자들에게 형벌을 내리시리니 이런 자들은 주의 얼굴과 그의 힘의 영광을 떠나 영원한 멸망의 형벌을 받으리로다" 살후1:8-9

"하나님은 모든 사람이 구원을 받으며 진리를 아는 데에 이르기를 원하시느니라" 딤전2:4

1. '죄'란 무엇인가?

"내 백성이 두 가지 악을 행하였나니 곧 그들이 생수의 근원 되는 나를 버린 것과 스스로 웅덩이를 판 것인데 그것은 그 물을 가두지 못할 터진 웅덩이들이니라... 네 악이 너를 징계하겠고 네 반역이 너를 책망할 것이라 그런즉 네 하나님 여호와를 버림과 네 속에 나를 경외함이 없는 것이 악이요 고통인 줄 알라 주 만군의 여호와의 말씀이니라" 렘2:13,19

죄란 하나님이 좋아하는 것을 내가 싫어하고, 하나님이 싫어하는 것을 내가 좋아하는 것.

죄의 뿌리는 4중적이다. (W. 듀웰)
 – 불신 (자기 확신, 하나님께 대한 불신)
 – 교만 (자기숭배)– 불순종 (자기 의지, 내적 반발)
 – 감각 (자기만족)

A. 자범죄: 개인의 행동으로 인해 발생하는 죄입니다.

"또 이르시되 사람에게서 나오는 그것이 사람을 더럽게 하느니라 속에서 곧 사람의 마음에서 나오는 것은 악한 생각 곧 음란과 도둑질과 살인과 간음과 탐욕과 악독과 속임과 음탕과 질투와 비방과 교만과 우매함이니" 막7:20-22

"땅에 있는 지체를 죽이라 곧 음란과 부정과 사욕과 악한 정욕과 탐심이니 탐심은 우상 숭배니라" 골3:5

"두려워하는 자들과 믿지 아니하는 자들과 흉악한 자들과 살인자들과 음행하는 자들과 점술가들과 우상 숭배자들과 거짓말하는 모든 자들은 불과 유황으로 타는 못에 던져지리니 이것이 둘째 사망이라" 계21:8

B. 원죄: 인류의 조상인 아담과 하와의 죄로 인해 모든 인류가 죄의 본성을 지니게 된 것을 의미합니다.

"여자가 그 나무를 본즉 먹음직도 하고 보암직도 하고 지혜롭게 할 만큼 탐스럽기도 한 나무인지라 여자가 그 열매를 따먹고 자기와 함께 있는 남편에게도 주매 그도 먹은지라" 창3:6

"전에는 우리도 다 그 가운데서 우리 육체의 욕심을 따라 지내며 육체와 마음의 원하는 것을 하여 다른 이들과 같이 본질상 진노의 자녀이었더니" 엡2:3

"내가 죄악 중에서 출생하였음이여 어머니가 죄 중에서 나를 잉태하였나이다" 시51:5

C. 죄가 사람에게 끼치는 영향: 죄로 인해 모든 인간이 사망에 이르게 되며, 이는 한 사람의 죄로 인한 결과입니다.

"한 사람으로 말미암아 죄가 세상에 들어오고 죄로 말미암아 사망이 들어왔나니 이와 같이 모든 사람이 죄를 지었으므로 사망이 모든 사람에게 이르렀느니라" 롬5:12

2. 회개

"사람들이 자기를 사랑하며 돈을 사랑하며 자랑하며 교만하며 비방하며 부모를 거역하며 감사하지 아니하며 거룩하지 아니하며 무정하며 원통함을 풀지 아니하며 모함하며 절제하지 못하며 사나우며 선한 것을 좋아하지 아니하며 배신하며 조급하며 자만하며 쾌락을 사랑하기를 하나님 사랑하는 것보다 더하며 경건의 모양은 있으나 경건의 능력은 부인하니 이같은 자들에게서 네가 돌아서라" 딤후3:2-5

A. 회개의 3요소

① 지적인 요소: 말씀 앞에서 죄를 깨닫고, 자신이 죄인임을 자각하는 것

"무릇 나는 내 죄과를 아오니 내 죄가 항상 내 앞에 있나이다" 시51:3

② 정적인 요소: 자신의 죄를 탄식하며 슬퍼하는 감정적인 반응

"내가 지금 기뻐함은 너희로 근심하게 한 까닭이 아니요 도리어 너희가 근심함으로 회개함에 이른 까닭이라" 고후7:9

③ 의지적인 요소(회개/뉘우침): 의지적으로 죄를 끊어버리고, 유일한 죄의 용서자 예수님께 나아와 새사람이 되는 것. 가룟 유다는 자신의 잘못을 깨닫고 후회했지만, 예수님께 나아오는 의지적인 회개는 없었다.

"악인은 그의 길을, 불의한 자는 그의 생각을 버리고 여호와께로 돌아오라 그리하면 그가 긍휼히 여기시리라 우리 하나님께로 돌아오라 그가 너그럽게 용서하시리라" 사55:7

"좋은 땅에 있다는 것은 착하고 좋은 마음으로 말씀을 듣고 지키어 인내로 결실하는 자니라" 눅8:15

B. 회개의 단계 (기독교대한성결교회 신앙고백서 및 교리문답서 문66)

① 죄에 대한 각성: 자기가 죄인이라는 것, 죄로 인하여 죽는다는 것, 하나님의 사랑이 풍성함을 깨닫는 것.

"혹 네가 하나님의 인자하심이 너를 인도하여 회개하게 하심을 알지 못하여 그의 인자하심과 용납하심과 길이 참으심이 풍성함을 멸시하느냐" 롬2:4

② 통회: 죄를 깨닫는 순간부터 마음이 아프고 괴로운 상태.

"그가 돼지 먹는 쥐엄 열매로 배를 채우고자 하되 주는 자가 없는지라 이에 스스로 돌이켜 이르되 내 아버지에게는 양식이 풍족한 품꾼이 얼마나 많은가 나는 여기서 주려 죽는구나" 눅15:16-17

③ 고백: 겸손하고 정직하게 자신의 죄를 말하는 것.

"자기의 죄를 숨기는 자는 형통하지 못하나 죄를 자복하고 버리는 자는 불쌍히 여김을 받으리라" 잠28:13

"만일 우리가 우리 죄를 자백하면 그는 미쁘시고 의로우사 우리 죄를 사하시며 우리를 모든 불의에서 깨끗하게 하실 것이요" 요일1:9

④ 회개에 합당한 열매: 회개에 합당한 열매를 맺는 것.

"회개에 합당한 열매를 맺고 속으로 아브라함이 우리 조상이라 말하지 말라 내가 너희에게 이르노니 하나님이 능히 이 돌들로도 아브라함의 자손이 되게 하시리라" 눅3:8

회개의 결과로 사죄와 용서의 확신이 따릅니다.

"우리를 사랑하사 그의 피로 우리 죄에서 우리를 해방하시고 그의 아버지 하나님을 위하여 우리를 나라와 제사장으로 삼으신 그에게 영광과 능력이 세세토록 있기를 원하노라 아멘" 계1:5-6

"너희가 회개하여 각각 예수 그리스도의 이름으로 세례를 받고 죄 사함을 받으라 그리하면 성령의 선물을 받으리니" 행2:38

"이제 그리스도 예수 안에 있는 자에게는 결코 정죄함이 없나니 이는 그리스도 예수 안에 있는 생명의 성령의 법이 죄와 사망의 법에서 너를 해방하였음이라" 롬8:1-2

⊛ 개과천선 改過遷善
예수님 앞에서 잘못 들어선 길을 버리고
착한 사람으로 다시 태어나는 것

改	過	遷	善
고칠 개	지날 과	옮길 천	착할 선

改	過	遷	善			

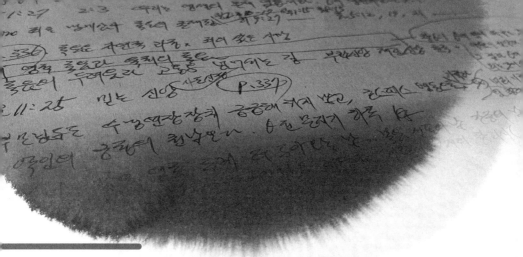

30주 칭의와 중생

칭의稱義(Justification)와 중생重生

"하나님은 모든 사람이 구원을 받으며 진리를 아는 데에 이르기를 원하시느니라" 딤전2:4

"그러면 이제 우리가 그의 피로 말미암아 의롭다 하심을 받았으니 더욱 그로 말미암아 진노하심에서 구원을 받을 것이니" 롬5:9

"죄의 삯은 사망이요 하나님의 은사는 그리스도 예수 우리 주 안에 있는 영생이니라" 롬6:23

1. 칭의

"내가 복음을 부끄러워하지 아니하노니 이 복음은 모든 믿는 자에게 구원을 주시는 하나님의 능력이 됨이라... 복음에는 하나님의 의가 나타나서 믿음으로 믿음에 이르게 하나니 기록된 바 오직 의인은 믿음으로 말미암아 살리라 함과 같으니라" 롬1:16-17

칭의는 전통적으로 이신칭의(以信稱義: 믿음으로써 의롭다 칭함을 받는 것)로 알려져 있으며, 종교개혁자 마르틴 루터에 의해 재발견된 구원의 도리입니다. 이는 하나님의 최후의 법정에서 내가 죄인이 아니라 의인이라고 선포하실 것을 지금 여기에서 믿음으로써 의롭다 여김을 받는 것을 의미합니다.

A. 믿음의 내용 (=복음=예수 그리스도=십자가와 부활)

"내가 받은 것을 먼저 너희에게 전하였노니 이는 성경대로 그리스도께서 우리 죄를 위하여 죽으시고 장사 지낸 바 되셨다가 성경대로 사흘 만에 다시 살아나사" 고전15:3-4

① 죄의 용서만이 아니라: 믿음으로 인해 죄의 값인 사망과 심판에서 지금 완전히 면제되었음을 의미합니다.

"그러므로 형제들아 너희가 알 것은 이 사람을 힘입어 죄 사함을 너희에게 전하는 것이며, 또 모세의 율법으로 너희가 의롭다 하심을 얻지 못하던 모든 일에도 이 사람을 힘입어 믿는 자마다 의롭다 하심을 얻는 것이니라" 행13:38-39

② 그리스도의 전가: 나의 죄는 그리스도께 전가되고, 예수님의 의는 내게 전가되어 예수님의 의가 나의 의가 되는 것입니다.

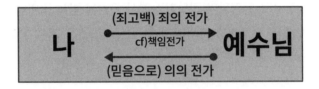

"이와 같이 너희도 너희 자신을 죄에 대하여는 죽은 자요 그리스도 예수 안에서 하나님께 대하여는 살아 있는 자로 여길지어다" 롬6:11

B. 칭의의 방법

① 오직 하나님의 은혜로

죄에 대해서 심판하시는 하나님은 예수 그리스도의 대속을 보시고 죄인을 의롭다고 선언하십니다. 이는 전적으로 하나님의 은혜로 이루어지며, 우리가 값을 치르지 않고도 의롭다 함을 얻을 수 있는 길입니다.

"그리스도 예수 안에 있는 속량으로 말미암아 하나님의 은혜로 값없이 의롭다 하심을 얻은 자 되었느니라" 롬3:24

② 오직 우리의 믿음으로

칭의는 또한 우리의 믿음을 통해 이루어집니다. 인간의 행위가 아닌, 경건하지 않은 자를 의롭다 하시는 하나님을 믿는 믿음이 의로 여겨집니다. 믿음은 하나님의 선물로서, 이를 통해 우리는 구원을 받습니다.

"너희는 그 은혜에 의하여 믿음으로 말미암아 구원을 받았으니 이것은 너희에게서 난 것이 아니요 하나님의 선물이라" 엡2:8

2. 중생

"내가 진실로 진실로 너희에게 이르노니 내 말을 듣고 또 나 보내신 이를 믿는 자는 영생을 얻었고 심판에 이르지 아니하나니 사망에서 생명으로 옮겼느니라" 요 5:24

"우리는 형제를 사랑함으로 사망에서 옮겨 생명으로 들어간 줄을 알거니와 사랑하지 아니하는 자는 사망에 머물러 있느니라" 요일3:14

종교개혁의 창시자인 마르틴 루터가 칭의를 강조했다면, 그 후계자 중 한 명인 칼빈은 법적 칭의에서 더 나아가, 중생을 통해 내면의 새 생명과 새로운 삶을 강조했습니다.

A. 중생이란 무엇인가?

주 예수께서 니고데모에게 가르치신 중생의 도리는 기독교의 입문이며, 천국 시민이 되는 유일한 자격입니다.

"거듭나지 아니하면 하나님 나라를 볼 수 없느니라 요3:3"

중생은 곧 영으로 나는 일이니 신비에 속한 영적 변화이며 모든 사람이 자기의 죄를 회개하고 십자가에 달려 속죄의 피를 흘리신 예수 그리스도를 믿을 때, 성령의 역사로 새 생명을 얻어 그 사람의 심령과 인격 전체에 근본적 일대 변혁을 일으키는 것이니 이는 진실로 천국복음이다. (기독교 대한 성결교회 헌법 중)

중생은 곧 하나님 형상의 회복이며, 팔복의 사람이 되는 것입니다. 예수님의 십자가와 부활로 사탄의 종이었던 우리가 하나님의 자녀로 완전히 변화된 것을 말합니다. 옛사람이 죽고, 새사람으로 사는 것입니다. 나는 죽고 예수로 사는 것입니다. 죄를 좋아했던 인간이 변화되어서 하나님의 의와 영광만을 사랑하면서 살아가는 것입니다.

중생을 통해 우리는 '자기' 중심에서 '하나님' 중심으로, '이기주의'에서 '이웃사랑'으로, '신념과 이데올로기'에서 '성경'으로, '돈'에서 '생명'으로, '악'에서 '선'으로, 하나님께로 돌이키는 것입니다. 탕자가 아버지께로 돌아와서 다시 하나님의 자녀로 회복되는 것입니다.

B. 중생의 결과

① 새사람이 됩니다. 중생을 통해 우리는 물과 성령으로 거듭나, 새사람이 됩니다.

"그런즉 누구든지 그리스도 안에 있으면 새로운 피조물이라 이전 것은 지나갔으니 보라 새 것이 되었도다" 고후5:17

② 하나님의 가족이 됩니다. 곧 교회의 식구가 됩니다.

"새 사람을 입었으니 이는 자기를 창조하신 이의 형상을 따라 지식에까지 새롭게 하심을 입은 자니라 거기에는 헬라인이나 유대인이나 할례파나 무할례파나 야만인이나 스구디아인이나 종이나 자유인이 차별이 있을 수 없나니 오직 그리스도는 만유

시요 만유 안에 계시니라" 골3:10-11

③ 말씀과 성령을 따라 살아가게 됩니다.

"그의 계명을 지키는 자는 주 안에 거하고 주는 그의 안에 거하시나니 우리에게 주신 성령으로 말미암아 그가 우리 안에 거하시는 줄을 우리가 아느니라" 요일3:24

"무릇 하나님의 영으로 인도함을 받는 사람은 곧 하나님의 아들이라" 롬8:14

칭의稱義와 중생重生

稱	義	重	生
일컬을 칭	옳을 의	거듭날 무거울 중	날 생

稱	義	重	生				

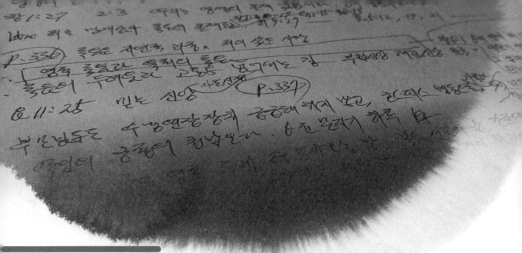

31주 성결과 성화聖化

지성감천 至誠感天

종교개혁자 마르틴 루터는 법적인 이신칭의(믿음으로써 의롭다 칭함을 받는 것)를 강조하며 유럽의 에반젤리카리즘(복음주의, 특히 루터교를 의미)에 큰 영향을 미쳤습니다. 루터에 이어 종교개혁의 2세대를 이끈 장로교회의 존 칼빈은 내면의 중생을 강조하였습니다. 이후 종교개혁의 3세대를 이끈 감리교와 성결교, 그리고 순복음교회(하나님의 성회를 비롯한 오순절교회)를 대표하는 존 웨슬리는 성결을 강조하였습니다.

> "나는 너희의 하나님이 되려고 너희를 애굽 땅에서 인도하여 낸 여호와라 내가 거룩하니 너희도 거룩할지어다" 레11:45
> "모든 사람으로 더불어 화평함과 거룩함을 좇으라 이것이 없이는 아무도 주를 보지 못하리라" 히12:14
> "그들을 진리로 거룩하게 하옵소서 아버지의 말씀은 진리니이다" 요17:17

1. 성결이란 무엇인가?

교인이 받을 성령세례를 가리킴이니 주 예수께서 "요한은 물로 세례를 베풀었으나 너희는 몇날이 못 되어 성령으로 세례를 받으리라 행1:5"고 약속하신 대로 오순절에 제자들은 성령의 세례, 즉 성결의 은혜를 체험하였으니 행2:1-4 우리도 모든 사람을 중생으로 인도하고 중생한 처지에 있는 신자들은 성결의 은혜를 체험하도록 인도한다. (기성 헌법 중)

성화는 중생에서 시작하여 성결에 이르는 모든 변화를 포함하는 과정이며, 성결은 성화가 완성된 상태를 의미합니다.

A. 성결은 분리와 연합입니다.

(죄와 세상으로부터) 분리와 연합 (예수님과 말씀에)

분 리 (나는 죽고)	연합 (예수로 사는 삶)
(아담의 원죄) 죄의 종	의의 종 (예수님의 원의)
사탄의 종 (사탄의 통치, 지배)	하나님의 종 (하나님의 통치, 지배)
음녀 (육체의 열매)	거룩한 신부 (성령의 열매)
불의의 무기 육신의 생각은 사망	의의 무기 영의 생각은 생명과 평안
죄가 사망 안에서 왕 노릇	은혜도 의로 말미암아 왕 노릇
죄와 사망의 법 죄의 법 아래	생명의 성령의 법 하나님의 법 아래
내 뜻대로 마옵시고	아버지의 뜻대로 되기를
육신을 따르는 자	영을 따르는 자

B. 성결은 그리스도인의 윤리입니다.

경천애인敬天愛人입니다. 하나님을 경외하고 이웃을 사랑하는 삶입니다. 이는 그리스도인이 빛과 소금으로 살아가는 것과 같습니다. 그러나 하나님 사랑과 이웃 사랑이 자기 의와 자기 영광을 드러내는 율법으로 변질될 위험이 있으며, 실제 행동이 아닌 입으로만 경천애인을 말하는 실천적 무신론자가 될 수 있습니다.

C. 성결은 돈오점수(頓悟漸修: 깨달음은 순간적이지만 수련은 점진적이다)입니다.

예수 그리스도를 인격적으로 믿고 영접함으로써 순간적으로 구원받지만(깨달음), 성결의 길, 즉 성화의 과정은 평생에 걸쳐 점진적으로 이루어져야 합니다. 예수님은 제자들에게 성결의 본이 되셔서 날마다 성결의 길을 따르라고 초청하셨습니다.

"인자가 온 것은 섬김을 받으려 함이 아니라 도리어 섬기려 하고 자기 목숨을 많은 사람의 대속물로 주려 함이니라" 막10:45

"누구든지 나를 따라오려거든 자기를 부인하고 날마다 자기 십자가를 지고 나를 따를 것이니라" 막8:34

D. 성결은 지성감천(至誠感天: 정성이 지극하면 하나님을 감동시킨다)입니다.

지성감천은 구원의 조건은 아니지만, 구원받은 후 성결의 길을 걷는 사람은 다윗처럼 하나님을 감동시키는 삶을 살아가야 합니다.

"여호와를 의뢰하고 선을 행하라. 땅에 머무는 동안 그의 성실을 먹을 거리로 삼을지어다. 또 여호와를 기뻐하라. 그가 네 마음의 소원을 네게 이루어 주시리로다 시37:3-4"

E. 성결은 성령세례입니다.

성경은 십자가의 도를 믿고, 체험한 성도는 반드시 '성령세례'를 받아야 함을 강조합니다. 나의 힘으로 경천애인을 행할 수 없기에 성령충만함을 받아서 '성령의 힘'으로 하라는 것입니다.

"만군의 여호와께서 말씀하시되 이는 힘으로 되지 아니하며 능력으로 되지 아니하고 오직 나의 영으로 되느니라 슼4:6b"

그리하여 사도 바울은 모든 서신에서 전반부에서는 십자가와 부활을 믿음으로 구원받는 도를 말하고, 후반부에서 성결을 말할 때에는 항상 "성령충만을 받으라! 엡5:18"고 합니다.

F. 성결은 예수님을 본받아 사는 삶입니다.

나는 죽고, 예수로 사는 삶입니다.

"내가 그리스도와 함께 십자가에 못 박혔나니 그런즉 이제는 내가 사는 것이 아니요 오직 내 안에 그리스도께서 사시는 것이라 이제 내가 육체 가운데 사는 것은 나를 사랑하사 나를 위하여 자기 자신을 버리신 하나님의 아들을 믿는 믿음 안에서 사는 것이라" 갈2:20

2. 성화의 주체

A. 하나님

"평강의 하나님이 친히 너희를 온전히 거룩하게 하시고 또 너희의 온 영과 혼과 몸이 우리 주 예수 그리스도께서 강림하실 때에 흠 없게 보전되기를 원하노라 너희를 부르시는 이는 미쁘시니 그가 또한 이루시리라" 살전 5:23-24

"마땅히 하나님께 감사할 것은 하나님이 처음부터 너희를 택하사 성령의 거룩하게 하심과 진리를 믿음으로 구원을 받게 하심이니" 살후2:13

B. 나의 성결

성결은 내가 십자가를 지고 예수님을 따르는 삶입니다.

"그런즉 사랑하는 자들아 이 약속을 가진 우리는 하나님을 두려워하는 가운데서 거룩함을 온전히 이루어 육과 영의 온갖 더러운 것에서 자신을 깨끗하게 하자" 고후7:1

△ ▽ △

성결은 말씀과 성령에 따라 하나님의 영광을 위한 삶을 사는 것입니다. '성결(holiness)'을 구하면 '행복(happiness)'은 반드시 따라옵니다.

🏵 지성감천 至誠感天 / 성결聖潔과 성화聖化

至	誠	感	天
이를 지	정성 성	느낄 감	하늘 천

聖	潔	聖	化
거룩할 성	깨끗할 결	거룩할 성	될 화

至	誠	感	天				

聖	潔	聖	化				

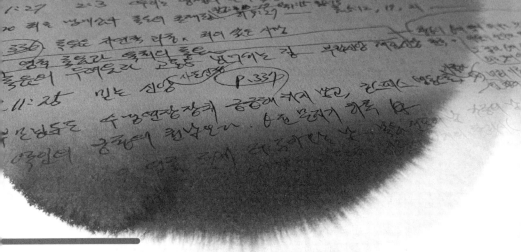

32주 신화神化, 영화榮化

칭의는 예수의 믿음으로,

성화는 예수의 사랑으로,

영화는 예수의 소망으로 이루어집니다.

"하나님이 미리 아신 자들을 또한 그 아들의 형상을 본받게 하기 (성결) 위하여 미리 정하셨으니 이는 그로 많은 형제 중에서 맏아들이 되게 하려 하심이니라 또 미리 정하신 그들을 또한 부르시고 부르신 그들을 또한 의롭다 하시고 의롭다 하신 그들을 또한 영화롭게 하셨느니라" 롬8:29-30

1. 신화神化

동방 기독교에서는 영화보다는 신화를 더 강조합니다.

A.하나님을 본받는 사람

"사랑을 받는 자녀 같이 너희는 하나님을 본받는 자가 되고"
엡5:1

B. 신의 성품에 참여하는 사람

"그 보배롭고 지극히 큰 약속을 우리에게 주사 이 약속으로 말미암아 너희가 정욕 때문에 세상에서 썩어질 것을 피하여 신성한 성품(신의 성품)에 참여하는 자가 되게 하려 하셨느니라" 벧후1:4

C. 하나님의 말씀을 받은 사람

"예수께서 이르시되 너희 율법에 기록된 바 내가 너희를 신이라 하였노라 하지 아니하였느냐 성경은 폐하지 못하나니 하나님의 말씀을 받은 사람들을 신이라 하셨거든 하물며 아버지께서 거룩하게 하사 세상에 보내신 자가 나는 하나님의 아들이라 하는 것으로 너희가 어찌 신성모독이라 하느냐"요10:34-36

예시: 기도에 의한 브니엘 사건 창32:29-30

2. 영화榮化

"모세가 이르되 원하건대 주의 영광을 내게 보이소서" 출33:18

"말씀이 육신이 되어 우리 가운데 거하시매 우리가 그의 영광을 보니 아버지의 독생자의 영광이요 은혜와 진리가 충만하더라" 요1:14

A. 성화는 영화의 시작이며, 영화는 성화의 완성이다.

"우리가 다 수건을 벗은 얼굴로 거울을 보는 것 같이 주의 영광을 보매 그와 같은 형상으로 변화하여 영광에서 영광에 이르니 곧 주의 영으로 말미암음이니라" 고후3:18

"그는 만물을 자기에게 복종하게 하실 수 있는 자의 역사로 우리의 낮은 몸을 자기 영광의 몸의 형체와 같이 변하게 하시리라" 빌3:21

B. 영화 중에서 중요한 것은 사람의 영광을 구하는가, 하나

님의 영광을 구하는가이다.

"너희가 서로 영광을 취하고 유일하신 하나님께로부터 오는 영광은 구하지 아니하니 어찌 나를 믿을 수 있느냐" 요5:44

"그들이 다 자기 일을 구하고 그리스도 예수의 일을 구하지 아니하되" 빌2:21

우리는 어떠한 경우에도 오직 하나님의 영광을 구하고 살아가는 사람이 되어야 합니다.

"그런즉 너희가 먹든지 마시든지 무엇을 하든지 다 하나님의 영광을 위하여 하라" 고전10:31

C. 영광과 영화는 내세에만 이루어지는가? 현세에서도 이루어지는가?

대부분의 경우 영화는 사후에만 이루어진다고 여겨집니다. 그러나 성경은 현세에서도 우리가 하나님의 영광을 볼 뿐만 아니라, 우리 자신이 하나님의 영광에 참여하고 세상 사람들에게 그 영광을 드러내는 경우도 있음을 보여줍니다.

① 현세의 영화

"진실로 그의 구원이 그를 경외하는 자에게 가까우니 영광이 우리 땅에 머무르리이다" 시85:9

"사람이 무엇이기에 주께서 그를 생각하시며 인자가 무엇이기에 주께서 그를 돌보시나이까 그를 하나님보다 조금 못하게 하시고 영화와 존귀로 관을 씌우셨나이다" 시8:4-5

"예수께서 이르시되 내 말이 네가 믿으면 하나님의 영광을 보리라 하지 아니하였느냐 하시니" 요11:40

"그런즉 너희가 먹든지 마시든지 무엇을 하든지 다 하나님의 영광을 위하여 하라" 고전10:31

"주는 영이시니 주의 영이 계신 곳에는 자유가 있느니라 우리가 다 수건을 벗은 얼굴로 거울을 보는 것 같이 주의 영광을 보매 그와 같은 형상으로 변화하여 영광에서 영광에 이르니 곧 주의 영으로 말미암음이니라"고후3:17-18

② 내세의 영화

"그들의 신은 배요 그 영광은 그들의 부끄러움에 있고 땅의 일을 생각하는 자라 그러나 우리의 시민권은 하늘에 있는지라 거기로부터 구원하는 자 곧 주 예수 그리스도를 기다리노니 그는 만물을 자기에게 복종하게 하실 수 있는 자의 역사로 우리의 낮은 몸을 자기 영광의 몸의 형체와 같이 변하게 하시리라" 빌3:18-21

"복스러운 소망과 우리의 크신 하나님 구주 예수 그리스도의 영광이 나타나심을 기다리게 하셨으니"딛2:13

"자녀이면 또한 상속자 곧 하나님의 상속자요 그리스도와 함께 한 상속자니 우리가 그와 함께 영광을 받기 위하여 고난도 함께 받아야 할 것이니라 생각하건대 현재의 고난은 장차 우리에게 나타날 영광과 비교할 수 없도다"롬8:17-18

"우리가 잠시 받는 환난의 경한 것이 지극히 크고 영원한 영광의 중한 것을 우리에게 이루게 함이니 우리가 주목하는 것은 보이는 것이 아니요 보이지 않는 것이니 보이는 것은 잠깐이요 보이지 않는 것은 영원함이라"고후4:17-18

D. 우리들의 성결과 영화의 모습을 통해 세상 사람들이 하나님께 영광을 돌리게 하라

"이같이 너희 빛이 사람 앞에 비치게 하여 그들로 너희 착한 행실을 보고 하늘에 계신 너희 아버지께 영광을 돌리게 하라"마5:16

"곧 창세 전에 그리스도 안에서 우리를 택하사 우리로 사랑 안에서 그 앞에 거룩하고 흠이 없게 하시려고, 그 기쁘신 뜻대로 우리를 예정하사 예수 그리스도로 말미암아 자기의 아들들이 되게 하셨으니, 이는 그가 사랑하시는 자 안에서 우리에게 거저 주시는 바 그의 은혜의 영광을 찬송하게 하려는 것이라"엡1:4-6

"일어나라 빛을 발하라 이는 네 빛이 이르렀고 여호와의 영광이 네 위에 임하였음이니라"사60:1-2

"그들로 너희 착한 행실을 보고 하늘에 계신 너희 아버지께 영광을 돌리게 하라"사42:11-12

❀ 신화神化와 영화榮化

神	化	榮	化
하나님 신	될 화	영화로울 영	될 화

神	化	榮	化				

VII

성령 하나님

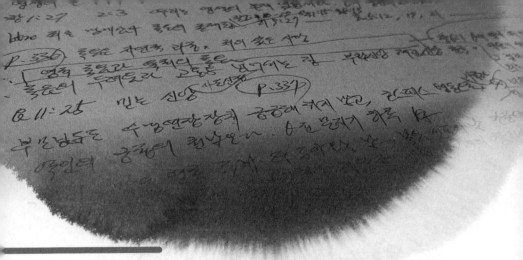

33주 영적 침체와 성령충만, 성령세례

靈的 沈滯와 聖靈充滿 / 聖靈洗禮

"우리가 알거니와 하나님을 사랑하는 자, 곧 그의 뜻대로 부르심을 입은 자들에게는 모든 것이 합력하여 선을 이루느니라." 롬8:28
"사람이 감당할 시험 밖에는 너희가 당한 것이 없나니, 오직 하나님은 미쁘사 너희가 감당하지 못할 시험 당함을 허락하지 아니하시고, 시험 당할 즈음에 또한 피할 길을 내사 너희로 능히 감당하게 하시느니라." 고전10:13

1. 영적 침체

A. 진단

인생을 고통스럽게 만드는 3가지가 있는데, 바로 과거를 후회하는, 미래를 걱정하는 것, 그리고 현재를 비교하는 것입니다. 신실한 크리스천도 영적 침체에 빠질 수 있습니다. 엘리야 선지자와 같은 영적 거물도 큰 사명을 감당한 후 갑자기 영적 침체에 빠졌습니다. 왕상19:4-16

B. 처방

기본기로 돌아가야 합니다. 나의 나된 것, 나의 평생의 사명을 하나님 앞에서 재점검하며 회복하는 것이 중요합니다. 잘 먹고, 잘 쉬고 / 하나님과 일대일의 깊은 만남을 가지며 / 사명을 날마다 새롭게 하는 것입니다. 믿음의 성도들은 과거를 "하나님께서 여기까지 도우셨다"고 감사하며 '에벤에셀'이라고 고백합니다. 삼상7:12 현재를 "하나님이 우리와 함께 계시다"고 기뻐하며 '임마누엘'의 하나님을 찬양합니다. 마1:23 미래를 "하나님께서 예비하신다"고 믿으며 '여호와 이레'라고 노래합니다. 창22:14

영적 침체를 벗어나는 최고의 비결은 성령세례와 성령충만을 받는 것입니다.

2. 성령세례

A. 성령세례와 성령충만의 차이

성령세례는 내게 임한 오순절 성령강림 사건이요, 성결과 능력의 체험입니다. 결혼식을 한번 하듯이 성령세례는 일회적인 사건입니다. 결혼식은 한번 하지만 사랑고백은 날마다 하듯이, 성령충만은 날마다 성결과 능력충만으로 예수 증인의 삶을 사는 것입니다. 매순간마다 "성령님, 믿습니다. 성령님, 사랑합니다."고 고백하며, '하나님 사랑, 이웃사랑'으로 살아가는 것입니다.

B. 성령세례는 성결과 능력 Holiness and Power이 위로부터 부어지는 것이다.

① 성결: 성령의 열매요, 신앙의 역동성 Dynamic이다. 성령의 열매가 풍성한 삶입니다. 갈5:22,23
　- '물'과 '성령'으로 거듭납니다.

"사람이 물과 성령으로 나지 아니하면 하나님의 나라에 들어갈 수 없느니라 육으로 난 것은 육이요 영으로 난 것은 영이니" 요3:3-6, 고전15:40

- 죄 용서받음의 큰 확신이 주어집니다.

"이제 그리스도 예수 안에 있는 자에게는 결코 정죄함이 없나니 이는 그리스도 예수 안에 있는 생명의 성령의 법이 죄와 사망의 법에서 너를 해방하였음이라" 롬8:1,2

- "내가 거룩하니 너희도 거룩하라"가 저절로 이루어집니다.

- 기도가 가장 즐거운 시간이 됩니다. 기도의 양과 질이 넓어지고, 깊어집니다.

- 말씀이 수면제가 아니고, 각성제가 됩니다. 말씀충만한 삶이 됩니다.

- 예수충만으로 모든 예배시간이 사모됩니다. 형식적인 예배가 아니라 영과 진리의 예배가 됩니다.

② 능력 Power: 성령의 은사와 신앙의 돌파력 Dynamite입니다. 성령의 충만한 삶을 이룹니다. 고전12:7-11

- 죄와 싸워 이길 수 있는 능력이 주어집니다.

"너희가 육신대로 살면 반드시 죽을 것이로되 영으로써 몸의 행실을 죽이면 살리니 무릇 하나님의 영으로 인도함을 받는 사람은 곧 하나님의 아들이라" 롬8:13-14

- 거룩한 성령의 임재로 악령이 쫓겨납니다.

"너희는 하나님께 복종할지어다 마귀를 대적하라 그리하면 너희를 피하리라 하나님을 가까이하라 그리 하면 너희를 가까이하시리라 죄인들아 손을 깨끗이 하라 두 마음을 품은 자들아 마음을 성결하게 하라" 약4:7-8

- 구령과 선교의 열정이 불타오릅니다. 일대일의 '관계전도'

를 넘어서 1대 다수의 '능력전도'가 이루어집니다.

C.부흥과 성시화

성령세례는 개개인에게 임하며, 부흥은 교회와 지역사회 전체에 동시다발적으로 임합니다. 부흥이 폭발하며, 중독자들이 회개하고 교회로 몰려오는 현상은 성령세례의 동시다발적 효과입니다. 행2:2-4; 행8:6-8,9:35,42; 사61:4-5

3. 성령충만한 삶

A. 성령충만은 말씀충만, 예수충만과 늘 함께 합니다.

성령충만은 말씀충만과 예수충만과 밀접하게 연관되어 있습니다. 믿음, 소망, 사랑이 함께 하듯, 성령충만 역시 말씀충만과 예수충만을 동반합니다. 성령충만을 주장하면서 말씀충만이 없다면, 그것은 거짓 성령충만입니다.

"살리는 것은 영이니 육은 무익하니라 내가 너희에게 이른 말은 영이요 생명이라 요6:63"

성령충만을 주장하면서 예수충만이 없다면, 그것도 거짓 성령충만입니다.

"진리의 성령이 오시면 그가 너희를 모든 진리 가운데로 인도하시리니 그는 스스로 말하지 않고 오직 들은 것을 말하며 장래 일을 너희에게 알리시리라. 그가 내 영광을 나타내리니 내 것을 가지고 너희에게 알리시겠음이라 요16:13-14"

성령충만할수록 더욱 말씀으로 충만해지고, 예수 충만으로 살아가게 됩니다.

B. 성령충만한 사람은 신망애信望愛로 일생을 살아갑니다.

성령충만한 사람은 믿음, 소망, 사랑으로 삶을 살아갑니다.

"너희의 믿음의 역사와 사랑의 수고와 우리 주 예수 그리스도에 대한 소망의 인내를... 너희를 택하심을 아노라." 살전1:3-4

"너희는 마음에 근심하지 말라. 하나님을 믿으니 또 나를 믿으라. 내 아버지 집에 거할 곳이 많도다." 요14:1-2

"(사랑은) 모든 것을 참으며 모든 것을 믿으며 모든 것을 바라며 모든 것을 견디느니라" 고전13:7

"이 비밀은 너희 안에 계신 그리스도시니 곧 영광의 소망이니라." 골1:27

"그러므로 믿음, 소망, 사랑 이 세 가지는 항상 있을 것인데 그 중의 제일은 사랑이라." 고전13:13

⬙ 영적 침체 靈的 沈滯

靈	的	沈	滯
신령 령(영)	과녁 적	잠길 침	막힐 체

靈	的	沈	滯				

34주 성령님은 누구신가?

교통交通의 성령聖靈

"주 예수 그리스도의 은혜와 하나님의 사랑과 성령의 교통하심이 너희 무리와 함께 있을지어다" 고후13:13

"그의 위에 여호와의 영 곧 지혜와 총명의 영이요 모략과 재능의 영이요 지식과 여호와를 경외하는 영이 강림하시리니 그가 여호와를 경외함으로 즐거움을 삼을 것이며" 사11:2,3a

"성령을 소멸하지 말며 예언을 멸시하지 말고" 살전5:19-20

"하나님의 성령을 근심하게 하지 말라 그 안에서 너희가 구원의 날까지 인치심을 받았느니라" 엡4:30

1. 성령강림의 의의

A. 성령세례의 성취

예수님께서 아버지의 약속으로 말씀하신 성령세례를 따라, 기도에 힘쓰던 이들에게 하나님은 마침내 성령세례를 부으셨습니다. 이 때 급하고 강한 바람 같은 소리가 들렸습니다. 이는 무엇을 의미할까요? 인간이 범죄함으로 인해 '하나님의 영'이 떠났습니다. 그러나 오순절 날, 성령은 떠나셨던 성령이 모든 사람에게 동시다발적으로 돌아온 사건이었습니다.

> "여호와께서 사람의 죄악이 세상에 가득함과 그의 마음으로 생각하는 모든 계획이 항상 악할 뿐임을 보시고" 창 6:5

> "여호와께서 이르시되 나의 영이 영원히 사람과 함께 하지 아니하리니 이는 그들이 육신이 됨이라 그러나 그들의 날은 백이십 년이 되리라 하시니라" 창 6:3

B. 구약과 신약의 성령 사역

구약에서는 성령이 특정 인물에게 잠시 임하여 하나님의 일을 이루고 떠나신 사건이 많았습니다. 그러나 신약의 오순절 날, 성령은 모든 사람에게 영원히 거하셔서 하나님의 말씀을 온전히 이루게 하셨습니다.

> "하나님이 말씀하시기를 말세에 내가 내 영을 모든 육체에 부어 주리니 너희의 자녀들은 예언할 것이요, 너희의 젊은이들은 환상을 보고, 너희의 늙은이들은 꿈을 꾸리라. 그 때에 내가 내 영을 내 남종과 여종들에게 부어 주리니 그들이 예언할 것이요 " 행2:17-18

C. 바벨탑과 언어의 회복

바벨탑 사건에서 인간은 하나님께 '불신, 불순종, 교만'으로 인해 언어의 혼란을 겪었습니다. 성령님은 불의 혀로 임하셔서 언어의 소통을 회복시키셨고, 죄사함의 복음을 전하며, 부활의 예수 그리스도를 통해 '신뢰, 순종, 겸손'의 인간으로 회복시키셨습니다. 이 복음을 온 세상 끝까지 전하게 하셨습니다.

> "그들이 다 성령의 충만함을 받고 성령이 말하게 하심을 따라 다른 언어들로 말하기를 시작하니라" 행2:4

> "우리가 우리 각 사람이 난 곳 방언으로 듣게 되는 것이 어찌 됨

이냐" 행2:8

"그레데인과 아라비아인들이라 우리가 다 우리의 각 언어로 하나님의 큰 일을 말함을 듣는도다" 행2:11

D. 성령세례의 확증

하나님이 우리에게 성령세례를 주시는 것은, 예수 그리스도의 십자가와 부활을 통해 인간의 원죄로 발생한 모든 문제가 완전히 해결되었음을 확증하는 것입니다.

- 영의 인간이 육의 인간으로 전락되었으나 성령을 통해 하나님의 형상으로 회복됩니다.
- 죽음의 존재가 영생의 존재로 변화됩니다.
- 상호 불통의 고립된 존재가 하나님 사랑과 이웃 사랑으로 상호 교통의 존재로 변화됩니다.

2. 성령은

A. 생명의 성령

"이 말씀을 하시고 그들을 향하여 숨을 내쉬며 이르시되 성령을 받으라" 요20:22

"여호와 하나님이 땅의 흙으로 사람을 지으시고 생기를 그 코에 불어넣으시니 사람이 생령이 되니라" 창2:7

B. 진리의 성령

"보혜사가 모든 것을 가르치고 모든 것을 생각나게 하리라" 요14:26

"진리의 성령이 오시면 그가 너희를 모든 진리 가운데로 인도하시리니 그가 스스로 말하지 않고 오직 들은 것을 말하며 장래 일을 너희에게 알리시리라" 요16:13

C. 사랑의 성령

경천애인 마22:37-40을 우리가 실천할 수 없을 때, 예수님께서는 실천할 수 있는 사랑의 영을 부어주십니다.

D. 성결의 성령

"그들을 진리로 거룩하게 하옵소서. 아버지의 말씀은 진리니이다" 요17:17 (33과를 참조)

E. 교통의 성령

성령의 교통은 성도가 서로 교제함으로 이루어집니다. "화평하게 하는 자는 복이 있나니 그들이 하나님의 아들이라 일컬음을 받을 것임이요" 마5:9

F. 능력의 성령

"오직 성령이 너희에게 임하시면 너희가 권능을 받고" 행1:8 (33과를 참조)

G. 희년의 성령

성령님은 복음을 전하게 하려고 성령세례를 베푸십니다. 가난한 자(겸손한 자)에게 마음이 상한 자를 고치며 사61:10, 포로된 자에게 자유를 주시고 요8:32, 눈먼 자에게 다시 보게 하시며 막10:52, 눌린 자를 자유롭게 하십니다 눅10:19-20.

주의 은혜의 해(희년)가 복음을 듣는 이 순간 "아멘"으로 화답하는 자에게 성취되었음을 성령님은 확증하십니다 사60:21-22.

H. 부흥의 성령

성령세례는 개인적으로 받는 것이며, 부흥은 교회와 지역, 나라 전체에 동시다발적으로 임하는 것입니다. 1904년 웨일즈의 부흥이나 1907년 평양 장대현교회로부터 시작된 부흥이 바로 부흥의

성령으로 임한 것입니다. (39과를 참조)

⊕ 교통交通의 성령聖靈

交	通	聖	靈
사귈 교	통할 통	거룩할 성	신령 령(영)

交	通	聖	靈				

35주 방언과 예언, 선한 말

방언方言과 예언預言

생각이 먼저일까요? 행동이 먼저일까요? 생각이 중요할까요? 행위가 중요할까요? 심리학자들은 생각이 아닌 언어가 먼저이며, 가장 중요하다고 단언합니다. 언어가 생각을 주장하고, 언어가 행동을 주장하기 때문입니다. 성도들은 모든 언어가 하나님의 말씀을 토대로 해야 합니다. 그러므로 방언, 통역, 예언의 은사 앞에 지혜의 말씀과 지식의 말씀 은사가 있는 것입니다. 영분별의 은사도 우리의 언어가 사탄이 좋아하는 언어인지, 하나님을 기쁘시게 하고 성도와 이웃에게 덕을 세우는 언어인지, 먼저 분별하라는 것입니다.

1. 방언의 종류

A. 대인對人 방언과 대신對神 방언

① 대인對人 방언: 사도행전에 나오는 방언은 사람에 대한 방언입니다. 오순절에 몰려든 모든 디아스포라 유대인들이 사도들의

설교를 자신의 언어로 이해할 수 있었습니다.

"그레데인과 아라비아인들이라 우리가 다 우리의 각 언어로 하나님의 큰 일을 말함을 듣는도다" 행2:11

② 대신對神 방언: 고린도전서에 나오는 방언은 하나님께 대한 방언입니다.

"방언을 말하는 자는 사람에게 하지 아니하고 하나님께 하나니 이는 알아듣는 자가 없고 영으로 비밀을 말함이라" 고전 14:2

③ 방언 찬송

"방언으로 기도하면 나의 영이 기도하거니와 나의 마음은 열매를 맺지 못하리라. 그러면 어떻게 할까? 내가 영으로 기도하고 또 마음으로 기도하며 내가 영으로 찬송하고 또 마음으로 찬송하리라" 고전14:14-15

B. 방언의 중요성

① 방언은 성령의 말할 수 없는 탄식의 기도입니다.

"이와 같이 성령도 우리의 연약함을 도우시나니 우리는 마땅히 기도할 바를 알지 못하나 오직 성령이 말할 수 없는 탄식으로 우리를 위하여 친히 간구하시느니라" 롬8:26

② 방언은 모든 성령의 은사들이 열리는 문이기도 합니다. 사도바울은 "나는 너희가 다 방언 말하기를 원하나 고전14:5"라고 하였습니다.

③ 그러나 방언의 은사는 모든 은사 가운데 마지막 부분에 위치하며, 이는 방언이 자기의 덕만 세우기 때문입니다.

"방언을 말하는 자는 자기의 덕을 세우고 예언하는 자는 교회의 덕을 세우나니…" 고전14:4-5

2. 예언의 은사

이제 방언과 마찬가지로 주목할 만한 예언의 은사에 대해 말씀드리겠습니다. 예언의 은사는 미래의 일에 관한 예언을 포함할 수 있지만, 가장 중요한 것은 "예언하는 자는 사람에게 말하여 덕을 세우며 권면하며 위로하는 것 고전14:3"임을 기억해야 합니다. 예언은 '예언(豫미리 예言말씀 언/미래의 말)'이 아니라 '예언(預맡길 예言말씀 언/하나님이 맡기신 말씀)'이기 때문입니다. "예수의 증언은 예언의 영이라 계19:10"고 하신 말씀처럼, 예수님의 말씀을 통해 회개와 믿음, 성결과 능력, 사랑과 헌신의 제자를 만드는 것이 예언의 은사의 핵심입니다.

A. 예언과 덕을 세움

"사랑을 추구하며 신령한 것들을 사모하되 특별히 예언을 하려고 하라 고전14:1" 왜냐하면 "예언은 사람에게 말하여 덕을 세우며 권면하며 위로하는 것이요 고전14:3"라고 했기 때문입니다. 고린도전서 12장~14장에서는 교회의 덕과 성도의 덕을 강조하며, 이 말씀이 7회 반복되고 있습니다.

"우리에게 주신 은혜대로 받은 은사가 각각 다르니 혹 예언이면 믿음의 분수대로, 혹 섬기는 일이면 섬기는 일로, 혹 가르치는 자면 가르치는 일로, 혹 위로하는 자면 위로하는 일로, 구제하는 자는 성실함으로, 다스리는 자는 부지런함으로, 긍휼을 베푸는 자는 즐거움으로 할 것이니라 롬12:6-8"

B. 성령의 역사: 예언, 전도, 부흥

예언의 은사는 교회를 하나되게 하여 한마음, 한뜻으로 전도와 부흥의 역사를 이룹니다. 성령님이 교통하시면, 성령님은 우리를 통해 권능(권세와 능력)으로 일하기 시작합니다. 그 중에서 최고의 능력은 전도와 부흥의 역사를 일으키는 것입니다.

"나를 믿는 자는 내가 하는 일을 그도 할 것이요 또한 그보다 큰 일도 하리니 이는 내가 아버지께로 감이라 요14:12"

"바나바는 착한 사람이요 성령과 믿음이 충만한 사람이라 이에 큰 무리가 주께 더하여지더라 행11:24"

"하나님을 찬미하며 또 온 백성에게 칭송을 받으니 주께서 구원 받는 사람을 날마다 더하게 하시니라 행2:42-47"

"제자들이 나가 두루 전파할 새 주께서 함께 역사하사 그 따르는 표적으로 말씀을 확실히 증언하시니라 막16:20"

3. 선한 말

우리 중에는 방언과 예언을 하지 못하는 이들도 있습니다. 이는 성령께서 다른 은사를 주셨기 때문입니다. 그러나 누구나 말씀과 성령에 따라 선한 말을 할 수 있습니다.

A. 악한 말

"혀는 곧 불이요, 불의의 세계라 혀는 우리 지체 중에서 온 몸을 더럽히고 삶의 수레바퀴를 불사르나니 그 사르는 것이 지옥 불에서 나느니라. 혀는 능히 길들일 사람이 없나니 쉬지 아니하는 악이요 죽이는 독이 가득한 것이라" 약3:6, 8

B. 선한 말

"무릇 더러운 말은 너희 입 밖에도 내지 말고, 오직 덕을 세우는 데 소용되는 대로 선한 말을 하여 듣는 자들에게 은혜를 끼치게 하라" 엡4:29

선한 말 중에서 최고의 선한 말은 예수 그리스도의 말씀을 배우고, 그 말씀을 자녀에게, 직장 동료에게, 이웃에게, 성도에게 나누는 것입니다.

"내가 아버지께로부터 너희에게 보낼 보혜사, 곧 아버지께로부터 나오시는 진리의 성령이 오실 때에 그가 나를 증언하실 것이요, 너희도 처음부터 나와 함께 있었으므로 증언하느니라" 요 15:26-27

4. 성령의 은사가 질적으로, 영적으로 풍성하기를 구하라

"너희가 악할지라도 좋은 것을 자식에게 줄 줄 알거든 하물며 너희 하늘 아버지께서 구하는 자에게 성령을 주시지 않겠느냐" 눅 11:13

성령의 은사는 하나님의 절대주권의 선물일까요, 아니면 사모함을 통해 받을 수 있는 것일까요?

A. 성령의 은사와 하나님의 주권

성령의 은사는 하나님의 절대주권입니다.

"이 모든 일은 같은 한 성령이 행하사 그의 뜻대로 각 사람에게 나누어 주시는 것이니라 고전12:11"

성령의 은사는 하나님이 그 뜻과 계획에 따라 각 사람에게 주시는 선물입니다. 이는 하나님의 절대적 주권 아래 이루어지는 일입니다.

B. 사모함과 기도로 구하는 성령의 은사

그럼에도 성령의 은사는 우리의 사모함과 기도로도 주어집니다.

"너희는 더욱 큰 은사를 사모하라 내가 또한 가장 좋은 길을 너희에게 보이리라 고전12:31"

성령의 은사는 우리가 사모하고 기도하는 가운데 하나님께서 주시는 것입니다. 또한, "사랑을 추구하며 신령한 것들을 사모하되 특별히 예언을 하려고 하라 고전14:1" 고 하신 말씀처럼, 성령의 은사는 우리가 신령한 것을 사모하며 구할 때 주어집니다.

"너희도 영적인 것을 사모하는 자인즉 교회의 덕을 세우기 위하여 그것이 풍성하기를 구하라 고전14:12"

성령의 은사를 구하는 것은 교회의 덕을 세우고 성도를 위해 유익한 것이기 때문입니다.

36주 성령의 열매

내면內面의 성품性品

성령의 은사는 예수님의 사역을 우리도 감당하도록 교회의 덕과 성도의 유익을 위하여 성령의 권능이 부어지는 것입니다.

"이는 성도를 온전하게 하여 봉사의 일을 하게 하며 그리스도의 몸을 세우려 하심이라" 엡4:12

1. 성결은 그리스도로 말미암아 성령의 세례를 받음으로 이루어지는 것입니다.

이는 거듭난 후에 믿음으로 순간적으로 받는 경험입니다. 이 은혜는 원죄에서 정결하게 씻음과 그 사람을 성별하여 하나님을 봉사하기에 현저한 능력을 주는 것입니다 행1:4-5;15:8-9;1:8; 눅24:49. 사람이 의롭다함을 얻음에 믿음이 유일의 조건이 되는 것처럼, 성결도 오직 믿음으로 얻는 은혜입니다 롬5:1;행15:8;갈3:4;요일1:9.

2. 성결과 능력 중에 우선순위는 '성결'입니다.

"사랑을 추구하며 신령한 것들을 사모하되 특별히 예언을 하려고 하라 고전14:1"

성결은 오순절 운동의 선진들에 의해 '제2의 축복', '능력'은 '제3의 축복'으로 명명되었습니다. '말씀따라, 성령따라'와 같이, 그리고 '신앙/생활'처럼 '先성결, 後능력' 즉 '성령의 열매 Fruits와 성령의 은사 Gifts'의 순입니다. 존재 Being가 먼저요 행위 Doing가 다음입니다. 그러나 하나님은 동시에 또는 역순으로도 일하십니다.

"하나님의 꿈이 나의 비전이 되고, 예수님의 성품이 나의 인격이 되고, 성령님의 권능이 나의 능력이 되길 원하고 바라고 기도합니다."

"내가 그리스도를 본받는 자가 된 것 같이 너희는 나를 본받는 자가 되라" 고전11:1

예를 들어, 꽃다발이 성령의 은사라면, 과실나무를 심어 인내로 결실하는 것은 성령의 열매입니다.

성령의 열매와 반대되는 육체의 열매도 있습니다.

"육체의 일은 분명하니 곧 음행과 더러운 것과 호색과 우상 숭배와 주술과 원수 맺는 것과 분쟁과 시기와 분냄과 당 짓는 것과 분열함과 이단과 투기와 술 취함과 방탕함과 또 그와 같은 것들이라 전에 너희에게 경계한 것 같이 경계하노니 이런 일을 하는 자들은 하나님의 나라를 유업으로 받지 못할 것이요" 갈5:19-21

3. 성령의 열매는 구체적으로 다음과 같습니다:

A. 회개에 합당한 열매

무엇을 회개해야 할까요?

"속에서 곧 사람의 마음에서 나오는 것은 악한 생각 곧 음란과 도둑질과 살인과 간음과 탐욕과 악독과 속임과 음탕과 질투와

비방과 교만과 우매함이니 이 모든 악한 것이 다 속에서 나와서 사람을 더럽게 하느니라" 막7:21-23

B. 빛의 열매

"너희가 전에는 어둠이더니 이제는 주 안에서 빛이라. 빛의 자녀들처럼 행하라. 빛의 열매는 모든 착함과 의로움과 진실함에 있느니라" 엡5:8-9

C. 9가지 성령의 열매입니다.

사랑, 희락, 화평은 '하나님'을 향하는 것이며,

오래참음, 자비, 양선은 '인간'을 향하는 것이고,

충성, 온유, 절제는 '자기 자신'을 향하는 것입니다.

① 사랑 仁愛/Love - 모든 덕목의 기초이며, 최고의 덕목입니다. 하나님과 이웃에 대한 사랑으로 요약되며, 완전한 사랑이 두려움을 내쫓습니다.

"사랑 안에 두려움이 없고 온전한 사랑이 두려움을 내쫓나니 두려움에는 형벌이 있음이라. 두려워하는 자는 사랑 안에서 온전히 이루지 못하였느니라" 요일4:18

② 희락 喜樂/Joy - 성령의 기쁨으로, 구원받은 자의 거룩한 기쁨을 표현합니다.

"예수를 너희가 보지 못하였으나 사랑하는도다. 이제도 보지 못하나 믿고 말할 수 없는 영광스러운 즐거움으로 기뻐하니" 벧전1:8, 사35:10

③ 화평 和平/Peace - 화평은 십자가의 도로, 하나님과의 화평과 사람과의 화평을 이루는 것입니다.

"우리가 믿음으로 의롭다 하심을 받았으니 우리 주 예수 그리스도로 말미암아 하나님과 화평을 누리자" 롬5:1

④ 오래참음 忍耐/Forbearance - 단순한 참음을 넘어서, 해치려는 악에 대해 안정된 마음으로 오래 참는 것입니다.

"사랑은 오래 참고 사랑은 온유하며 모든 것을 참으며 모든 것을 믿으며 모든 것을 바라며 모든 것을 견디느니라" 고전13:4,7

⑤ 자비 慈悲/Kindness - 실천적 선으로, 이웃에 대한 인자와 친절한 행동을 포함합니다.

"여호와께서 그의 앞으로 지나시며 선포하시되 여호와라 여호와라 자비롭고 은혜롭고 노하기를 더디하고 인자와 진실이 많은 하나님이라" 출34:6

⑥ 양선 良善/Goodness - 자비와 유사하지만, 적극적인 선의 실천을 의미합니다.

"너희로 하여금 모든 신령한 지혜와 총명에 하나님의 뜻을 아는 것으로 채우게 하시고 주께 합당하게 행하여 범사에 기쁘시게 하고 모든 선한 일에 열매를 맺게 하시며 하나님을 아는 것에 자라게 하시고" 골1:9-10

⑦ 충성 忠誠/Faithfulness - 하나님께 대한 신실함과 사람에 대한 신실성을 포함합니다.

"잘하였도다 착하고 충성된 종아, 네가 적은 일에 충성하였으매 내가 많은 것을 네게 맡기리니 네 주인의 즐거움에 참여할지어다" 마25:21

⑧ 온유 溫柔/Gentleness - 부드러운 태도를 나타내지만, 그 원천은 하나님 앞에서의 회개와 겸손입니다.

"아무도 비방하지 말며 다투지 말며 관용하며 범사에 온유함을 모든 사람에게 나타낼 것을 기억하게 하라" 딛3:2

⑨ 절제 節制/Self-control - 육체의 일(술 취함, 방탕)과 반대되는 악덕에 대한 극기입니다.

"너희도 상을 받도록 이와 같이 달음질하라. 이기기를 다투는 자마다 모든 일에 절제하나니 그들은 썩을 승리자의 관을 얻고자 하되 우리는 썩지 아니할 것을 얻고자 하노라" 고전9:24-25

4. 육체의 일과 성령의 열매가 내면에서 영적 전쟁을 할 때 다음 말씀들을 반드시 기억합시다.

"너희가 육신대로 살면 반드시 죽을 것이로되 영으로써 몸의 행실을 죽이면 살리니 무릇 하나님의 영으로 인도함을 받는 사람은 곧 하나님의 아들이라" 롬8:13-14

"육신의 생각은 사망이요 영의 생각은 생명과 평안이니라. 육신의 생각은 하나님과 원수가 되나니 이는 하나님의 법에 굴복하지 아니할 뿐 아니라 할 수도 없음이라" 롬8:5-6

✤ 내면內面의 성품性品

内	面	性	品
안 내	낯 면	성품 성	품격 품

内	面	性	品				

37주 성령의 은사恩賜와 기적奇蹟

1. 내성외왕內聖外王

안으로는 성인 聖人이 되고, 밖으로는 왕같은 제사장으로 쓰임 받는 하나님의 사람을 의미합니다. 성령의 열매는 예수님을 닮은 성결한 사람을 만듭니다.

"우리가 다 하나님의 아들을 믿는 것과 아는 일에 하나가 되어 온 전한 사람을 이루어 그리스도의 장성한 분량이 충만한 데까지 이 르리니" 엡4:13

성령의 은사는 예수님의 사역을 우리도 감당하도록 교회의 덕과 성도의 유익을 위하여 성령의 권능이 부어집니다.

"이는 성도를 온전하게 하여 봉사의 일을 하게 하며 그리스도의 몸을 세우려 하심이라" 엡4:12

성령세례는 '성결과 능력 Holiness & Power'입니다. 성령의 열매는 성도를 성결하게 하여 예수님의 성품, 특히 온유와 겸손을 닮게 합니다. 성령의 은사는 성도에게 능력을 주셔서 예수님의 사명, 특히 전도와 선교, 섬김을 감당하게 합니다.

"예수 그리스도는 어제나 오늘이나 영원토록 동일하시니라" 히 13:8

그러므로 성령의 은사는 초대교회나 종말의 교회에 계속해서 부어집니다. '이른 비'와 '늦은 비'의 은혜로!

2. 말씀의 은사

"성령은 성경을 수레 삼아서 임하신다." (D. L. 무디)

A. 지혜의 말씀의 은사:

하나님의 모든 말씀을 지금 이 상황에서, 내가 만나는 사람들에게 적용하며, 순종하며, 나누는 말씀의 은사입니다.

"하나님의 말씀은 살아 있고 활력이 있어" 히4:12

B. 지식의 말씀의 은사:

이 은사가 임하면, 말씀이 수면제가 아니라 각성제가 됩니다. 말씀이 달고 오묘한 것으로 여겨집니다. 예배가 기다려지고, 말씀 공부 모임에 저절로 가고 싶어집니다. 이 은사는 누구나 '에스라'처럼 되기를 원하게 만듭니다.

"에스라가 여호와의 율법을 연구하여 준행하며 율례와 규례를 이스라엘에게 가르치기로 결심하였었더라 스7:10"

이 은사는 말씀을 마음에 새기는 은사입니다. '통독, 다독, 정독, 성경암송'에 힘씁시다!

"그 안에는 지혜와 지식의 모든 보화가 감추어져 있느니라 골 2:3"

C. 영 분별의 은사:

성령과 악령, 참 선지자와 거짓 선지자, 착하고 충성된 종과 악하고 게으른 종을 분별하는 은사입니다.

"영을 다 믿지 말고 오직 영들이 하나님께 속하였나 분별하라 많은 거짓 선지자가 세상에 나왔음이라" 요일4:1

"거짓 선지자들을 삼가라 양의 옷을 입고 너희에게 나아오나 속에는 노략질하는 이리라. 그들의 열매로 그들을 알지니 가시나무에서 포도를, 또는 엉겅퀴에서 무화과를 따겠느냐" 마7:15-16

"하나님이 말씀하시기를 말세에 내가 내 영을 모든 육체에 부어 주리니 너희의 자녀들은 예언할 것이요 너희의 젊은이들은 환상을 보고 너희의 늙은이들은 꿈을 꾸리라. 그 때에 내가 내 영을 내 남종과 여종들에게 부어 주리니 그들이 예언할 것이요" 행 2:17-20

3. 언어의 은사

"무릇 더러운 말은 너희 입 밖에도 내지 말고 오직 덕을 세우는 데 소용되는 대로 선한 말을 하여 듣는 자들에게 은혜를 끼치게 하라" 엡4:29

A. 방언기도:
  ① 對人대인 방언: 외국인들과 말씀이 교통하도록 하시는 은사입니다. 행2:11
  ② 對神대신 방언: 자신이 이해하지 못하는 언어로 하나님께 기도하거나 찬양하는 은사 고전14:2
  ③ 방언찬송: 성령의 은사로 주어진 방언을 사용하여 하나님께 찬양하는 은사 고전14:14-15

B. 통역: 대신對神 방언을 통역하여 청중이 알아듣도록 하는 은사입니다 고전 14:5.

C. 예언: 영감된 설교를 포함하여, 예수의 증언은 예언의 영이며, 때마다 주시는 하나님의 말씀을 대언하는 은사입니다.

"예언하는 자는 사람에게 말하여 덕을 세우며 권면하며 위로하는 것이요" 고전14:3

"그에 대하어 모든 선지자도 증언하되, 그를 믿는 사람들이 다 그의 이름을 힘입어 죄 사함을 받는다 하였느니라. 베드로가 이 말을 할 때에 성령이 말씀 듣는 모든 사람에게 내려오시니, 베드로와 함께 온 할례 받은 신자들이 이방인들에게도 성령 부어 주심으로 말미암아 놀라니 이는 방언을 말하며 하나님을 높임을 들음이러라" 행10:43-46

4. 표적의 은사

"제자들이 나가 두루 전파할새 주께서 함께 역사하사" 막16:20

A. 믿음: 구원받은 믿음을 포함하여 롬 12:3, 이적을 행하는 믿음 (산을 옮길 만한 모든 믿음)의 은사입니다.

"하나님을 믿으라. 누구든지 이 산더러 들리어 바다에 던져지라 하며 그 말하는 것이 이루어질 줄 믿고 마음에 의심하지 아니하면 그대로 되리라" 막11:23-24

B. 병고치는 은사(신유): 하나님의 치유神癒이자 믿음의 치유信癒입니다.

"네 믿음이 너를 구원하였으니 평안히 가라. 네 병에서 놓여 건강할지어다" 막5:34 "은과 금은 내게 없거니와, 내게 있는 이것을 네게 주노니, 나사렛 예수 그리스도의 이름으로 일어나 걸으라" 행3:6

C. 능력행함:

① 귀신을 쫓아내는 은사: 이방 지역에서 가장 먼저, 많이 행하셨습니다.

"하나님께 복종할지어다. 마귀를 대적하라. 그리하면 너희를 피하리라. 하나님을 가까이하라. 너희를 가까이하시리라. 죄인들아, 손을 깨끗이 하라. 두 마음을 품은 자들아, 마음을 성결하게 하라" 약4:7-8

② 다양한 능력행함 은사: 오병이어의 기적, 물이 변하여 포도주가 되는 기적, 풍랑과 바다를 잔잔하게 하는 기적 등

"내가 진실로 진실로 너희에게 이르노니, 나를 믿는 자는 내가 하는 일을 그도 할 것이요, 또한 그보다 큰 일도 하리니, 이는 내가 아버지께로 감이라" 요14:12

③ 전도와 부흥의 역사

"제자들이 나가 두루 전파할새 주께서 함께 역사하사 그 따르는 표적으로 말씀을 확실히 증언하시니라" 막16:20

"룻다와 사론에 사는 사람들이 다 그를 보고 주께로 돌아오니라... 베드로가 손을 내밀어 일으키고 성도들과 과부들을 불러 들여 그가 살아난 것을 보이니 온 욥바 사람이 알고 많은 사람이 주를 믿더라" 행9:35,41-42

5. 은사의 다양성과 일치성

재능과 은사로 일하는 사람, 섬기는 사람은 행복을 느낍니다. 재능은 부모님께 물려받은 것이며, 은사는 하나님 아버지께서 선물로 주신 것입니다.

성령의 은사는 다양한 사람들이 모여 있는 교회의 '하나됨'을 위한 것입니다.

"우리가 유대인이나 헬라인이나 종이나 자유인이나 다 한 성령으

로 세례를 받아 한 몸이 되었고 또 다 한 성령을 마시게 하셨느니라" 고전12:13

"몸 가운데서 분쟁이 없고 오직 여러 지체가 서로 같이 돌보게 하셨느니라" 고전12:25

이는 '교회의 덕'과 '성도의 유익'을 위해 성령님이 주신 선물입니다.

"이는 힘으로 되지 아니하며 능력으로 되지 아니하고 오직 나의 영으로 되느니라. 큰 산아, 네가 무엇이냐? 네가 스룹바벨 앞에서 평지가 되리라" 슥4:6-7

"너희도 영적인 것을 사모하는 자인즉, 교회의 덕을 세우기 위하여 그것이 풍성하기를 구하라" 고전14:12

🌑 성령의 은사恩賜와 기적奇蹟

恩	賜	奇	蹟
은혜 은	줄 사	기이할 기	자취 적

恩	賜	奇	蹟				

38주 마귀魔鬼와 천사天使

영분별

마귀와 천사에 대해 논하기에 앞서, 두 가지 극단적인 태도를 피하는 것이 중요합니다.

- 모든 나쁜 일을 마귀 탓으로 돌리는 것.
- '현대 과학 기술 문명 사회에서 마귀나 귀신이 존재한다고?'
  하면서 마귀를 없는 것으로 대하는 것.

마귀는 분명히 영적 존재이며, 현재도 활동하고 있습니다. 그러나 마귀는 하나님의 허락과 통제 하에 작용합니다. 이러한 점을 기억하면, 우리는 마귀에게 집중하기보다는 오히려 예수 그리스도를 바라보아야 합니다.

"믿음의 주요 또 온전하게 하시는 이인 예수를 바라보자. 그는 그 앞에 있는 기쁨을 위하여 십자가를 참으사 부끄러움을 개의치 아니하시더니 하나님 보좌 우편에 앉으셨느니라" 히12:2

마귀와 천사와 같은 영적 존재는 언제, 어디서 만들어졌는가?

"만물이 그에게서 창조되되 하늘과 땅에서 보이는 것들과 보이지 않는 것들과 혹은 왕권들이나 주권들이나 통치자들이나 권세들이나 만물이 다 그로 말미암고 그를 위하여 창조되었고 골 1:16"

우리는 이러한 존재들이 언제, 어디서 만들어졌는지는 알 수 없지만, 그들이 하나님의 창조물 중 하나라는 것은 분명합니다.

1. 마귀

마귀가 어떤 존재이며 그가 하는 일들을 살펴보겠습니다.

A. 영혼을 도둑질하는 악령

"도둑(사탄)이 오는 것은 도둑질하고 죽이고 멸망시키려는 것뿐이요, 내가 온 것은 양으로 생명을 얻게 하고 더 풍성히 얻게 하려는 것이라" 요10:10

B. 살리는 존재가 아니라 죽이는 살인자입니다.

C. 파괴와 멸망을 초래하는 악령

마귀는 사람들을 세우고 축복하기보다는 파괴하고 멸망시키려 합니다. 그의 다른 이름인 '아바돈'과 '아볼루온'은 모두 '파괴자'를 의미합니다.

D. 공중의 권세자로서 사람들을 하나님께 불순종하게 하는 존재

"그 때에 너희는 그 가운데서 행하여 이 세상 풍조를 따르고 공중의 권세 잡은 자를 따랐으니, 곧 지금 불순종의 아들들 가운데서 역사하는 영이라" 엡2:2

"이 세상의 신이 믿지 아니하는 자들의 마음을 혼미하게 하여 그리스도의 영광의 복음의 광채가 비치지 못하게 함이니" 고후4:4

E. 빛의 천사로 가장하여 우리를 미혹하는 자

" 이것은 이상한 일이 아니니라 사탄도 자기를 광명의 천사로 가장하나니 그러므로 사탄의 일꾼들도 자기를 의의 일꾼으로 가장하는 것이 또한 대단한 일이 아니니라 그들의 마지막은 그 행위대로 되리라" 고후11:14

F. 거짓의 아비

"너희는 너희 아비 마귀에게서 났으니 너희 아비의 욕심대로 너희도 행하고자 하느니라 그는 처음부터 살인한 자요 진리가 그 속에 없으므로 진리에 서지 못하고 거짓을 말할 때마다 제 것으로 말하나니 이는 그가 거짓말쟁이요 거짓의 아비가 되었음이라" 요8:44

G. 참소자

"내가 또 들으니 하늘에 큰 음성이 있어 이르되 이제 우리 하나님의 구원과 능력과 나라와 또 그의 그리스도의 권세가 나타났으니 우리 형제들을 참소하던 자 곧 우리 하나님 앞에서 밤낮 참소하던 자가 쫓겨났고" 계12:10

2. 귀신

'귀신'은 죽은 인간의 영혼이 천국으로 가지 못하고, 구천을 떠돈다는 존재가 아니라, 천사들 가운데 마귀의 유혹에 빠져서 마귀와 함께 하나님께 반역하여 쫓겨난 존재입니다.

"큰 용이 내쫓기니 옛 뱀 곧 마귀라고도 하고 사탄이라고도 하며 온 천하를 꾀는 자라 그가 땅으로 내쫓기니 그의 사자들도 그와 함께 내쫓기니라" 계12:9

그렇다면 우리는 마귀와 귀신을 두려워해야 할까요? 전혀 그럴 필요가 없습니다. 예수님의 능력은 그 어떤 것보다 강력합니다. 또한, 천사장 미가엘은 타락하지 않은 삼분의 이의 천사들과 함께 마귀와 타락한 삼분의 일 천사들을 넉넉히 이겼습니다.

"하늘에 전쟁이 있으니 미가엘과 그의 사자들이 용과 더불어 싸울새, 용과 그의 사자들도 싸우나 이기지 못하여 다시 하늘에서 그들이 있을 곳을 얻지 못한지라" 계12:7-8

3. 천사

이제 예수님을 돕고 섬기며 마귀와 대적하는 천사들에 대해 살펴보겠습니다.

A. 하나님께 영광을 돌리고 예배하는 존재

천사는 하나님께 영광을 돌리고 거룩하신 하나님을 예배하며 섬깁니다.

"...각각 여섯 날개를 가졌고 그 안과 주위에는 눈들이 가득하더라. 그들이 밤낮 쉬지 않고 이르기를 거룩하다 거룩하다 거룩하다 주 하나님 곧 전능하신 이여 전에도 계셨고 이제도 계시고 장차 오실 이시라 하고 그 생물들이 보좌에 앉으사 세세토록 살아 계시는 이에게 영광과 존귀와 감사를 돌릴 때에 " 계4:8-9

B. 구원받은 우리를 돕는 존재

천사는 구원받은 자들을 돕기 위해 섬기는 존재입니다.

"모든 천사들은 섬기는 영으로서 구원 받을 상속자들을 위하여 섬기라고 보내심이 아니냐 히1:14"

예수님께서 시험을 받으실 때, "이에 마귀는 예수를 떠나고 천사들이 나아와서 수종드니라 마 4:11" 하셨듯이, 사도들이 감옥에 갇혔을 때 천사가 와서 옥문을 열어주는 등의 구체적인 도움을 주었습니다.

C. 하나님의 메신저

천사는 하나님의 메시지를 전하는 역할을 합니다.

"능력이 있어 여호와의 말씀을 행하며 그의 말씀의 소리를 듣는 여호와의 천사들이여 여호와를 송축하라 시103:20"

예수님의 수태고지와 계시록의 대부분은 천사가 사도 요한에게 전한 말씀입니다.

D. 하나님의 일을 대행하며 마귀와 싸우는 존재

천사는 하나님의 일을 대행하며 마귀와 싸워 승리합니다.

"하늘에 전쟁이 있으니 미가엘과 그의 사자들이 용과 더불어 싸울새, 용과 그의 사자들도 싸우나 이기지 못하여 다시 하늘에서 그들이 있을 곳을 얻지 못한지라" 계12:7-8

4. 인간과 천사

그러나, 천사도 인간보다 덜 존귀한 존재라는 것을 잊지 마십시오.

A. 성도는 천사보다 우월한 존재

성도는 천사보다 더 우월한 존재입니다. 이는 하나님이 천사를 인간을 섬기라고 창조하셨기 때문입니다. 인간은 복음선포의 권세를 가지고 있어 이 땅에서 한 영혼이라도 더 구원할 수 있는 능력을 부여받았습니다.

B. 성도는 마지막 날에 타락한 천사를 심판할 권세를 받음

성도는 마지막 날에 타락한 천사를 심판할 권세를 부여받았습니다.

"우리가 천사를 판단할 것을 너희가 알지 못하느냐, 그러하거든 하물며 세상 일이랴" 고전6:3

5. 결론

예수 그리스도를 믿는 성도는 예수님의 권세를 통해 모든 귀신을 멸하고 쫓아낼 수 있는 권세를 가지고 있습니다.

"근신하라 깨어라, 너희 대적 마귀가 우는 사자 같이 두루 다니며 삼킬 자를 찾나니. 너희는 믿음을 굳건하게 하여 그를 대적하라. 이는 세상에 있는 너희 형제들도 동일한 고난을 당하는 줄을 앎이라 벧전5:8-9"

따라서 마귀와 귀신을 두려워하지 말고, 예수 그리스도의 이름으로 명하여 내쫓으면 됩니다.

"내가 너희에게 뱀과 전갈을 밟으며 원수의 모든 능력을 제어할 권능을 주었으니, 너희를 해칠 자가 결코 없으리라. 그러나 귀신들이 너희에게 항복하는 것으로 기뻐하지 말고, 너희 이름이 하늘에 기록된 것으로 기뻐하라 하시니라" 눅10:19-20

🏵 마귀魔鬼와 천사天使

魔	鬼	天	使
마귀 마	귀신 귀	하늘 천	부릴 사

魔	鬼	天	使				

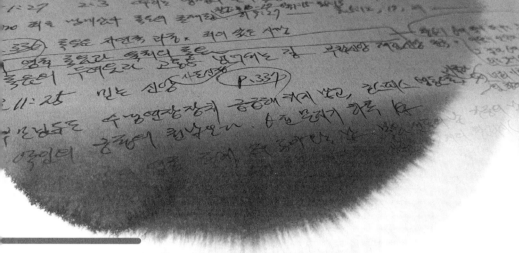

39주 부흥, 구령의 열정, 선교의 열정

부흥(전도傳道와 선교宣敎)

"그가 이르시되 네가 나의 종이 되어 야곱의 지파들을 일으키며 이스라엘 중에 보전된 자를 돌아오게 할 것은 매우 쉬운 일이라 내가 또 너를 이방의 빛으로 삼아 나의 구원을 베풀어서 땅 끝까지 이르게 하리라" 사49:6

"주께서 이르시되 가라 이 사람은 내 이름을 이방인과 임금들과 이스라엘 자손들에게 전하기 위하여 택한 나의 그릇이라" 행9:15

1. 성도는 왜 전도와 선교에 힘써야 할까요?

A. 종말의 때

"이 천국 복음이 모든 민족에게 증언되기 위하여 온 세상에 전파되리니 그제야 끝이 오리라" 마24:14

"이제 때가 찼고 하나님의 나라가 가까웠으니 회개하고 복음을 믿으라" 막1:15

B. 말씀에 따라

"너희는 가서 모든 민족을 제자로 삼아 아버지와 아들과 성령의 이름으로 세례를 베풀고 내가 너희에게 분부한 모든 것을 가르쳐 지키게 하라" 마28:19-20a

C. 성령에 따라

"오직 성령이 너희에게 임하시면 너희가 권능을 받고 예루살렘과 온 유대와 사마리아와 땅 끝까지 이르러 내 증인이 되리라" 행1:8

"주를 섬겨 금식할 때에 성령이 이르시되 내가 불러 시키는 일을 위하여 바나바와 사울을 따로 세우라" 행13:2-4

2. 어떻게 선교할까요?

A. 성도 각자가 / 연합하여 교회적으로

모라비안 교도들은 성도들이 늘어나면 10명 중 1명을 제비뽑아 선교지로 파송하였습니다.

"그 후에 주께서 따로 칠십 인을 세우사 친히 가시려는 각 동네와 각 지역으로 둘씩 앞서 보내시며" 눅10:1-2

"예수께서 열두 제자를 불러 모으사 모든 귀신을 제어하며 병을 고치는 능력과 권위를 주시고 하나님의 나라를 전파하며 앓는 자를 고치게 하려고 내보내시며" 눅9:1-2

B. 기도로

"여자들과 예수의 어머니 마리아와 예수의 아우들과 더불어 마음을 같이하여 오로지 기도에 힘쓰더라" 행1:14

"그들이 사도의 가르침을 받아 서로 교제하고 떡을 떼며 오로지 기도하기를 힘쓰니라" 행2:42

"주여 이제도 그들의 위협함을 굽어보시옵고 또 종들로 하여금 담대히 하나님의 말씀을 전하게 하여 주시오며 손을 내밀어 병

을 낮게 하시옵고 표적과 기사가 거룩한 종 예수의 이름으로 이루어지게 하옵소서" 행4:29-30

"너희가 기도할 때마다, 기도의 집으로 오게 하여 나를 찾으라" 렘33:3

"구하라 그러면 너희에게 주실 것이요, 찾으라 그러면 찾아낼 것이요, 문을 두드리라 그러면 너희에게 열릴 것이니" 마7:7

C. 전도자로, 선교사로 소원하므로

"너희 안에서 행하시는 이는 하나님이시니 자기의 기쁘신 뜻을 위하여 너희에게 소원을 두고 행하게 하시나니" 빌2:13

D. 물질로

데메드리오의 후원이 요한공동체의 선교를 가능하게 했습니다. 안디옥교회와 빌립보교회의 후원이 바울과 바나바의 선교를 가능하게 했습니다.

"내게는 모든 것이 있고 또 풍부하니라 에바브로디도 편에 너희가 준 것을 받으므로 내가 풍족하니 이는 받으실 만한 향기로운 제물이요 하나님을 기쁘시게 한 것이라 나의 하나님이 그리스도 예수 안에서 영광 가운데 그 풍성한 대로 너희 모든 쓸 것을 채우시리라" 빌4:18-19

우리도 나와 자녀와 후손을 위하여 선교헌금을 정기적으로 드려서 선교사님들의 사역에 동참함을 감사하고 더욱 힘씁시다.

3. 하나님은 선교에 힘쓰는 자들을 이렇게 축복하십니다.

A. 구원의 확신을 줍니다

예수님과 복음에 의심 반, 믿음 반인 사람들에게 구원의 확신을 줍니다. 마28:17-18

B. 하늘과 땅의 권세와 능력을 주시고, 영원히 동행하십니다

"예수께서 나에게 권세를 주셨으니 하늘과 땅의 모든 권세를 내게 주셨으니 너희는 가서 모든 민족을 제자로 삼아 아버지와 아들과 성령의 이름으로 세례를 베풀고" 마28:19-20

"베드로가 이르되 은과 금은 내게 없거니와 내게 있는 이것을 네게 주노니 나사렛 예수 그리스도의 이름으로 일어나 걸으라" 행3:6

C. 부흥이 폭발합니다

성령세례는 성령이 개개인에게 임한 것이며, 부흥은 성령세례가 교회 전체에 동시다발적으로 임하는 것입니다.

"날마다 마음을 같이하여 성전에 모이기를 힘쓰고 집에서 떡을 떼며 기쁨과 순전한 마음으로 음식을 먹고 하나님을 찬미하며 또 온 백성에게 칭송을 받으니 주께서 구원받는 사람을 날마다 더하게 하시니라" 행2:46-47

D. 지역사회가 성시화됩니다

술, 도박, 마약, 음란, 쇼핑, 인터넷 중독자들이 동시다발적으로 회개하여 교회로 몰려옵니다.

"그들은 오래 황폐하였던 곳을 다시 쌓을 것이며 옛부터 무너진 곳을 다시 일으킬 것이며 황폐한 성읍 곧 대대로 무너져 있던 것들을 중수할 것이며" 사61:4-5

"하나님의 말씀이 점점 왕성하여 예루살렘에 있는 제자의 수가 더 심히 많아지고 허다한 제사장의 무리도 이 도에 복종하니라" 행6:7

"그리하여 온 유대와 갈릴리와 사마리아 교회가 평안하여 든든히 서 가고 주를 경외함과 성령의 위로로 진행하여 수가 더 많아지니라" 행9:31

"이에 여러 교회가 믿음이 더 굳건해지고 수가 날마다 늘어가 니라" 행16:5

"이와 같이 주의 말씀이 힘이 있어 흥왕하여 세력을 얻으니라" 행19:20

✤ 전도傳道와 선교宣教

傳	道	宣	敎
전할 전	길 도	베풀 선	가르칠 교

傳	道	宣	敎				

神學信

VIII

교회 – 세상을 위한 교회

한문공부와 함께하는 **52주 신학과 신앙** 이야기

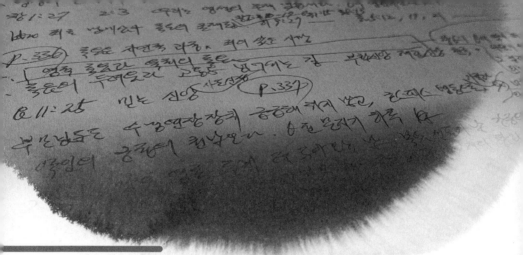

40주 왜 교회敎會인가?

성전聖殿과 교회敎會

마태복음 18장은 '교회란 무엇인가?', 곧 교회의 본질과 사명을 다루는 유명한 장입니다. 로마서의 아래 구절에서도 천국의 분점, 곧 지상의 천국인 교회의 모습을 볼 수 있습니다.

"하나님의 나라는 오직 성령 안에 있는 의와 평강과 희락이라 이로써 그리스도를 섬기는 자는 하나님을 기쁘시게 하며 사람에게도 칭찬을 받느니라 그러므로 우리가 화평의 일과 서로 덕을 세우는 일을 힘쓰나니"롬14:17-19

1. 교회의 본질

거룩하신 하나님은 죄인을 거룩하게 하십니다. 인간의 시간과 공간을 거룩하게 하십니다. 안식일은 시간의 성소요, 교회는 공간의 성소입니다. 교회는 세상에서 가장 거룩한 곳입니다.

A. 교회는 거룩하신 하나님이 거하시는 곳입니다.

"이는 내가 이미 이 성전을 택하고 거룩하게 하여 내 이름을 여기에 영원히 있게 하였음이라 내 눈과 내 마음이 항상 여기에 있

으리라" 대하7:16

"이는 우리가 그리스도 안에서 전부터 바라던 그의 영광의 찬송이 되게 하려 하심이라" 엡1:12

B. 교회는 예수님이 피값을 치르고 세우신 것입니다.

"여러분은 자기를 위하여 또는 온 양 떼를 위하여 삼가라 성령이 그들 가운데 여러분을 감독자로 삼고 하나님이 자기 피로 사신 교회를 보살피게 하셨느니라" 행20:28

순교자의 피 위에 교회가 세워졌습니다.

C. 교회는 죄인이 하나님의 자녀되어 구원의 하나님께 예배하는 곳입니다.

"아버지께 참되게 예배하는 자들은 영과 진리로 예배할 때가 오나니 곧 이 때라 아버지께서는 자기에게 이렇게 예배하는 자들을 찾으시느니라 하나님은 영이시니 예배하는 자가 영과 진리로 예배할지니라" 요4:23-24

"내가 하나님의 열심으로 너희를 위하여 열심을 내노니 내가 너희를 정결한 처녀로 한 남편인 그리스도께 드리려고 중매함이로다" 고후11:2

2. 거룩한 공간으로서의 교회는 어떠한 곳입니까?

A. 교회는 보이지 않는 하나님, 예수님, 성령님을 보여주는 예수 그리스도의 몸입니다

"그는 몸인 교회의 머리시라 그가 근본이시요 죽은 자들 가운데서 먼저 나신 이시니 이는 친히 만물의 으뜸이 되려 하심이요" 골1:18

"너희는 그리스도의 몸이요 지체의 각 부분이라" 고전12:27

B. 교회는 영혼의 목욕탕입니다

① 죄와 저주를 씻어내는 곳입니다

"내 이름으로 일컫는 내 백성이 그들의 악한 길에서 떠나 스스로 낮추고 기도하여 내 얼굴을 찾으면 내가 하늘에서 듣고 그들의 죄를 사하고 그들의 땅을 고칠지라" 대하7:14

"베드로가 이르되 너희가 회개하여 각각 예수 그리스도의 이름으로 세례를 받고 죄 사함을 받으라 그리하면 성령의 선물을 받으리니" 행2:38

② 옛사람을 벗어버리고 새사람을 입는 곳입니다

"너희는 유혹의 욕심을 따라 썩어져 가는 구습을 따르는 옛 사람을 벗어 버리고 오직 너희의 심령이 새롭게 되어 하나님을 따라 의와 진리의 거룩함으로 지으심을 받은 새 사람을 입으라" 엡4:22-24

"그런즉 누구든지 그리스도 안에 있으면 새로운 피조물이라 이전 것은 지나갔으니 보라 새 것이 되었도다" 고후5:17

C. 교회는 예수님의 제자를 양육하는 훈련소입니다

"이에 열둘을 세우셨으니 이는 자기와 함께 있게 하시고 또 보내사 전도도 하며 귀신을 내쫓는 권능도 가지게 하려 하심이러라" 막3:14-15

"보혜사 곧 아버지께서 내 이름으로 보내실 성령 그가 너희에게 모든 것을 가르치고 내가 너희에게 말한 모든 것을 생각나게 하리라" 요14:26

D. 교회는 불신자와 타 종교인을 구원하여 하나님의 자녀를 만드는 구조선입니다

"내가 달려갈 길과 주 예수께 받은 사명 곧 하나님의 은혜의 복음을 증언하는 일을 마치려 함에는 나의 생명조차 조금도 귀한 것으로 여기지 아니하노라" 행20:24

"그러므로 너희는 가서 모든 민족을 제자로 삼아 아버지와 아들

과 성령의 이름으로 세례를 베풀고" 마28:19

E. 교회는 세상의 모든 문제를 하나님의 권능으로 치유하는 병원이요 상담소입니다

"예수께서 그의 열두 제자를 부르사 더러운 귀신을 쫓아내며 모든 병과 모든 약한 것을 고치는 권능을 주시니라" 마10:1

"예수께서 모든 도시와 마을에 두루 다니사 그들의 회당에서 가르치시며 천국 복음을 전파하시며 모든 병과 모든 약한 것을 고치시니라" 마9:35

교회는 세상의 문제를 하나님의 권능으로 치유하는 병원과 상담소

F. 교회는 '왕중의 왕, 신중의 신' 예수님과 결혼하는 결혼식장입니다

"내가 하나님의 열심으로 너희를 위하여 열심을 내노니 내가 너희를 정결한 처녀로 한 남편인 그리스도께 드리려고 중매함이로다" 고후11:2

"우리가 즐거워하고 크게 기뻐하며 그에게 영광을 돌리세 어린 양의 혼인 기약이 이르렀고 그의 아내가 자신을 준비하였으므로 그에게 빛나고 깨끗한 세마포 옷을 입도록 허락하셨으니 이 세마포 옷은 성도들의 옳은 행실이로다 하더라 천사가 내게 말하기를 기록하라 어린 양의 혼인 잔치에 청함을 받은 자들은 복이 있도다" 계19:7-9

G. 교회는 죽어서 가는 천국을 살아서 체험하게 하는 행복충전소, 지상의 천국입니다

"교회는 그의 몸이니 만물 안에서 만물을 충만하게 하시는 이의 충만함이니라" 엡1:23

"하나님의 나라는 먹는 것과 마시는 것이 아니요 오직 성령 안에

있는 의와 평강과 희락이라" 롬14:17

"믿는 사람이 다 함께 있어 모든 물건을 서로 통용하고 또 재산과 소유를 팔아 각 사람의 필요를 따라 나눠 주며 날마다 마음을 같이하여 성전에 모이기를 힘쓰고 집에서 떡을 떼며 기쁨과 순전한 마음으로 음식을 먹고 하나님을 찬미하며 또 온 백성에게 칭송을 받으니 주께서 구원 받는 사람을 날마다 더하게 하시니라" 행2:44-47

🌐 성전聖殿과 교회敎會

聖	殿	敎	會
성인 성	전각 전	가르칠 교	모일 회

聖	殿	敎	會				

41주 리더십과 팔로우십

줄탁동시啐啄同時

줄탁동시啐啄同時: 병아리와 어미닭이 알의 안과 밖에서 부리를 모아 동시에 껍질을 깨는 것

교회는 지상의 하나님 나라입니다. 롬14:17 그런데 '의'와 '평강'과 '희락' 대신에 의외로 분열과 갈등을 겪는 교회가 많습니다. 어떻게 하면 의와 평강과 희락의 교회를 회복할 수 있을까요? 그것은 좋은 리더가 나쁜 팔로워를 좋은 팔로워로 만들고, 또한 좋은 팔로워가 나쁜 리더를 좋은 리더로 만들면 됩니다.

1. 리더십Leadership

A. 리더와 보스의 차이

보 스	리 더
뒤에서 몰고 간다.	앞에서 이끌고 간다.
권위에 의존한다.	선의善意에 의존한다.
회초리를 필요로 한다.	회초리를 필요로 하지 않는다.
'나'라고 말한다.	'우리'라고 말한다.
'가라'고 명령한다.	'가자'라고 권한다.
등 뒤에서 일한다.	공개적으로 즐겁게 일한다.
공을 가로챈다.	남의 잘못도 도맡는다.
남을 믿지 않는다.	남을 믿는다.
겁을 준다.	희망과 신념을 심어 준다.
복종을 요구한다.	존경을 모은다.
자기의 약점에 의해 권위를 유지한다.	자기의 약점에도 불구하고 권위를 얻는다.
자기의 약점을 숨긴다. 권위를 잃을까 두렵기 때문이다.	자기의 약점을 숨기지 않는다.
권력을 쌓는다.	권위를 쌓는다.
타협을 모르고 대화를 거부한다.	타협을 잘하고 대화를 즐긴다.
듣기 좋은 말만을 듣는 귀 하나만 가지고 있다.	듣는 귀가 여러 개 있다.
누가 잘못하고 있는지를 지적한다.	무엇이 잘못되어 있는가를 알려준다.
자기 말도 무시한다.	자기 말에 책임을 진다.
부하만을 만든다.	지지자를 만든다.
후계자에게 무거운 짐을 떠넘긴다.	후계자의 짐을 덜어준다.

※자료: 양참삼, 인간관계와 갈등관리, 경문사, 1997. p.420

B. 좋은 리더의 조건

① 꿈 Vision: 공동체에게 꿈을 주는 비전 메이커 Vision maker 가 되어야 합니다.

② 꾀 Wisdom: 꿈을 실현할 수 있도록 탁월한 지혜가 있어야 합니다.

③ 끼 Talent: 실제로 꿈을 이루기 위한 탁월한 능력이 있어야 합니다.

④ 깡 Patience: 꿈을 달성하기 위한 과정에서 어려움이나 장애물이 있어도 포기하지 않고 끈기 있게 노력해야 합니다.

⑤ 끈 Network: 팔로워의 연대성을 이루어야 할 뿐만 아니라 팔로워의 뒤에 있는 개개인의 팔로워의 인간관계망(가족, 친구, 선후배, 선생님 등)을 연결시켜 비전을 이루는데 집중시켜야 합니다.

⑥ 꼴 Good Look: 기왕이면 다홍치마라고, 자신의 얼굴과 외모가 좋은 지도자라는 인상을 주도록 노력해야 합니다. 옷도 품위 있는 것을 입어야 합니다.

C. 성경의 좋은 리더

성경에서는 좋은 리더를 시편 23편의 '선한 목자'로 표현되어 있습니다.

"여호와는 나의 목자시니 시23:1-3"

좋은 리더는 팔로워 위에 군림하는 사람이 아니라 섬기며, 생명까지 바칠 수 있는 선한 목자입니다.

"나는 선한 목자라 선한 목자는 양들을 위하여 목숨을 버리거니와 요10:11-12"

2. 팔로우십Followship

성경은 리더십을 따로 가르치지 않고, 팔로우십을 가르칩니다. 예수님께서는 우리에게 "나를 따라 오너라"고 하셨습니다. 하나님은 리더가 떠날 때 좋은 팔로워를 좋은 리더로 세우십니다. 모세의 팔로워 여호수아가 때가 되어서 좋은 리더가 되었고 신34:9, 엘리야의 팔로워 엘리사가 때가 되어서 좋은 리더가 되었습니다 벧전5:5,6.

하나님께서 모세를 이어 여호수아를 세울 때, 여호수아의 동료였던 갈렙은 내심 불만이 있었을지 모릅니다. 그럼에도 불구하고, 여호수아가 리더로 세워지자 갈렙은 가장 먼저 충성스러운 팔로워가 되었습니다. 하나님께서는 갈렙의 충실한 팔로우십을 보시고, 그 결과로 그의 유다 지파에서 이스라엘의 뛰어난 리더들이 나오게 하셨습니다.

"겸손과 여호와를 경외함의 보상은 재물과 영광과 생명이니라" 잠22:4

3. 펠로우Fellow

펠로우는 공동의 목표와 관심사를 공유하는 동료, 친구 또는 동료 직원을 의미합니다. 훌륭한 펠로우는 다른 훌륭한 펠로우를 끌어들입니다. 다니엘과 그의 세 친구를 예로 들 수 있습니다.

"왕이 또 다니엘의 요구대로 사드락과 메삭과 아벳느고를 바벨론 지방의 일을 다스리게 하였고, 다니엘은 왕궁에 있었더라" 단 2:49"

예수님의 제자 빌립은 그의 친구 나다나엘을 좋은 펠로우로 초대하였고, 함께 예수님의 좋은 팔로우가 되었습니다.

"빌립이 나다나엘을 찾아 이르되 모세가 율법에 기록하였고 여러 선지자가 기록한 그이를 우리가 만났으니 요셉의 아들 나사렛 예수니라 나다나엘이 이르되 나사렛에서 무슨 선한 것이 날 수 있느냐 빌립이 이르되 와서 보라 하니라" 요1:45-46

"예수(리더)께서 무리를 보시고 산에 올라가 앉으시니 제자들(팔로워)이 나아온지라 / 예수께서 이 말씀을 마치시매 무리들(펠로우)이 그의 가르침에 놀라니라" 마5:1/7:28,29

● 줄탁동시 啐啄同時

병아리와 어미닭이 알의 안과 밖에서
부리를 모아 동시에 껍질을 깨는 것

啐	啄	同	時
빠는 소리 줄	쫄 탁	한가지 동	때 시

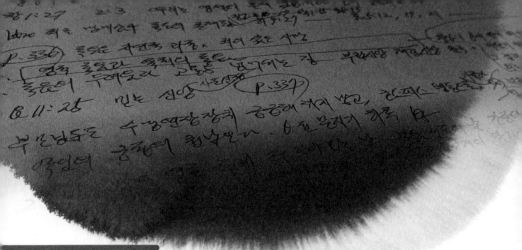

42주 지상의 교회 / 천상의 교회
地上 / 天上의 敎會

"또 내가 네게 이르노니 너는 베드로라 내가 이 반석 위에 내 교회를 세우리니 음부의 권세가 이기지 못하리라 내가 천국 열쇠를 네게 주리니 네가 땅에서 무엇이든지 매면 하늘에서도 매일 것이요 네가 땅에서 무엇이든지 풀면 하늘에서도 풀리리라 하시고"
마16:18-19

"여러분은 자기를 위하여 또는 온 양 떼를 위하여 삼가라 성령이 그들 가운데 여러분을 감독자로 삼고 하나님이 자기 피로 사신 교회를 보살피게 하셨느니라"

세상의 눈으로 볼 때, 지상의 교회가 불완전해 보일지라도 하나님은 '자기의 피'로 사신 교회를 통해 하나님의 구원을 이루어 가십니다. 우리의 부모님이 불완전해 보여도, 생명을 주신 유일한 부모님이신 것처럼, "혹 네가 하나님의 인자하심이 너를 인도하여 회개하게 하심을 알지 못하여 그의 인자하심과 용납하심과 길이 참으심이 풍성함을 멸시하느냐 롬2:4" 이 말씀을 기억하며, 성도는 온전한 교회를 이루기 위해 최선을 다해야 합니다.

세상 사람들도 "나를 존중히 여기는 자를 내가 존중히 여기고 나를 멸시하는 자를 내가 경멸하리라 삼상2:30b" 말씀을 기억하여 어떠한 경우에도 하나님과 교회를 존중히 여겨야 할 것입니다. 왜냐하면 교회만이 하나님께서 태초부터 종말까지 붙잡고 있는 유일하고 거룩한 공간이자 공동체이기 때문입니다.

1. 종말의 성령님과 교회의 소망

종말의 성령님은 우리의 영적 소경의 눈을 열어, 교회의 소망을 보게 하십니다.

"네가 본 것은 내 오른손의 일곱 별의 비밀과 또 일곱 금 촛대라 일곱 별은 일곱 교회의 사자요 일곱 촛대는 일곱 교회니라" 계1:20

"에베소 교회의 사자에게 편지하라 오른손에 있는 일곱 별을 붙잡고 일곱 금 촛대 사이를 거니시는 이가 이르시되" 계2:1

인간을 비롯한 온천하 만물이 교회로 말미암아 삶의 의미, 만족, 축복을 공급받기 때문입니다.

"또 만물을 그의 발 아래에 복종하게 하시고 그를 만물 위에 교회의 머리로 삼으셨느니라 교회는 그의 몸이니 만물 안에서 만물을 충만하게 하시는 이의 충만함이니라" 엡1:22-23

"여호와께서 시온에서 네게 복을 주실지어다 너는 평생에 예루살렘의 번영을 보며" 시128:5

2. 지상 교회의 현 상태

지상의 교회는 하나님의 눈에 불완전하게 보입니다. 그러므로 교회와 성도가 가장 먼저 해야 할 일은 '철저한 회개'와 '하나님을 기쁘시게 하는 것'입니다.

"무릇 내가 사랑하는 자를 책망하여 징계하노니 그러므로 네가

열심을 내라 회개하라" 계3:19

"그러나 너를 책망할 것이 있나니 너의 처음 사랑을 버렸느니라 그러므로 어디서 떨어졌는지를 생각하고 회개하여 처음 행위를 가지라 만일 그리하지 아니하고 회개하지 아니하면 내가 네게 가서 네 촛대를 그 자리에서 옮기리라" 계2:4-5

A. 교회 인의 빌람, 이세벨, 니골라 당 등

물질숭배, 권력숭배, 음란, 당짓는 것, 우상숭배 등.

"네게 두어 가지 책망할 것이 있나니 거기 네게 발람의 교훈을 지키는 자들이 있도다... 이와 같이 네게도 니골라 당의 교훈을 지키는 자들이 있도다" 계2:14-15

"그러나 네게 책망할 일이 있노라 자칭 선지자라 하는 여자 이세벨을 네가 용납함이니 그가 내 종들을 가르쳐 꾀어 행음하게 하고 우상의 제물을 먹게 하는도다 또 내가 그에게 회개할 기회를 주었으되 자기의 음행을 회개하고자 하지 아니하는도다" 계2:20,21

B. 타협하는 신앙

"네가 이같이 미지근하여 뜨겁지도 아니하고 차지도 아니하니 내 입에서 너를 토하여 버리리라" 계3:16

C. 형식적인 신앙

성령 충만, 말씀 충만이 없는 신앙, 영적 소경의 신앙.

"네가 말하기를 나는 부자라 부요하여 부족한 것이 없다 하나 네 곤고한 것과 가련한 것과 가난한 것과 눈 먼 것과 벌거벗은 것을 알지 못하는도다 내가 너를 권하노니 내게서 불로 연단한 금을 사서 부요하게 하고 흰 옷을 사서 입어 벌거벗은 수치를 보이지 않게 하고 안약을 사서 눈에 발라 보게 하라" 계3:17-18

D. 구체적인 회개 방법

"베드로가 이르되 너희가 회개하여 각각 예수 그리스도의 이름으로 세례를 받고 죄 사함을 받으라 그리하면 성령의 선물을 받으리니" 행2:38

"또 내가 들으니 하늘로부터 다른 음성이 나서 이르되 내 백성아, 거기서 나와 그의 죄에 참여하지 말고 그가 받을 재앙들을 받지 말라" 계18:4

3. 성령님이 보이시는 천상의 교회

성령님은 우리에게 완전한 천상교회와 예배를 보이십니다.

"내가 곧 성령에 감동되었더니 보라 하늘에 보좌를 베풀었고 그 보좌 위에 앉으신 이가 있는데" 계4:2

성령님은 영광스러운 새 하늘과 새 땅, 새 예루살렘의 성도를 보게 하십니다.

"성령으로 나를 데리고 크고 높은 산으로 올라가 하나님께로부터 하늘에서 내려오는 거룩한 성 예루살렘을 보이니" 계21:10

A. 천상교회의 찬송

천상교회는 거룩한 찬송이 가득한 교회입니다.

"네 생물은 각각 여섯 날개를 가졌고 그 안과 주위에는 눈들이 가득하더라 그들이 밤낮 쉬지 않고 이르기를 거룩하다 거룩하다 거룩하다 주 하나님 곧 전능하신 이여 전에도 계셨고 이제도 계시고 장차 오실 이시라 하고" 계4:8

B. 기도의 응답

말씀으로 기도하는 교회는 응답받는 교회입니다.

"그 두루마리를 취하시매 네 생물과 이십사 장로들이 그 어린 양 앞에 엎드려 각각 거문고와 향이 가득한 금 대접을 가졌으니 이 향은 성도의 기도들이라" 계5:8

C. 최상의 경배

천상교회는 최상의 것으로 하나님께 경배합니다.

"이십사 장로들이 보좌에 앉으신 이 앞에 엎드려 세세토록 살아 계시는 이에게 경배하고 자기의 관을 보좌 앞에 드리며 이르되" 계4:10

4. 지상 교회의 회복과 상급

지상의 교회는 천상의 완전한 교회를 보면서 회개할 것은 회개하고, 말씀과 성령에 따라 전진하며, 이기는 자에게 주어지는 하나님의 7가지 상급을 이 땅에서 믿음으로 선취합시다.

"믿음이 없이는 하나님을 기쁘시게 하지 못하나니 하나님께 나아가는 자는 반드시 그가 계신 것과 또한 그가 자기를 찾는 자들에게 상 주시는 이심을 믿어야 할지니라" 히11:6

▲ ▼ ▲

계시록 2장과 3장에서 이기는 자에게 주어지는 상급의 말씀들:

"귀 있는 자는 성령이 교회들에게 하시는 말씀을 들을지어다 이기는 그에게는 내가 하나님의 낙원에 있는 생명나무의 열매를 주어 먹게 하리라" 계2:7

"이기는 자는 둘째 사망의 해를 받지 아니하리라" 계2:11

"이기는 그에게는 내가 감추었던 만나를 주고 또 흰 돌을 줄 터인데 그 돌 위에 새 이름을 기록한 것이 있나니 받는 자 밖에는 그 이름을 알 사람이 없느니라" 계2:17

"이기는 자와 끝까지 내 일을 지키는 그에게 만국을 다스리는 권세를 주리니 그가 철장을 가지고 그들을 다스려 질그릇 깨뜨리는 것과 같이 하리라 나도 내 아버지께 받은 것이 그러하니라 내가 또 그에게 새벽 별을 주리라" 계2:26-28

"이기는 자는 이와 같이 흰 옷을 입을 것이요 내가 그 이름을 생명책에서 결코 지우지 아니하고 그 이름을 내 아버지 앞과 그의 천사들 앞에서 시인하리라" 계3:5

"이기는 자는 내 하나님 성전에 기둥이 되게 하리니 그가 결코 다시 나가지 아니하리라 내가 하나님의 이름과 하나님의 성 곧 하늘에서 내 하나님께로부터 내려오는 새 예루살렘의 이름과 나의 새 이름을 그이 위에 기록하리라" 계3:12

"이기는 그에게는 내가 내 보좌에 함께 앉게 하여 주기를 내가 이기고 아버지 보좌에 함께 앉은 것과 같이 하리라" 계3:21

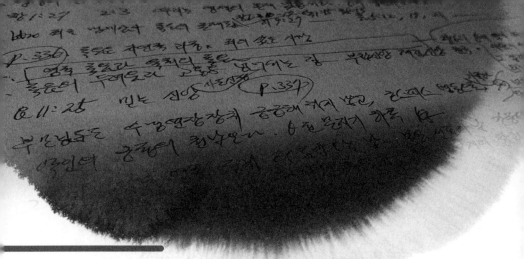

43주 세례洗禮와 성찬聖餐

세례와 성찬은 기독교의 대표적인 성례전입니다. AI 기술이 교회에까지 영향을 미치는 시대가 되었지만, 세례와 성찬은 여전히 목회자가 교회에서 성도들에게 제공할 수 있는 고유하고 거룩한 예전입니다.

(기독교대한성결교회 신앙고백서 및 교리문답서의 문답151)
문151. 성례전의 효과는 어디에서 옵니까?

답: 성례전의 효과는 성례를 성례되게 하시는 하나님으로부터 옵니다. 그것을 집행하는 자의 경건이나 의도에 의지하지 않습니다. 성례가 거행될 때 기계적으로 스스로 효과가 나타나는 것도 아닙니다. 성례전의 효과는 성례의 역사와 하나님의 말씀이 성도의 믿음과 결합할 때 나타납니다.

1. 세 례

(기독교대한성결교회 신앙고백서 및 교리문답서의 문답152)

문152. 세례의 성례전적 의미는 무엇입니까?

답: 세례는 교인이 회개하여 그리스도의 이름으로 죄 사함을 받아 중생함으로 말미암아 교회에 속함을 표하는 입교예식으로서 그리스도께서 제정하신 성례입니다. 또한 세례는 하나님의 은총의 수단으로서 세례를 통해 죄에 대해 죽고, 새 생명으로 삶에 대한 확증을 얻게 됩니다.

(기독교대한성결교회 신앙고백서 및 교리문답서의 문답154)

문154. 성례전으로서 물세례는 무엇의 표지입니까?

답: 세례는 새 언약의 표지입니다. 세례는 예수 그리스도로 말미암아 죄를 씻을 뿐만 아니라 행22:16, 그의 죽음과 부활에 동참하는 것이고 롬6:3-5/골2:12, 회심과 용서받음과 깨끗하게 되는 것이고 히10:22/벧전3:21/행22:16, 성령의 선물을 받는 것이고 행2:38/10:44-48/19:5-6, 그리스도의 몸에 편입되고 엡4:4-6, 하나님의 나라에 들어가는 표지입니다.

A. 세례는 기독교의 입문의례입니다.

모든 종교나 결사단체는 입문의례가 비밀의례로 이루어지는 경우가 많습니다. 그러나 기독교는 세례를 받을 때 신자와 불신자를 구별 없이 공개적으로 드러나는 공개의례입니다. 예수를 믿는 사람으로 드러나면 순교를 당하던 시대에도 강이나 호수, 우물가 등 사람들이 많이 모이는 곳에서 생명을 걸고 공개적으로 세례를 받았습니다.

"누구든지 사람 앞에서 나를 시인하면 나도 하늘에 계신 내 아버지 앞에서 그를 시인할 것이요 누구든지 사람 앞에서 나를 부인하면 나도 하늘에 계신 내 아버지 앞에서 그를 부인하리라" 마10:32-33

B. 세례의 시기

① 유아세례: 유대교의 8일 만에 받는 할례를 따른 것으로, 오직 하나님의 은혜로 유아세례를 받아 하나님의 사람이 되는 것을 나타냅니다.

② 성년세례: 오직 하나님의 은혜에 대하여 세례를 받는 사람이 믿음으로 화답하는 전통을 따릅니다.

> "네가 만일 네 입으로 예수를 주로 시인하며 또 하나님께서 그를 죽은 자 가운데서 살리신 것을 네 마음에 믿으면 구원을 받으리라 사람이 마음으로 믿어 의에 이르고 입으로 시인하여 구원에 이르느니라" 롬10:9,10

C. 세례의 형식

① 침례: 원래의 세례 전통으로, 물 속으로 들어가서 죄에 대해 죽고, 물에서 나오므로 의에 대해 주와 함께 부활하는 것입니다.

② 세례: 침례의 전통을 존중히 여기며, 십자군 전쟁 때 군인들이 침례를 받은 후, 양의 피를 제단에 뿌린 전통을 따라 물을 3번 뿌리는 오늘날의 약식 세례로 전승되었습니다.

D. 세례의 종류

① 물세례

> "예수께서 대답하시되 진실로 진실로 네게 이르노니 사람이 물과 성령으로 나지 아니하면 하나님의 나라에 들어갈 수 없느니라" 요3:5

② 불세례

> "마치 불의 혀처럼 갈라지는 것들이 그들에게 보여 각 사람 위에 하나씩 임하여 있더니 / 하나님이 말씀하시기를 말세에 내가 내 영을 모든 육체에 부어 주리니 너희의 자녀들은 예언할 것이요 너희의 젊은이들은 환상을 보고 너희의 늙은이들은 꿈

을 꾸리라 그 때에 내가 내 영을 내 남종과 여종들에게 부어 주리니 그들이 예언할 것이요" 행2:3/17-18

③ 피세례: 스데반처럼 복음을 전하다가 순교를 당하는 것을 의미합니다.

"스데반이 성령 충만하여 하늘을 우러러 주목하여 하나님의 영광과 및 예수께서 하나님 우편에 서신 것을 보고... 그들이 돌로 스데반을 치니 스데반이 부르짖어 이르되 주 예수여 내 영혼을 받으시옵소서 하고" 행7:55,59

2. 성 찬

(기독교대한성결교회 신앙고백서 및 교리문답서의 문답155)

문155. 성찬의 성례전적 의미는 무엇입니까?

답: 성찬은 우리의 속죄제물 되신 예수 그리스도의 살과 피, 곧 예수 그리스도의 희생을 기념하고 우리의 구원을 감사하고, 경축하기 위하여 떡과 포도주를 받는 예식으로서, 그리스도께서 제정하신 성례입니다. 마26:26-30 그리스도는 친히 성찬을 거행하셨을 뿐만 아니라, 제자들에게 성찬을 명령하셨습니다. 눅22:19/고전11:23-26. 교회는 예수 그리스도의 모범과 명령에 따라 성찬을 거행해 왔습니다.

A. 성찬의 목적

① 교회의 하나됨을 기억: 교회의 머리이신 예수 그리스도를 모시고, 그리스도의 몸인 성도들이 교회의 하나됨을 기억하는 것입니다.

"몸은 하나인데 많은 지체가 있고 몸의 지체가 많으나 한 몸임과 같이 그리스도도 그러하니라 우리가 유대인이나 헬라인이나 종이나 자유인이나 다 한 성령으로 세례를 받아 한 몸이 되

었고 또 다 한 성령을 마시게 하셨느니라" 고전12:12-13

② 예수님의 대속의 죽으심을 기념: 예수님의 대속의 죽음을 기념하며 죄사함의 확신을 얻는 것입니다.

"또 잔을 가지사 감사 기도 하시고 그들에게 주시니 다 이를 마시매 이르시되 이것은 많은 사람을 위하여 흘리는 나의 피 곧 언약의 피니라" 막14:23-24

③ 영생의 확신: 예수님의 살과 피를 먹고 마시는 자에게 영생을 약속하는 것입니다.

"예수께서 이르시되 내가 진실로 진실로 너희에게 이르노니 인자의 살을 먹지 아니하고 인자의 피를 마시지 아니하면 너희 속에 생명이 없느니라 내 살을 먹고 내 피를 마시는 자는 영생을 가졌고 마지막 날에 내가 그를 다시 살리리니 내 살은 참된 양식이요 내 피는 참된 음료로다" 요6:53-55

④ 예수님과의 교통과 성도의 교제: 성찬을 통해 예수님과의 교통과 성도들 간의 교제를 이루는 것입니다.

"우리가 축복하는 바 축복의 잔은 그리스도의 피에 참여함이 아니며 우리가 떼는 떡은 그리스도의 몸에 참여함이 아니냐 떡이 하나요 많은 우리가 한 몸이니 이는 우리가 다 한 떡에 참여함이라" 고전10:16-17

⑤ 재림의 기대와 재헌신: 재림의 기대 속에서 십자가와 부활의 복음을 전하겠다는 재헌신을 다짐하는 것입니다. 성찬은 역사를 기억하고 싸우는 투쟁의 상징입니다.

"성만찬을 행하여 나를 기념하라" 하셨으며, "너희가 이 떡을 먹으며 이 잔을 마실 때마다 주의 죽으심을 그가 오실 때까지 전하는 것이니라" 고전11:26

B. 성찬식에 참여하는 우리의 태도와 삶의 지향

① 섬김의 자세: 성공이 아니라 섬김을 추구하는 자세를 가집니다.

"인자가 온 것은 섬김을 받으려 함이 아니라 도리어 섬기려 하고 자기 목숨을 많은 사람의 대속물로 주려 함이니라" 막10:45

② 합당한 참여: 성찬에 합당하게 참여하며, 자신을 살피고 성찬의 의미를 분별하는 삶을 살아야 합니다.

"그러므로 누구든지 주의 떡이나 잔을 합당하지 않게 먹고 마시는 자는 주의 몸과 피에 대하여 죄를 짓는 것이니라 사람이 자기를 살피고 그 후에야 이 떡을 먹고 이 잔을 마실지니 주의 몸을 분별하지 못하고 먹고 마시는 자는 자기의 죄를 먹고 마시는 것이니라" 고전11:27-29

🏵 세례洗禮와 성찬聖餐

洗	禮	聖	餐
씻을 세	예도 례(예)	거룩할 성	밥 찬

洗 禮 聖 餐

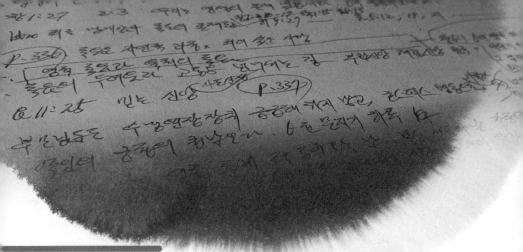

44주 하나됨, 거룩함, 보편적, 사도적 교회

보편普遍적, 사도使徒적

"그는 몸인 교회의 머리시라 그가 근본이시요 죽은 자들 가운데서 먼저 나신 이시니 이는 친히 만물의 으뜸이 되려 하심이요" 골1:18

"또 만물을 그의 발 아래에 복종하게 하시고 그를 만물 위에 교회의 머리로 삼으셨느니라" 엡1:22

"그러므로 이제부터 너희는 외인도 아니요 나그네도 아니요 오직 성도들과 동일한 시민이요 하나님의 권속이라" 엡2:19

니케아 공회의 신조(325년)로부터 사도신경에 이르기까지 성도는 교회를 하나 된, 거룩한, 보편적, 사도적 교회라 고백했습니다.

1. 하나됨

우리는 그리스도의 피로 구원받아 하나님을 아버지라 부르는 하나님의 자녀로서, 동일한 하나님의 말씀을 나누기 때문에 하나의 가족입니다.

"우리가 한 몸에 많은 지체를 가졌으나 모든 지체가 같은 기능을 가진 것이 아니니, 이와 같이 우리 많은 사람이 그리스도 안에서 한 몸이 되어 서로 지체가 되었느니라" 롬12:4-5

"몸은 하나인데 많은 지체가 있고 몸의 지체가 많으나 한 몸임과 같이 그리스도도 그러하니라. 우리가 유대인이나 헬라인이나 종이나 자유인이나 다 한 성령으로 세례를 받아 한 몸이 되었고, 또 다 한 성령을 마시게 하셨느니라" 고전12:12-13

A. 왜 우리는 하나가 되어야 하는가?

① 예수님의 기도

예수님은 교회의 하나됨을 위해 기도하셨습니다.

"아버지여, 아버지께서 내 안에, 내가 아버지 안에 있는 것 같이 그들도 다 하나가 되어 우리 안에 있게 하사 세상으로 아버지께서 나를 보내신 것을 믿게 하옵소서" 요17:21

② 교회 분열에 대한 경계

마지막 때에 교회 분열을 획책하는 이단 및 사이비 종교에 맞서 싸워 교회의 하나됨을 지켜야 합니다.

"우리가 다 하나님의 아들을 믿는 것과 아는 일에 하나가 되어 온전한 사람을 이루어 그리스도의 장성한 분량이 충만한 데까지 이르리니, 이는 우리가 이제부터 어린 아이가 되지 아니하여 사람의 속임수와 간사한 유혹에 빠져 온갖 교훈의 풍조에 밀려 요동하지 않게 하려 함이라" 엡4:13-14

③ 성령의 명령

성령이 하나 되게 하신 것을 힘써 지키라는 명령을 따라야 합니다.

"평안의 매는 줄로 성령이 하나 되게 하신 것을 힘써 지키라. 주도 한 분이시요 믿음도 하나요 세례도 하나요 하나님도 한 분이시니, 곧 만유의 아버지시라 만유 위에 계시고 만유를 통

일하시고 만유 가운데 계시도다" 엡4:3,5-6

2. 거룩함

교회는 개인적, 교회적, 국가적 차원에서 거룩함을 지향합니다.

A. 개인의 거룩함

하나님은 우리를 거룩하게 부르셨습니다.

"나는 너희의 하나님이 되려고 너희를 애굽 땅에서 인도하여 낸 여호와라 내가 거룩하니 너희도 거룩할지어다" 레11:45

"그런즉 사랑하는 자들아 이 약속을 가진 우리는 하나님을 두려워하는 가운데서 거룩함을 온전히 이루어 육과 영의 온갖 더러운 것에서 자신을 깨끗하게 하자" 고후7:1

B. 교회의 거룩함

교회는 하나님의 성전으로서 거룩함을 유지해야 합니다.

"너희는 너희가 하나님의 성전인 것과 하나님의 성령이 너희 안에 계시는 것을 알지 못하느냐? 누구든지 하나님의 성전을 더럽히면 하나님이 그 사람을 멸하시리라. 하나님의 성전은 거룩하니 너희도 그러하니라" 고전3:16-17

"자기 앞에 영광스러운 교회로 세우사 티나 주름 잡힌 것이나 이런 것들이 없이 거룩하고 흠이 없게 하려 하심이라" 엡5:27

C. 나라 전체의 거룩함

하나님은 자신의 백성으로서 거룩함을 요구하십니다.

"세계가 다 내게 속하였나니 너희가 내 말을 잘 듣고 내 언약을 지키면 너희는 모든 민족 중에서 내 소유가 되겠고 너희가 내게 대하여 제사장 나라가 되며 거룩한 백성이 되리라. 너는 이 말을 이스라엘 자손에게 전할지니라" 출19:5-6

3. 보편성

교회는 예수 그리스도를 머리로 하여 모든 시대와 장소, 민족에 관계없이 보편성을 갖습니다. 모든 참된 교회의 구성원은 어느 시대와 장소에서나 구원받을 수 있습니다.

"유대인이나 헬라인이나 차별이 없음이라 한 분이신 주께서 모든 사람의 주가 되사 그를 부르는 모든 사람에게 부요하시도다. 누구든지 주의 이름을 부르는 자는 구원을 받으리라" 롬10:12-13

"이 일 후에 내가 보니 각 나라와 족속과 백성과 방언에서 아무도 능히 셀 수 없는 큰 무리가 나와 흰 옷을 입고 손에 종려 가지를 들고 보좌 앞과 어린 양 앞에 서서" 계7:9

4. 사도적 교회

"아버지께서 나를 세상에 보내신 것 같이 나도 그들을 세상에 보내었고" 요17:18

사도성이란 교회 목회자들의 말씀의 사도적 계승으로부터 찾아야 합니다. 천주교처럼 계보학적 근거에 의존하는 것이 아닙니다. 사도적 권위는 성경을 성경 그대로 선포하고 가르치는 예수님이 위임하신 권위입니다. 마28:18-20 예수 그리스도께서 십자가와 부활로 세우신 그리하여 회개와 믿음으로 구원받는 복음의 연속성 위에서 찾아야 합니다.

"이러므로 우리가 하나님께 끊임없이 감사함은 너희가 우리에게 들은 바 하나님의 말씀을 받을 때에 사람의 말로 받지 아니하고 하나님의 말씀으로 받음이니 진실로 그러하도다. 이 말씀이 또한 너희 믿는 자 가운데에서 역사하느니라" 살전2:13

"또 산에 오르사 자기가 원하는 자들을 부르시니 나아온지라. 이에 열둘을 세우셨으니, 이는 자기와 함께 있게 하시고 또 보내사 전도도 하며 귀신을 내쫓는 권능도 가지게 하려 하심이라" 막

3:13-15

"그들이 사도의 가르침을 받아 서로 교제하고 떡을 떼며 오로지 기도하기를 힘쓰니라" 행2:42

"하나님의 말씀을 너희에게 일러 주고 너희를 인도하던 자들을 생각하며 그들의 행실의 결말을 주의하여 보고 그들의 믿음을 본받으라. 예수 그리스도는 어제나 오늘이나 영원토록 동일하시니라" 히13:7-8

🌐 보편普遍적 사도使徒적 교회

普	遍	使	徒
넓을 보	두루 편	부릴 사	무리 도

45주 케리그마, 디다케, 코이노니아, 디아코니아

가르침, 교제交際, 봉사奉仕

"인자가 온 것은 섬김을 받으려 함이 아니라 도리어 섬기려 하고 자기 목숨을 많은 사람의 대속물로 주려 함이니라" 막10:45

교회의 사명은 예수 그리스도의 생애와 사역을 이어서 하는 것입니다. 예수님께서 복음선포사역, 가르침 사역, 치유와 능력 사역을 하셨듯이, 교회는 영이신 예수 그리스도의 몸으로서 같은 사역을 성령의 권능으로 더 잘 감당해야 합니다.

교회의 사명은 케리그마 Kerygma, 디다케 Didache, 코이노니아 Koinonia, 디아코니아 Diaconia, 이 네 가지로 설명할 수 있습니다.

1. 케리그마Kerygma – '복음선포'

복음을 전파하여 허물과 죄로 죽어가는 영혼을 살리는 생명의 말씀을 전하는 것을 의미합니다. 엄마가 아기를 낳듯이 먼저 믿은 성도가 예수 그리스도의 복음선포와 성령의 권능으로 하나님의 자녀를 낳는 것입니다.

> "십자가의 도가 멸망하는 자들에게는 미련한 것이요, 구원을 받는 우리에게는 하나님의 능력이라" 고전1:18

> "너희가 알거니와 너희 조상이 물려 준 헛된 행실에서 대속함을 받은 것은 은이나 금 같이 없어질 것으로 된 것이 아니요, 오직 흠 없고 점 없는 어린 양 같은 그리스도의 보배로운 피로 된 것이니라" 벧전1:18-19

사도들의 말씀을 청종하는 회중은, 도시의 엘리트들이 이방의 갈릴리 출신으로 무식하다고 여겨지는 사도들의 말씀을 경청하는 놀라운 모습을 보여줍니다. 하나님의 권위와 성령 충만으로 생명의 말씀을 전하고 있기 때문입니다.

> "그들이 사도의 가르침을 받아 서로 교제하고 떡을 떼며 오로지 기도하기를 힘쓰니라" 행2:42

이방인 백부장 고넬료는 식민지의 어부 출신 베드로의 복음을 들으며 겸손과 경외함으로 하나님의 말씀을 받았고, 이로써 이방인 최초의 성령 세례를 받는 축복을 경험했습니다.

> "겸손과 여호와를 경외함의 보상은 재물과 영광과 생명이니라" 잠22:4

2. 디다케Didache - '가르침'

복음을 통해 구원받은 자들에게 '어떻게 살아야 하는가'를 가르치는 것입니다. 엄마가 아기를 낳고, 최소한 10년은 양육을 해야 아기가 사람다운 사람이 됩니다. 복음 전도자는 물과 성령으로 거듭난 자들에게 말씀을 가르쳐 양육하여 예수님의 제자로 만들어야 합니다.

가르치는 자는 믿음과 삶의 모델이 되어, 사랑으로 제자를 양육해야 합니다. "누구든지 이를 행하며 가르치는 자는 천국에서 크다 일컬음을 받으리라 마5:19" 세상의 빛과 소금으로서, 넓은 문이 아닌 좁은 문으로 걸어가도록 행하며 가르쳐야 합니다. "가르쳐 지키게 하라 마28:20" 복음 선포를 통해 구원받은 사람은 어린아이에 머물지 말고, 그리스도의 장성한 분량에 충만한 데로 나아가야 합니다.

3. 코이노니아Koinonia – '성도의 교제'

성도의 교제를 의미하며, 성도 간의 깊은 연합과 공동체의 의미를 담고 있습니다.

유유상종(類類相從:같은 무리끼리 서로 내왕하며 사귐), '끼리끼리'라는 말이 있듯이, 사람들은 비슷한 특성과 가치관을 가진 이들과 자연스럽게 어울리게 됩니다. 예를 들어, 부부가 되면 서로 닮아가듯, 우리는 하나님의 가족으로서 영적인 유전자를 공유하는 관계입니다. 이러한 교제는 식구들이 함께 밥을 먹으며 자연스럽게 이루어지듯, 성도들도 하늘의 양식을 함께 나누며 교제를 나누는 것이 당연한 특권입니다.

성도들이 모일 때에는 금식 기도 모임이 아닌 이상, 반드시 차나 간식 또는 식사 교제가 있어야 합니다. 이를 통해 성도들은 진정한 '식구'(食口:한 집에서 함께 밥을 먹는 이들)가 됩니다. 예수께서 먼저 대접하라고 했으니 내가 먼저 대접합시다. 마음은 있으면서 물질이 부족하면 물질의 은사를 달라고 영권, 인권, 물권의 축복을 달라고 간구합시다.

"주라 그리하면 너희에게 줄 것이니, 후히 되어 누르고 흔들어 넘치도록 너희에게 안겨 주리라" 눅6:38

"흩어 구제하여도 더욱 부하게 되는 일이 있나니, 과도히 아껴도 가난하게 될 뿐이니라. 구제를 좋아하는 자는 풍족하여질 것이요, 남을 윤택하게 하는 자는 자기도 윤택하여지리라" 잠11:24-25

초대 교회에서 성도들은 "사도의 가르침을 받아 서로 교제하고 떡을 떼며 오로지 기도하기를 힘쓰니라 행2:42"는 말씀을 실천하며, 날마다 마음을 같이하여 성전에 모이기를 힘쓰고 집에서 떡을 떼며 기쁨과 순전한 마음으로 음식을 나누었습니다 이로 인해 '천국식탁' 공동체가 형성되었습니다.

A. 상종할 수 없었던 부정한 무두장이 시몬과도 교제가 이루어졌습니다.

"베드로가 욥바에 여러 날 있어 시몬이라 하는 무두장이의 집에서 머무니라" 행9:43, 행8:5-6, 행9:40, 행10:24-25

B. 자유와 연합의 대헌장의 말씀이 성취되었습니다.

"우리가 유대인이나 헬라인이나 종이나 자유인이나 다 한 성령으로 세례를 받아 한 몸이 되었고 또 다 한 성령을 마시게 하셨느니라" 고전12:13

성도의 교제는 남북 갈등, 지역 갈등, 세대 갈등, 노사 갈등, 보수와 진보 갈등 등 모든 장벽을 성령의 권능으로 깨뜨리고, 십자가의 사랑으로 이루어집니다. 이를 통해 우리는 예수님 안에서 하나가 되며, 십자가의 길을 따르는 삶을 살아갑니다.

"아버지께서는 모든 충만으로 예수 안에 거하게 하시고, 그의 십자가의 피로 화평을 이루사 만물, 곧 땅에 있는 것들이나 하늘에 있는 것들이 그로 말미암아 자기와 화목하게 되기를 기뻐하심이라" 골1:19-20, 엡1:10

4. 디아코니아 Diakonia – '섬김'

성령의 권능을 받아 예수님처럼 이웃을 섬기는 사명을 포함합니다. 이방인의 첫 오순절 주인공이 된 고넬료는 기도와 구제에 힘쓰던 인물입니다.

"그가 경건하여 온 집안과 더불어 하나님을 경외하며 백성을 많이 구제하고 하나님께 항상 기도하더니" 행10:2

성도들은 예수님의 본을 따라 섬김의 삶을 살아야 합니다. 베드로는 금과 은이 없어도 예수 그리스도의 이름으로 사람을 치유했습니다.

"베드로가 이르되 은과 금은 내게 없거니와, 내게 있는 이것을 네게 주노니, 나사렛 예수 그리스도의 이름으로 일어나 걸으라 하고" 행3:6

또한, 하나님은 다윗에게 이방 나라를 유업으로 주겠다고 약속하셨습니다.

"내게 구하라, 내가 이방 나라를 네 유업으로 주리니, 네 소유가 땅 끝까지 이르리로다" 시2:8

교회는 내부와 외부에서 성도와 이방인을 섬기는 사명을 지니고 있습니다. '타자를 위한 존재', '세상을 위한 교회'로서, 섬김의 사명을 다하는 것입니다. '집사'라는 직분은 헬라어 '디콘'에서 유래하였으며, 이는 '디아코니아(섬김)'에서 비롯된 것입니다. 교회의 모든 직분은 예수님의 사랑으로 서로를 섬기는 사명을 포함합니다.

섬김의 대상은 가장 가까운 가족부터 시작하여, 땅끝까지 이르는 모든 사람들입니다.

"오직 성령이 너희에게 임하시면 너희가 권능을 받고 예루살렘과 온 유대와 사마리아와 땅 끝까지 이르러 내 증인이 되리라 하시니라" 행1:8

예수님은 제자들의 발을 씻어주시며 섬김의 본을 보이셨습니다.

"내가 주와 또는 선생이 되어 너희 발을 씻었으니, 너희도 서로 발을 씻어 주는 것이 옳으니라. 내가 너희에게 행한 것 같이 너희도 행하게 하려 하여 본을 보였노라" 요13:13-15

또한, 새로운 계명을 주시며

"서로 사랑하라. 내가 너희를 사랑한 것 같이 너희도 서로 사랑하라. 너희가 서로 사랑하면 이로써 모든 사람이 니희가 내 제자인 줄 알리라" 요13:34-35

▲ ▼ ▲

교회가 케리그마, 디다케, 코이노니아, 디아코니아의 사명에 온 힘을 다할 때, 진정한 부흥이 시작됩니다. 하나님의 영광이 나타나게 됩니다

"너희는 이같이 너희 빛을 사람 앞에 비추어, 그들로 하여금 너희 착한 일을 보고 하늘에 계신 너희 아버지께 영광을 돌리게 하라" 마5:16

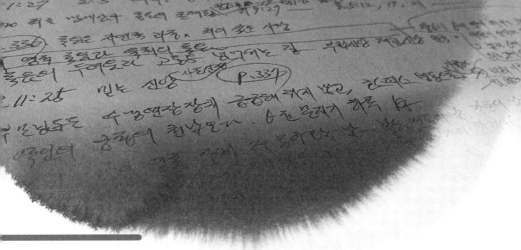

46주 성전건축, 성전정화, 교회의 영광

성전정화聖殿淨化, 교회의 영광榮光

우리의 최대 관심사는 무엇일까요? 무엇보다도 하나님이 되시길 바랍니다. 교회를 중심으로 개인의 신앙도 하나님의 나라와 교회가 부흥하기를 원합니다.

"이는 내가 이미 이 성전을 택하고 거룩하게 하여 내 이름을 여기에 영원히 있게 하였음이라. 내 눈과 내 마음이 항상 여기에 있으리라 대하7:16"

이 땅에 하나님이 머무시는 집, 성전을 사모하는 마음을 가지시기를 바랍니다.

1. 성전의 변천사

모든 성전의 건축은 인간의 뜻이 아니라 하나님의 말씀을 따라서 이루어졌습니다.

A. 노아의 제단

"노아가 여호와께 제단을 쌓고 모든 정결한 짐승과 모든 정결한 새 중에서 제물을 취하여 번제로 제단에 드렸더니" 창8:20

B. 아브라함의 제단

"여호와께서 아브람에게 나타나 이르시되 내가 이 땅을 네 자손에게 주리라 하신지라. 자기에게 나타나신 여호와께 그가 그 곳에서 제단을 쌓고" 창12:7

C. 모세의 성막

"내가 그들 중에 거할 성소를 그들이 나를 위하여 짓되 무릇 내가 네게 보이는 모양대로 장막을 짓고 기구들도 그 모양을 따라 지을지니라" 출25:8-9

D. 솔로몬의 성전

"여호와께서 내 아버지 다윗에게 하신 말씀에 내가 너를 이어 네 자리에 오르게 할 네 아들, 그가 내 이름을 위하여 성전을 건축하리라 하신 대로 내가 내 하나님 여호와의 이름을 위하여 성전을 건축하려 하오니" 왕상5:4-5

"열한째 해 불월 곧 여덟째 달에 그 설계와 식양대로 성전 건축이 다 끝났으니 솔로몬이 칠 년 동안 성전을 건축하였더라" 왕상6:38

E. 스룹바벨의 성전

"이 성전이 황폐하였거늘 너희가 이 때에 판벽한 집에 거주하는 것이 옳으냐? 너희는 산에 올라가서 나무를 가져다가 성전을 건축하라. 그리하면 내가 그것으로 말미암아 기뻐하고 또 영광을 얻으리라. 여호와가 말하였느니라" 학1:4,8

2. 예수님의 성전

"이 성전의 나중 영광이 이전 영광보다 크리라 만군의 여호와의

말이니라. 내가 이 곳에 평강을 주리라 만군의 여호와의 말이니라" 학2:9

"교회는 그의 몸이니 만물 안에서 만물을 충만하게 하시는 이의 충만함이니라" 엡1:23

"그의 안에서 건물마다 서로 연결하여 주 안에서 성전이 되어 가고, 너희도 성령 안에서 하나님이 거하실 처소가 되기 위하여 그리스도 예수 안에서 함께 지어져 가느니라" 엡2:20-22

신약 시대에는 심령의 성전이 중요시되었습니다.

"너희는 너희가 하나님의 성전인 것과 하나님의 성령이 너희 안에 계시는 것을 알지 못하느냐 고전3:16" 또한, "너희 몸은 너희가 하나님께로부터 받은 바 너희 가운데 계신 성령의 전인 줄을 알지 못하느냐? 너희는 너희 자신의 것이 아니라 값으로 산 것이 되었으니, 그런즉 너희 몸으로 하나님께 영광을 돌리라 고전 6:19,20"

3. 성전의 정화

그러나 교회가 교회답지 못할 때 이가봇, 곧 하나님의 영광이 떠나는 경우가 있습니다. 그러기에 교회의 머리이신 예수님께서는 성도들에게 함께 가자고 하십니다. 영과 진리로 예배하자고 하십니다. 학개 선지자 때에 중단된 성전 건축이 다시 세워졌듯이, 우리도 심령의 성전이 무너지거나 중단되었다면 다시 시작하고, 하나님의 성령으로 완공합시다.

"너는 삼가 이 산에서 네게 보인 양식대로 할지니라 출25:40"

그 식양대로 하라, 하나님의 설계도대로 하라, 그리하여 하나님의 뜻대로 이루어 드리자!

A. 히스기야의 성전 정화

"그들이 그들의 형제들을 모아 성결하게 하고 들어가서 왕이 여호와의 말씀대로 명령한 것을 따라 여호와의 전을 깨끗하게 할새 제사장들도 여호와의 전 안에 들어가서 깨끗하게 하여 여호와의 전에 있는 모든 더러운 것을 끌어내어 여호와의 전 뜰에 이르매 레위 사람들이 받아 바깥 기드론 시내로 가져갔더라" 대하 29:15-16

B. 요시야의 성전 정화

"왕이 대제사장 힐기야와 모든 부제사장들과 문을 지킨 자들에게 명령하여 바알과 아세라와 하늘의 일월 성신을 위하여 만든 모든 그릇들을 여호와의 성전에서 내다가 예루살렘 바깥 기드론 밭에서 불사르고 그것들의 재를 벧엘로 가져가게 하고, 옛적에 유다 왕들이 세워서 유다 모든 성읍과 예루살렘 주위의 산당들에서 분향하며 우상을 섬기게 한 제사장들을 폐하며, 또 바알과 해와 달과 별 떼와 하늘의 모든 별에게 분향하는 자들을 폐하고, 또 여호와의 성전에서 아세라 상을 내다가 예루살렘 바깥 기드론 시내로 가져다 거기에서 불사르고, 빻아서 가루를 만들어 그 가루를 평민의 묘지에 뿌리고, 또 여호와의 성전 가운데 남창의 집을 헐었으니 그 곳은 여인이 아세라를 위하여 휘장을 짜는 처소였더라" 왕하23:4-7

C. 예수님의 성전 정화

"그들이 예루살렘에 들어가니라. 예수께서 성전에 들어가사 성전 안에서 매매하는 자들을 내쫓으시며, 돈 바꾸는 자들의 상과 비둘기 파는 자들의 의자를 둘러 엎으시며, 아무나 물건을 가지고 성전 안으로 지나다님을 허락하지 아니하시고, 이에 가르쳐 이르시되 기록된 바 '내 집은 만민이 기도하는 집이라 칭함을 받으리라고 하지 아니하였느냐? 너희는 강도의 소굴을 만들었도다' 하시매" 막11:15-17

D. 성도의 성전 정화

"내 이름으로 일컫는 내 백성이 그들의 악한 길에서 떠나 스스로 낮추고 기도하여 내 얼굴을 찾으면, 내가 하늘에서 듣고 그들의 죄를 사하고 그들의 땅을 고칠지라" 대하7:14

"하나님은 영이시니, 예배하는 자가 영과 진리로 예배할지니라" 요4:23,24

4. 교회의 영광과 축복

A. 모세 교회의 영광과 축복

"그들이 회막에 들어갈 때와 제단에 가까이 갈 때에 씻었으니, 여호와께서 모세에게 명령하신 대로 되니라. 그는 또 성막과 제단 주위 뜰에 포장을 치고 뜰 문에 휘장을 달았더라. 모세가 이같이 역사를 마치니 구름이 회막에 덮이고, 여호와의 영광이 성막에 충만하매" 출40:32-34

B. 솔로몬 교회의 영광과 축복

"솔로몬이 기도를 마치매 불이 하늘에서부터 내려와서 그 번제물과 제물들을 사르고, 여호와의 영광이 그 성전에 가득하니, 여호와의 영광이 여호와의 전에 가득하므로 제사장들이 여호와의 전으로 능히 들어가지 못하였고, 이스라엘 모든 자손은 불이 내리는 것과 여호와의 영광이 성전 위에 있는 것을 보고 돌을 깐 땅에 엎드려 경배하며 여호와께 감사하여 이르되 선하시도다. 그의 인자하심이 영원하도다" 대하7:1-3

C. 스룹바벨 교회의 영광과 축복

"또한 모든 나라를 진동시킬 것이며, 모든 나라의 보배가 이르리니, 내가 이 성전에 영광이 충만하게 하리라 만군의 여호와의 말이니라. 이 성전의 나중 영광이 이전 영광보다 크리라 만군의 여호와의 말이니라. 내가 이 곳에 평강을 주리라 만군의 여호와의 말이니라. 너희는 오늘 이전을 기억하라. 아홉째 달 이십사일, 곧 여호와의 성전 지대를 쌓던 날부터 기억하여 보라. 곡식 종자가 아직도 창고에 있느냐? 포도나무, 무화과나무, 석류나무, 감람나무에 열매가 맺지 못하였느니라. 그러나 오늘부터는 내가 너희에게 복을 주리라" 학2:7,9,18-19

D. 초대교회의 영광과 축복

"말씀이 육신이 되어 우리 가운데 거하시매, 우리가 그의 영광을 보니, 아버지의 독생자의 영광이요 은혜와 진리가 충만하더라" 요1:14

"오순절 날이 이미 이르매, 그들이 다같이 한 곳에 모였더니, 홀연히 하늘로부터 급하고 강한 바람 같은 소리가 있어, 그들이 앉은 온 집에 가득하며, 마치 불의 혀처럼 갈라지는 것들이 그들에게 보여 각 사람 위에 하나씩 임하여 있더니, 그들이 다 성령의 충만함을 받고 성령이 말하게 하심을 따라 다른 언어들로 말하기를 시작하니라" 행2:1-4

E. 부흥의 축복

"하나님이 말씀하시기를 말세에 내가 내 영을 모든 육체에 부어 주리니, 너희의 자녀들은 예언할 것이요, 너희의 젊은이들은 환상을 보고, 너희의 늙은이들은 꿈을 꾸리라. 그 때에 내가 내 영을 내 남종과 여종들에게 부어 주리니, 그들이 예언할 것이요. 누구든지 주의 이름을 부르는 자는 구원을 받으리라 하였느니라" 행2:17-18,21

"베드로가 이르되, 너희가 회개하여 각각 예수 그리스도의 이름으로 세례를 받고 죄 사함을 받으라. 그리하면 성령의 선물을 받으리니" 행2:38

▲ ▼ ▲

"또 여러 말로 확증하며 권하여 이르되, 너희가 이 패역한 세대에서 구원을 받으라 하니, 그 말을 받은 사람들은 세례를 받으매

이 날에 신도의 수가 삼천이나 더하더라. 그들이 사도의 가르침을 받아 서로 교제하고 떡을 떼며 오로지 기도하기를 힘쓰니라"
행2:40-42

"날마다 마음을 같이하여 성전에 모이기를 힘쓰고, 집에서 떡을 떼며 기쁨과 순전한 마음으로 음식을 먹고, 하나님을 찬미하며 또 온 백성에게 칭송을 받으니, 주께서 구원 받는 사람을 날마다 더하게 하시니라" 행2:46-47

"말씀을 들은 사람 중에 믿는 자가 많으니 남자의 수가 약 오천이나 되었더라" 행4:4

"믿고 주께로 나아오는 자가 더 많으니 남녀의 큰 무리더라" 행5:14

성전정화 聖殿淨化

聖	殿	淨	化
거룩할 성	전각 전	깨끗할 정	될 화

神學
信

IX

종말론

한문공부와 함께하는 **52주 신학과 신앙 이야기**

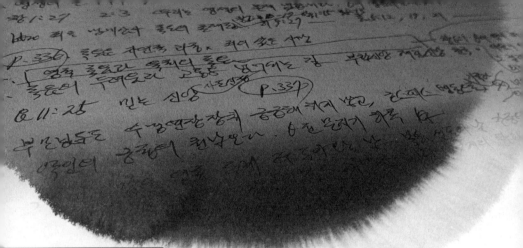

47주 계시록의 해석과 구조

서신書信, 예언預言, 묵시默示

1. 요한계시록과 종말론

요한계시록을 연구하면서 기억해야 할 두 구절은 다음과 같습니다.

"여호와의 말씀이니라 너희를 향한 나의 생각을 내가 아나니 평안이요 재앙이 아니니라 너희에게 미래와 희망을 주는 것이니라" 렘29:11

"네가 나의 인내의 말씀을 지켰은즉 내가 또한 너를 지켜 시험의 때를 면하게 하리니 이는 장차 온 세상에 임하여 땅에 거하는 자들을 시험할 때라" 계3:10

요한계시록은 말세에 성도들이 세상과 타협하지 말고 배신하거나 배교하지 말며, 끝까지 착하고 충성된 종이 되어 이기는 자가 되라고 경계하고 경고하는 책입니다.

A. 구원과 영광의 책

"우리를 사랑하사 그의 피로 우리 죄에서 우리를 해방하시고 그의 아버지 하나님을 위하여 우리를 나라와 제사장으로 삼으신 그에게 영광과 능력이 세세토록 있기를 원하노라. 아멘" 계1:5-6

B. 축복의 책

요한계시록은 "이 예언의 말씀을 지키는 자는 복이 있으리라 계1:3"로 시작하여, "자기 두루마기를 빠는 자들은 복이 있으니 계22:14"로 끝나고 있습니다.

C. 찬송의 책

"그들이 밤낮 쉬지 않고 이르기를 거룩하다 거룩하다 거룩하다 주 하나님 곧 전능하신 이여 전에도 계셨고 이제도 계시고 장차 오실 이시라 하고" 계4:8

2. 요한계시록의 성격

요한계시록은 하나님이 '그리스도 안에서' 속히 이루시고 반드시 성취하실 구속의 경륜을 보여주심으로써 고난받는 종들(교회)을 위로하고 격려하기 위해 보낸 계시, 예언, 편지입니다.

A. 계시 (묵시)

"예수 그리스도의 계시(묵시)라, 이는 하나님이 그에게 주사 반드시 속히 일어날 일들을 그 종들에게 보이시려고 그의 천사를 그 종 요한에게 보내어 알게 하신 것이라" 계1:1

묵시는 미래의 사건이 확정된 것이며, 인간에게 회개의 기회를 닫아버립니다. 따라서 계시록에서는 회개하는 장면이 없습니다.

"불의를 행하는 자는 그대로 불의를 행하고, 더러운 자는 그대로 더럽고, 의로운 자는 그대로 의를 행하고, 거룩한 자는 그대로 거룩하게 하라" 계22:11

B. 예언

"이 예언의 말씀을 읽는 자와 듣는 자와 그 가운데에 기록한 것을 지키는 자는 복이 있나니, 때가 가까움이라" 계1:3

예언은 열린 미래와 세계를 나타내며, 회개의 특권과 감사를 성도들에게만 보여줍니다.

"그러므로 어디서 떨어졌는지를 생각하고 회개하여 처음 행위를 가지라. 만일 그리하지 아니하고 회개하지 아니하면 내가 네게 가서 네 촛대를 그 자리에서 옮기리라 계2:5"

예수님은 교회에게 회개할 기회를 주시며, 니골라당의 행위, 발람의 교훈, 이세벨을 추종하는 우상숭배와 성적 타락을 지적합니다.

"이 재앙에 죽지 않고 남은 사람들은 손으로 행한 일을 회개하지 아니하고 오히려 여러 귀신과 또는 보거나 듣거나 다니거나 하지 못하는 금, 은, 동과 목석의 우상에게 절하고 또 그 살인과 복술과 음행과 도둑질을 회개하지 아니하더라" 계9:20-21

"또 내가 들으니 하늘로부터 다른 음성이 나서 이르되, 내 백성아, 거기서 나와 그의 죄에 참여하지 말고 그가 받을 재앙들을 받지 말라" 계18:4

C. 편지

계시록은 그 당시에 소아시아 일곱교회에 보내는 현재의 편지입니다. 지금은 과거의 역사가 되었지만, 여전히 경고와 위로, 승리의 약속을 담고 있습니다.

"요한은 아시아에 있는 일곱 교회에 편지하노니" 계1:4

완성의 때를 앞두고 이 책의 경고와 위로, 승리의 약속을 믿고 시련의 때를 타협 없이 인내하며, 주의 말씀을 지켜 새 하늘과 새 땅에 참여하는 복을 누리도록 쓴 편지입니다.

3. 요한계시록의 해석

A. 미래적 해석

모든 사건이 미래에 일어날 것이라고 해석합니다.

B. 과거적 해석

모든 사건이 과거에 이미 일어났다고 해석합니다.

C. 역사적 해석

계시록 1~3장은 과거의 사건, 4~18장은 현재와 곧 일어날 미래의 사건, 19~22장은 역사의 종말에 일어날 사건입니다.

D. 영적 해석

문자적 및 역사적으로 해석하지 않고, 영적이고 상징적으로 해석합니다.

4. 요한계시록의 구조

A. 요한계시록은 하나님께서 성령을 통해 예수 그리스도의 계시를 전달하신 것입니다. 따라서 "성령에 감동되어 보라"는 구절에 따라 다음과 같은 4가지 구조로 나눌 수 있습니다.

① 지상의 교회를 보라

"주의 날에 내가 성령에 감동되어 내 뒤에서 나는 나팔 소리 같은 큰 음성을 들으니, 이르되 네가 보는 것을 두루마리에 써서 에베소, 서머나, 버가모, 두아디라, 사데, 빌라델비아, 라오디게아 등 일곱 교회에 보내라 하시기로" 계1:10-11

② 천상의 교회를 보라

"내가 곧 성령에 감동되었더니, 보라 하늘에 보좌를 베풀었고 그 보좌 위에 앉으신 이가 있는데" 계4:2

③ 하나님과 교회의 원수인 음녀 사탄을 보라

"곧 성령으로 나를 데리고 광야로 가니라. 내가 보니 여자가 붉은 빛 짐승을 탔는데 그 짐승의 몸에 하나님을 모독하는 이름들이 가득하고 일곱 머리와 열 뿔이 있으며" 계17:3

④ 우리의 소망인 새 하늘과 새 땅, 새 예루살렘을 보라

"성령으로 나를 데리고 크고 높은 산으로 올라가 하나님께로부터 하늘에서 내려오는 거룩한 성 예루살렘을 보이니" 계 21:10

B. 7인 7나팔 7대접의 심판이 끝날 때 마다 환난을 통과하고 영적전쟁에서 예수님과 함께 승리한 성도들의 송영이 나오는 구절을 따라 다음과 같이 4개로 구조화 할 수 있다.

① 7인(계6~7장)

"큰 소리로 외쳐 이르되 구원하심이 보좌에 앉으신 우리 하나님과 어린 양에게 있도다 하니" 계7:10

② 7나팔(계8~11장)

" 일곱째 천사가 나팔을 불매 하늘에 큰 음성들이 나서 이르되 세상 나라가 우리 주와 그의 그리스도의 나라가 되어 그가 세세토록 왕 노릇 하시리로다 하니" 계11:15

③ 예수님의 초림과 재림까지의 영적 전쟁(계12~15장)

"주 하나님 곧 전능하신 이시여 하시는 일이 크고 놀라우시도다 만국의 왕이시여 주의 길이 의롭고 참되시도다 주여 누가 주의 이름을 두려워하지 아니하며 영화롭게 하지 아니하오리이

까 오직 주만 거룩하시니이다 주의 의로우신 일이 나타났으매 만국이 와서 주께 경배하리이다" 계15:3-4

④ 7대접(계16~19장)

"할렐루야 주 우리 하나님 곧 전능하신 이가 통치하시도다 우리가 즐거워하고 크게 기뻐하며 그에게 영광을 돌리세 어린 양의 혼인 기약이 이르렀고 그의 아내가 자신을 준비하였으므로 그에게 빛나고 깨끗한 세마포 옷을 입도록 허락하셨으니 이 세마포 옷은 성도들의 옳은 행실이로다" 계19:6-8

🌐 서신書信, 묵시默示

書	信	默	示
글 서	믿을 신	잠잠할 묵	보일 시

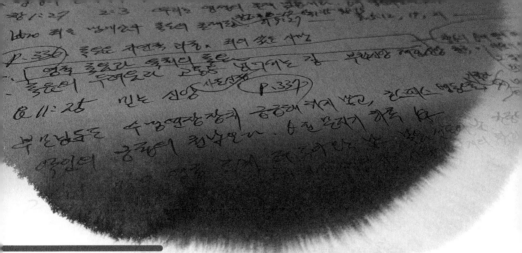

48주 종말의 징조와 준비

유비무환有備無患

"때가 찼고 하나님의 나라가 가까이 왔으니 회개하고 복음을 믿으라" 막1:15

1. 재림의 때가 매우 가까이 왔습니다.

A. 실존적 징후

자기 사랑, 돈 사랑, 쾌락 사랑:

"너는 이것을 알라 말세에 고통하는 때가 이르러 사람들이 자기를 사랑하며 돈을 사랑하며 자랑하며 교만하며 비방하며 부모를 거역하며 감사하지 아니하며 거룩하지 아니하며 무정하며 원통함을 풀지 아니하며 모함하며 절제하지 못하며 사나우며 선한 것을 좋아하지 아니하며 배신하며 조급하며 자만하며 쾌락을 사랑하기를 하나님 사랑하는 것보다 더하며 경건의 모양은 있으나 경건의 능력은 부인하니 이같은 자들에게서 네가 돌아서라" 딤후3:1-5

B. 객관적 징후

이단의 출현, 전쟁, 기근, 전염병, 지진: 오늘날 이단 신천지를 비롯한 적 그리스도의 출현, 우크라이나 전쟁, 유럽 선진국에서의 기근, 현재 겪고 있는 코로나19 전염병은 우연히 일어난 것이 아니라 성경의 예언대로 일어나고 있는 일들입니다.

"예수께서 감람산 위에 앉으셨을 때에 제자들이 조용히 와서 이르되, 우리에게 이르소서 어느 때에 이런 일이 있겠사오며 또 주의 임하심과 세상 끝에는 무슨 징조가 있사오리이까" 마24:3

2. 여섯 인

A. 첫째 인: 적 그리스도의 출현

"내가 보매 어린 양이 일곱 인 중 하나를 떼시는데, 그 때에 내가 들으니 네 생물 중 하나가 우렛소리와 같은 목소리로 말하되, '오라!' 하기로, 내가 보니 흰 말이 나오며 그 탄 자가 활을 가졌고, 면류관을 받고 나아가서 이기고 또 이기려고 하더라" 계6:1-2

예수께서 말씀하시기를,

"너희가 사람의 미혹을 받지 않도록 주의하라. 많은 사람이 내 이름으로 와서 '나는 그리스도라' 하여 많은 사람을 미혹하리라. 또 때에 사람이 너희에게 말하되 '보라 그리스도가 여기 있다' 혹은 '저기 있다' 하여도 믿지 말라. 거짓 그리스도들과 거짓 선지자들이 일어나 큰 표적과 기사를 보여 할 수만 있으면 택하신 자들도 미혹하리라" 마24:4-5/23-24

B. 둘째 인: 전쟁

"이에 다른 붉은 말이 나오더라. 그 탄 자가 허락을 받아 땅에서 화평을 제하여 버리며 서로 죽이게 하고 또 큰 칼을 받았더라" 계6:4

예수께서 말씀하시기를,

"난리와 난리 소문을 듣겠으나 너희는 삼가 두려워하지 말라. 이런 일이 있어야 하되 아직 끝은 아니니라" 마24:6

C. 셋째 인: 기근

"셋째 인을 떼실 때에 내가 들으니 셋째 생물이 말하되 '오라!' 하기로, 내가 보니 검은 말이 나오는데 그 탄 자가 손에 저울을 가졌더라. 내가 네 생물 사이로부터 나는 듯한 음성을 들으니 이르되, '한 데나리온에 밀 한 되요, 한 데나리온에 보리 석 되로다. 또 감람유와 포도주는 해치지 말라' 하더라" 계6:5-6

예수께서 말씀하시기를,

"민족이 민족을, 나라가 나라를 대적하여 일어나겠고 곳곳에 기근과 지진이 있으리니" 마24:7

D. 넷째 인: 전염병

"내가 보매 청황색 말이 나오는데 그 탄 자의 이름은 사망이니 음부가 그 뒤를 따르더라. 그들이 땅 사분의 일의 권세를 얻어 검과 흉년과 사망과 땅의 짐승들로써 죽이더라" 계6:8

예수께서 말씀하시기를,

"곳곳에 큰 지진과 기근과 전염병이 있겠고, 또 무서운 일과 하늘로부터 큰 징조들이 있으리라" 눅21:11

E. 다섯째 인: 순교자가 많아진다

"다섯째 인을 떼실 때에 내가 보니 하나님의 말씀과 그들이 가진 증거로 말미암아 죽임을 당한 영혼들이 제단 아래에 있어 큰 소리로 불러 이르되, '거룩하고 참되신 대주재여, 땅에 거하는 자들을 심판하여 우리 피를 갚아 주지 아니하시기를 어느 때까지 하시려 하나이까?' 하니" 계6:9,10

예수께서 순교자들을 위로하시며 말씀하시기를,

"각각 그들에게 흰 두루마기를 주시며 이르시되, '아직 잠시 동안 쉬되 그들의 동무 종들과 형제들도 자기처럼 죽임을 당하여 그 수가 차기까지 하라' 하시더라" 계6:11

"내가 보좌들을 보니 거기에 앉은 자들이 있어 심판하는 권세를 받았더라. 또 내가 보니 예수를 증언함과 하나님의 말씀 때문에 목 베임을 당한 자들의 영혼들과, 짐승과 그의 우상에게 경배하지 아니하고 그들의 이마와 손에 그의 표를 받지 아니한 자들이 살아서 그리스도와 더불어 천 년 동안 왕 노릇 하니" 계20:4

F. 여섯째 인: 큰 지진과 해 · 달 · 별의 급격한 변화

"또 내가 보니 죽은 자들이 큰 자나 작은 자나 그 보좌 앞에 서 있는데 책들이 펴 있고 또 다른 책이 펴졌으니, 곧 생명책이라. 죽은 자들이 자기 행위를 따라 책들에 기록된 대로 심판을 받으니, 바다가 그 가운데에서 죽은 자들을 내주고, 또 사망과 음부도 그 가운데에서 죽은 자들을 내주매 각 사람이 자기의 행위대로 심판을 받고, 사망과 음부도 불못에 던져지니 이것은 둘째 사망 곧 불못이라" 계6:12-14

3. 재림을 대비하는 성도의 준비(유비무환)

A. 복음 전도와 선교

"이 천국 복음이 모든 민족에게 증언되기 위하여 온 세상에 전파되리니, 그제야 끝이 오리라. 이와 같이 너희도 이 모든 일을 보거든 인자가 가까이 곧 문 앞에 이른 줄 알라" 마24:14,33

B. 목회자의 종말 설교

"충성되고 지혜 있는 종이 되어 주인에게 그 집 사람들을 맡아 때를 따라 양식을 나눠 줄 자가 누구냐. 주인이 올 때에 그 종이 이렇게 하는 것을 보면 그 종이 복이 있으리로다" 마24:45-46

C. 보혈의 유무 (유월절)

"그러면 이제 우리가 그의 피로 말미암아 의롭다 하심을 받았으니, 더욱 그로 말미암아 진노하심에서 구원을 받을 것이니라"
롬5:9

"내가 애굽 땅을 칠 때에 그 피가 너희가 사는 집에 있어서 너희를 위하여 표적이 될지라. 내가 피를 볼 때에 너희를 넘어가리니 재앙이 너희에게 내려 멸하지 아니하리라. 너희는 이 날을 기념하여 여호와의 절기를 삼아 영원한 규례로 대대로 지킬지니라"
출12:13,14

D. 사탄의 표가 아니라 하나님의 인을 맞으라

"그 안에서 너희도 진리의 말씀 곧 너희의 구원의 복음을 듣고, 그 안에서 또한 믿어 약속의 성령으로 인치심을 받았으니" 엡1:13

"야곱아 너를 창조하신 여호와께서 지금 말씀하시느니라. 이스라엘아 너를 지으신 이가 말씀하시느니라. 너는 두려워하지 말라. 내가 너를 구속하였고, 내가 너를 지명하여 불렀나니 너는 내 것이라" 사43:1

E. 미련한 신부가 아니라 슬기로운 신부, 곧 거룩한 신부가 되어라

슬기로운 신부가 준비한 기름은 무엇을 의미할까요?

"이같이 너희 빛이 사람 앞에 비치게 하여 그들로 너희 착한 행실을 보고 하늘에 계신 너희 아버지께 영광을 돌리게 하라" 마5:16

"너희가 전에는 어둠이더니 이제는 주 안에서 빛이라. 빛의 자녀들처럼 행하라. 빛의 열매는 모든 착함과 의로움과 진실함에 있느니라" 엡5:8-9

"우리가 즐거워하고 크게 기뻐하며 그에게 영광을 돌리세. 어린 양의 혼인 기약이 이르렀고 그의 아내가 자신을 준비하였으므로 그에게 빛나고 깨끗한 세마포 옷을 입도록 허락하셨으니, 이 세마포 옷은 성도들의 옳은 행실이로다 하더라" 계19:7-8

유비무환 有備無患
미리 준비해 두면 근심될 것이 없음

有	備	無	患
있을 유	갖출 비	없을 무	근심 환

有	備	無	患				

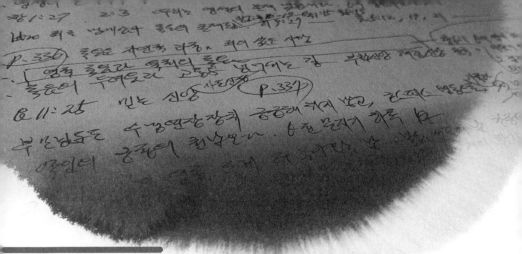

49주 사탄의 표表 666 VS 하나님의 인印 144,000

게마트리아, 수비학數祕學

1. 게마트리아Gematria, 수비학數祕學

게마트리아는 고대 이스라엘에서 전통적으로 사용된 수비학으로, 히브리 문자를 숫자로 변환해 그 안에 담긴 종교적 의미나 암호를 해석하는 학문입니다. 각 숫자에 상징적인 의미를 부여하여 성경적 또는 신학적 해석에 활용됩니다.

1 : 유일신 하나님의 수 (하나님은 한 분이시다)

3 : 하늘의 수, 삼위일체 하나님의 수 (성부, 성자, 성령)

4 : 땅의 수, 동서남북의 네 방향, 춘하추동의 사계절 (전 세계를 상징) - 계시록 7장에서 나라와 족속, 백성과 방언의 수가 7회 반복됨

6 : 인간의 수이자 사탄의 수, 완전수(7)에서 하나가 부족한불완전한 수

7 : 완전수, 하늘(3)과 땅(4)의 합(3+4=7)으로 이루어진 수

12 : 충만수(완전수), 하늘의 수(3)와 땅의 수(4)의 곱 (3x4=12)으로 나타난 완전한 충만함을 상징 (열두 지파, 열두 사도 등)

2. 사탄의 표表 666

A. 사탄의 거짓 삼위일체 (666)

6을 사탄의 수로 보면, 사탄은 하나님의 삼위일체를 흉내 내며, 자신들의 거짓 삼위일체를 상징하는 수로 666을 사용합니다.

"또 내가 보매 개구리 같은 세 더러운 영이 용의 입(6)과 짐승의 입(6)과 거짓 선지자의 입(6)에서 나오니" 계 16:13

B. 불완전한 인간의 수

불완전한 인간의 수의 극치로 주민등록번호를 알면 그 사람을 알 듯 666은 적그리스도를 상징하는 수입니다.

"누구든지 이 표를 가진 자 외에는 매매를 못하게 하니 이 표는 곧 짐승의 이름이나 그 이름의 수라 지혜가 여기 있으니 총명한 자는 그 짐승의 수를 세어 보라 그것은 사람의 수니 그의 수는 육백육십육이니라" 계13:17-18

C. 바코드와 베리칩에 대하여

① 666에 대한 과거 해석

지금까지 666에 대해 나폴레옹, 히틀러, 스탈린 같은 특정 인물을 적그리스도로 지목한 사례들이 있었습니다. 이는 종말의 7년 대환란 시기에 세계 단일 정부를 주도하는 특정 지도자를 가리킬 수 있다는 해석과 맞물려 있었습니다.

② 최근 해석: 바코드와 베리칩

최근에는 666에 대한 해석이 다소 변화하면서, 바코드와 베리칩이 666이라는 주장들이 많이 제기되고 있습니다. 신용카드를 포함하여, 바코드는 한때 짐승을 경배하게 만드는 신앙적 문제로 생각되어 강력한 반대의 목소리가 있었습니다. 그러나 오늘날에는 단순한 경제적 수단으로 사용되고 있어 더 이상 666과 연관된 논쟁이 크지 않습니다.

베리칩 논쟁도 이와 유사합니다. 몸에 삽입된 베리칩이 신체 유전자 조작을 통해 인간의 정신과 마음을 통제하여, 자유 의지를 박탈하고 결국 예수님을 부정하게 만들어 짐승을 경배하도록 할 수 있다는 우려가 존재합니다. 이러한 이유로 우리는 666으로서 베리칩을 적대적으로 배격해야 한다는 입장입니다.

③ 앞으로의 태도

만약 베리칩이 신앙을 빼앗고 짐승 경배를 강요하는 도구가 된다면 우리는 당연히 이를 거부해야 할 것입니다. 그러나 현재로서는 단순한 의료 통제 수단으로만 사용될 경우 큰 문제가 되지 않습니다. 다만, 이것이 훗날 우상 숭배를 위한 전용 수단으로 악용될 가능성은 충분히 염두에 두어야 합니다. 2024년 현재 베리칩 보다 더 무서운 인공지능 AI에 대한 성도들의 대책도 이런 맥락에서 바라보면 좋겠습니다. (더 많은 정보에 관심 있는 분들에게 장보철의 『교회가 인공지능을 우려해야 할 12가지 이유』(CCC)를 추천해 드립니다.)

3. 하나님의 인印 - 144000

A. 충만수 12x12=144, 144x1000(많은 수를 가리킴)=144,000

"그 안에서 너희도 진리의 말씀 곧 너희의 구원의 복음을 듣고 그 안에서 또한 믿어 약속의 성령으로 인치심을 받았으니" 엡 1:13

이는 구원받은 성도의 수가 완전하고 충만하게 많다는 의미로 해석할 수 있습니다.

"내가 인침을 받은 자의 수를 들으니 이스라엘 자손의 각 지파 중에서 인침을 받은 자들이 십사만 사천이니라" 계 7:3-4

또한 '한때와 두 때와 반 때'(즉, 7년 대환란 후반부 3년 반) 동안, 42개월 또는 1260일 동안 예언하는 장면에서도 144,000의 개념을 만날 수 있습니다.

"이방인에게 주었은즉 그들이 거룩한 성을 마흔두 달 동안 짓밟으리라. 내가 나의 두 증인에게 권세를 주리니 그들이 굵은 베옷을 입고 천이백육십 일을 예언하리라"계 11:1-3

B. 신천지와 144,000에 대한 오해

144,000이라는 숫자는 오늘날 특정 이단 교회, 특히 신천지에서 자주 언급됩니다. 그들은 이만희 교주를 그리스도로 믿고, 그에게 순종하는 자들만이 144,000명에 포함될 수 있다고 주장합니다. 그러나 이는 성경의 본래 의미를 왜곡한 해석입니다.

① 144,000명의 원문 해석

성경 원문에서 144,000은 남성만을 가리킵니다. 만약 이 숫자를 문자적으로 해석하여 단지 144,000명만이 구원받는다고 본다면, 신천지 여성들은 구원받지 못하게 됩니다. 이는 남녀노소, 빈부귀천을 막론하고 구원을 베푸시는 하나님의 사랑을 부정하는 해석이며, 신천지가 이단임을 증명하는 또 하나의 증거입니다.

② 성경적 144,000의 의미

계시록 7장과 14장에서 나오는 144,000명은 특정한 숫자가 아니라 구원받은 하나님의 백성을 상징하는 '충만수'입니다. 이는 구원이 특정 숫자로 제한되지 않음을 의미합니다.

4. 계시록 7,14장에 나오는 144,000명은 누구인가?

계시록 7장과 14장에 언급된 144,000명에 대해 다양한 해석이 있지만, 저는 이들을 마지막 영적 전쟁에서 사탄의 666군대와 싸우는 예수 그리스도의 군대로 봅니다. 민수기에서 이스라엘 남성의 수를 세는 것은 단지 납세와 부역을 위한 것이 아니라 군대를 형성하기 위함이었습니다. 마찬가지로, 계시록 7장의 144,000명은 구원받은 이방인이 아닌, 이스라엘 중에서 구원받은 자들의 수를 나타냅니다.

왜냐하면, 144,000명이 계수된 이후에 구원받은 이방인들이 별도로 등장하기 때문입니다.

"이 일 후에 내가 보니 각 나라와 족속과 백성과 방언에서 아무도 능히 셀 수 없는 큰 무리가... 구원하심이 보좌에 앉으신 우리 하나님과 어린 양에게 있도다 하니" 계7:9-10

과거 사도 바울이 복음을 전할 때도 유대인들은 가장 강력하게 기독교를 핍박했던 자들이었습니다. 계시록의 시대에도 "유대인이 아니요, 사탄의 회당이라 계2:9", "보라, 사탄의 회당 곧 자칭 유대인이라 하나 그렇지 아니하고 계3:9"라고 기록되어 있습니다.

그러나 하나님은 그들을 선민選民으로 부르셨고, 아브라함과 바울에게 약속하신 것처럼, 종말의 심판의 때에 끝내 그들을 온전히 구원하시는 하나님이십니다.

"이 신비는 이방인의 충만한 수가 들어오기까지 이스라엘의 일부가 우둔하게 된 것이라. 그리하여 온 이스라엘이 구원을 받으

리라" 롬11:25-26

계시록 14장에서도 다시 한번 144,000명이 언급됩니다. 이것은 이스라엘과 이방인의 구원을 대표하는 숫자입니다. 계시록 14장 4절에 나오는 이 사람들은 구원받은 이방인들을 포함합니다. 또한, 계시록 21장의 새 예루살렘성의 12문과 12기초석은 이스라엘 자손 12지파와 예수님의 12사도를 상징합니다. 이것은 이스라엘 크리스천과 이방인 크리스천을 모두 포함한 모든 구원을 의미하는 것입니다 계 21:12-14.

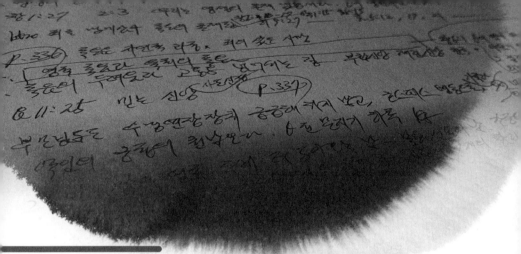

50주 아마겟돈 전쟁, 곡과 마곡의 전쟁, 영적 전쟁

영적전쟁 靈的戰爭

"그가 큰 음성으로 이르되 하나님을 두려워하며 그에게 영광을 돌리라 이는 그의 심판의 시간이 이르렀음이니 하늘과 땅과 바다와 물들의 근원을 만드신 이를 경배하라 하더라" 계14:7

"이것을 너희에게 이르는 것은 너희로 내 안에서 평안을 누리게 하려 함이라. 세상에서는 너희가 환난을 당하나 담대하라 내가 세상을 이기었노라" 요16:33

"용이 여자에게 분노하여 돌아가서 그 여자의 남은 자손, 곧 하나님의 계명을 지키며 예수의 증거를 가진 자들과 더불어 싸우려고 바다 모래 위에 서 있더라" 계12:17

※아래 표는 세대 주의적 전천년설의 도표입니다. 필자가 지지하는 역사적 전천년 설은 이중 재림이 아니라 성도들이 7년 대환란을 통과한 후 천년왕국 직전에 단 한 번 재림 때에 휴거가 된다는 입장을 취하고 있습니다.

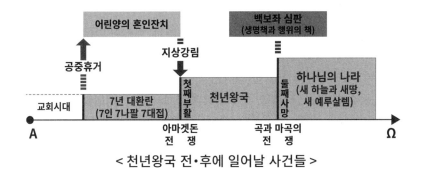

< 천년왕국 전•후에 일어날 사건들 >

계시록은 천년왕국 전과 후에 각각 두 가지 전쟁을 언급합니다.

1. 아마겟돈 전쟁

인류의 최후 전쟁으로 널리 알려진 아마겟돈 전쟁입니다.

A. 일반 전쟁의 관점에서:

"나팔 가진 여섯째 천사에게 말하기를, 큰 강 유브라데에 결박한 네 천사를 놓아 주라 하매 네 천사가 놓였으니 그들은 그 년 월 일 시에 이르러 사람 삼분의 일을 죽이기로 준비된 자들이더라. 마병대의 수는 이만 만이니..." 계9:14-21

B. 사탄의 관점에서:

"또 여섯째 천사가 그 대접을 큰 강 유브라데에 쏟으매 강물이 말라서 동방에서 오는 왕들의 길이 예비되었더라. 또 내가 보매 개구리 같은 세 더러운 영이 용의 입과 짐승의 입과 거짓 선지자의 입에서 나오니 그들은 귀신의 영이라. 이적을 행하여 온 천하 왕들에게 가서 하나님, 곧 전능하신 이의 큰 날에 있을 전쟁을 위하여 그들을 모으더라. 보라, 내가 도둑같이 오리니, 누구든지 깨어 자기 옷을 지켜 벌거벗고 다니지 아니하며 자기의 부끄러움을 보이지 아니하는 자는 복이 있도다. 세 영이 히브리어로 아마겟돈이라 하는 곳으로 왕들을 모으더라" 계16:12-16

C. 예수님의 관점에서:

"또 내가 보매 그 짐승과 땅의 임금들과 그들의 군대들이 모여 그 말 탄 자와 그의 군대와 더불어 전쟁을 일으키다가 짐승이 잡히고 그 앞에서 표적을 행하던 거짓 선지자도 함께 잡혔으니, 이는 짐승의 표를 받고 그의 우상에게 경배하던 자들을 표적으로 미혹하던 자라. 이 둘이 산 채로 유황불 붙는 못에 던져지고, 그 나머지는 말 탄 자의 입으로부터 나오는 검에 죽으매 모든 새가 그들의 살로 배불리더라" 계19:19-21

2. 곡과 마곡의 전쟁

천년왕국 이후 일어나는 곡과 마곡의 전쟁입니다.

"천 년이 차매 사탄이 그 옥에서 놓여 나와서 땅의 사방 백성, 곧 곡과 마곡을 미혹하고 모아 싸움을 붙이리니 그 수가 바다의 모래 같으리라. 그들이 지면에 널리 퍼져 성도들의 진과 사랑하시는 성을 두르매 하늘에서 불이 내려와 그들을 태워버리고, 또 그들을 미혹하는 마귀가 불과 유황 못에 던져지니 거기는 그 짐승과 거짓 선지자도 있어 세세토록 밤낮 괴로움을 받으리라" 계20:7-10

많은 신학자는 이 전쟁을 상징적으로 해석합니다. 그들은 아마겟돈 전쟁이나 곡과 마곡의 전쟁을 교회가 이 세상에서 사탄과 싸우는 영적 전쟁으로 보며, 실제적인 전쟁으로 보지 않습니다. 그러나 저는 영적 해석도 필요하지만, 문자적·역사적 해석이 우선되어야 한다고 생각합니다. 물론 계시록에는 상징적인 표현이 많지만, 모든 것을 상징으로만 풀 수는 없습니다. 어떤 본문을 문자적으로 해석할지 상징적으로 해석할지 애매한 상황에서는, 문자적으로 해석하는 것이 더 옳다고 믿습니다.

에스겔 38장과 39장은 곡과 마곡의 전쟁을 다루고 있습니다. 앞의 36, 37장은 이스라엘의 구원과 축복을, 뒤의 40~48장은 예루살렘 성읍과 성전을 다룹니다. 이는 요한계시록 20-22장의 천년왕국, 곡과 마곡의 전쟁, 새하늘과 새땅, 새 예루살렘의 구조와 동일합니다. 그러므로 곡과 마곡의 전쟁을 상징적으로 보기보다는 문자적·역사적으로 해석하는 것이 더 타당하다고 생각합니다.

A. 왜 천년왕국 이후에 곡과 마곡의 전쟁이 있을까?

천년왕국에 영체로 참여하는 왕같은 제사장은 자녀를 낳지 않지만, 육체로 참여하는 사람들은 자녀를 낳습니다.

> "내가 예루살렘을 즐거워하며 나의 백성을 기뻐하리니 우는 소리와 부르짖는 소리가 그 가운데에서 다시는 들리지 아니할 것이며, 거기는 날 수가 많지 못하여 죽는 어린이와 수한이 차지 못한 노인이 다시는 없을 것이라. 곧 백 세에 죽는 자를 젊은이라 하겠고 백 세가 못되어 죽는 자는 저주받은 자이리라" 사 66:19-20

육체로 참여하는 사람들과 그의 자손들이 여전히 자기 의와 영광을 구하는지, 하나님의 의와 영광을 구하는지를 하나님께서 최종적으로 심판하시는 것입니다. 곧 알곡과 가라지를 가르는 심판이 천년왕국을 통과한 사람들에게도 똑같이 적용되는 것입니다.

3. 영적 전쟁

> "용이 여자에게 분노하여 돌아가서 그 여자의 남은 자손, 곧 하나님의 계명을 지키며 예수의 증거를 가진 자들과 더불어 싸우려고 바다 모래 위에 서 있더라" 계12:17

> "또 내가 보니 보라 어린 양이 시온 산에 섰고, 그와 함께 십사만 사천이 서 있는데 그들의 이마에는 어린 양의 이름과 그 아버지의 이름을 쓴 것이 있더라" 계14:1

> "그들(사탄과 666)이 어린 양과 싸우려니와 어린 양은 만주의 주시요, 만왕의 왕이시므로 그들을 이기실 터이요, 또 그와 함께 있

는 자들 곧 부르심을 받고 택하심을 받은 진실한 자들도 이기리로다" 계17:14

"또 우리 형제들이 어린 양의 피와 자기들이 증언하는 말씀으로 그를 이겼으니, 그들은 죽기까지 자기들의 생명을 아끼지 아니하였도다" 계12:11

⊕ 영적전쟁 靈的戰爭
cf) Christian warfare / Spiritual war

靈	的	戰	爭
신령 령(영)	과녁 적	싸움 전	다툴 쟁

靈	的	戰	爭				

51주 최후의 심판審判

생명生命책과 행위行爲책

"욕심이 잉태한즉 죄를 낳고, 죄가 장성한즉 사망을 낳느니라"
약 1:15

"한 번 죽는 것은 사람에게 정해진 것이요, 그 후에는 심판이 있으리니" 히9:27

인간의 마음이 육신의 소욕을 좇는지, 성령의 소욕을 좇는지가 중요합니다.

"만물보다 거짓되고 심히 부패한 것은 마음이라, 누가 능히 이를 알리요마는 나 여호와는 심장을 살피며 폐부를 시험하고, 각각 그의 행위와 그의 행실대로 보응하나니" 렘17:9-10

구원받은 사람들은 '천국'으로 가고, 진노의 심판을 받는 사람들은 '지옥'으로 갑니다. 예를 들어, 우리의 배가 해적선에 쫓기고 있을 때 해상왕 장보고의 배가 나타난다면, 우리는 구원의 환호성을 지르고 해적선의 사람들은 탄식과 애통의 노래를 부를 것입니다. 예수님의 재림과 최후의 심판은 성도들에게는 구원의 시간이 되고, 죄인들에게는 심판의 시간이 될 것입니다.

성도의 대표적인 신앙은 부활 신앙, 재림 신앙, 천국 신앙입니다.

1. 심판의 주체

A. 선악 간에 우리를 심판하실 분은 누구일까요?

오직 예수 그리스도입니다.

"하나님 앞과 살아 있는 자와 죽은 자를 심판하실 그리스도 예수 앞에서 그가 나타나실 것과 그의 나라를 두고 엄히 명하노니" 딤후4:1

"아버지께서 아무도 심판하지 아니하시고, 심판을 다 아들에게 맡기셨다" 요5:22

B. 선악 간에 판단하는 법전은 무엇일까요?

성경의 '생명책'과 '행위책'입니다. 천년왕국에 참여하지 못한 모든 이들은 이 두 책에 따라 흰 보좌 심판을 받습니다.

"또 내가 보니 죽은 자들이 큰 자나 작은 자나 그 보좌 앞에 서 있는데, 책들이 펴 있고 또 다른 책이 펴졌으니, 곧 생명책이라. 죽은 자들이 자기 행위를 따라 책들에 기록된 대로 심판을 받으니" 계20:12

천년왕국에 참여하여 왕같은 제사장 역할을 수행한 자들은 이 심판과는 상관이 없습니다.

"또 내가 보좌들을 보니, 거기에 앉은 자들이 있어 심판하는 권세를 받았더라. 그들이 하나님과 그리스도의 제사장이 되어 천년 동안 그리스도와 더불어 왕 노릇 하리라" 계20:4-6

2. 생명책과 행위책

A. 생명책

천하만민의 예수 그리스도의 생명 여부가 기록된 책입니다.

"죽임을 당한 어린 양의 생명책에 창세 이후로 이름이 기록되지 못한 자들은 이 땅에 사는 자들이 다 그 짐승에게 경배하리라" 계13:8

"그 때에 네 백성 중 책에 기록된 모든 자가 구원을 받을 것이라. 땅의 티끌 가운데에서 자는 자 중에서 많은 사람이 깨어나 영생을 받는 자도 있겠고, 수치를 당하여서 영원히 부끄러움을 당할 자도 있을 것이며" 단12:1-3

"내가 진실로 진실로 너희에게 이르노니, 내 말을 듣고 또 나 보내신 이를 믿는 자는 영생을 얻었고, 심판에 이르지 아니하나니 사망에서 생명으로 옮겼느니라" 요5:24

B. 행위책

"이러므로 하나님의 자녀들과 마귀의 자녀들이 드러나나니 무릇 의를 행하지 아니하는 자나 또는 그 형제를 사랑하지 아니하는 자는 하나님께 속하지 아니하니라" 요일3:10

① 불신자: 악행을 기록하여 행위의 정도에 따라 심판하는 책입니다.

② 신자: 생명책에 이름이 기록된 자의 행위는 상급을 기록한 책에 기록됩니다.

"그에게 빛나고 깨끗한 세마포 옷을 입도록 허락하셨으니, 이 세마포 옷은 성도들의 옳은 행실이로다 하더라" 계19:7-8

"이같이 너희 빛이 사람 앞에 비치게 하여 그들로 너희 착한 행실을 보고 하늘에 계신 너희 아버지께 영광을 돌리게 하라" 마5:16

3. 예수 생명의 유무에 따라 데려감(휴거)과 버려둠으로 나뉩니다.

예수 생명의 유무에 따라 구분됩니다. 신자와 불신자 간의 구분이 아니라, 크리스천 내에서 데려감과 버려둠이 구분됩니다.

"그 때에 두 사람이 밭에 있으매 한 사람은 데려가고 한 사람은 버려둠을 당할 것이요, 두 여자가 맷돌질을 하고 있으매 한 사람은 데려가고 한 사람은 버려둠을 당할 것이니라" 마24:40-41

A. 구분의 기준에는 다음과 같은 것들이 있습니다:

- 외식하는 자와 하나님께 마음을 쏟는 자 마6:1-4
- 좁은 문과 넓은 문 마7:13
- 주여 주여 하는 자와 하나님의 뜻대로 행하는 자 마7:21
- 반석 위의 집과 모래 위의 집 마7:24-27
- 알곡과 가라지(쭉정이) 마13:30
- 좋은 물고기와 나쁜 물고기 마13:47-48
- 미련한 신부와 슬기로운 신부 마25:2
- 착하고 충성된 종과 악하고 게으른 종 마25:21
- 양과 염소(이웃사랑을 실천한 자, 그렇지 않은 자) 마25:34
- 성전 안에서 경배하는 자와 마당만 밟는 자 계11:1-2
- 하나님의 인을 맞은 자와 사탄의 표를 맞은 자 계14:1
- 이기는 자와 패배자 계12:11, 요일4:4, 요일5:4

4. 이 땅에서의 구별

"자기 땅에 오매 자기 백성이 영접하지 아니하였으나, 영접하는 자 곧 그 이름을 믿는 자들에게는 하나님의 자녀가 되는 권세를 주셨으니" 요1:11-12

5. 최후의 심판을 앞두고, 성도들은 어떻게 살아야 할까요?

A. 목회자의 종말의 설교

"충성되고 지혜 있는 종이 되어 주인에게 그 집 사람들을 맡아 때를 따라 양식을 나눠 줄 자가 누구냐? 주인이 올 때에 그 종이 이렇게 하는 것을 보면 그 종이 복이 있으리로다" 마24:45-46

B. 성결한 가운데 복음 전도와 선교

"거룩한 행실과 경건함으로 하나님의 날이 임하기를 바라보고 간절히 사모하라" 벧후3:9-12

"이 천국 복음이 모든 민족에게 증언되기 위하여 온 세상에 전파되리니, 그제야 끝이 오리라" 마 24:14

❀ 서신書信, 묵시默示

書	信	默	示
글 서	믿을 신	잠잠할 묵	보일 시

書	信	默	示				

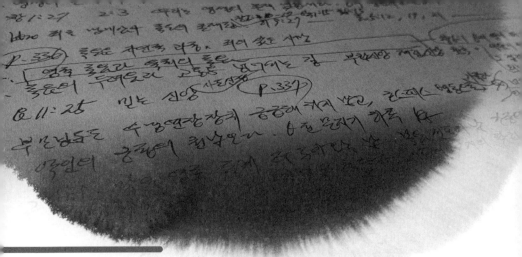

52주 천년왕국 千年王國

천국天國과 지옥地獄

"만일 땅에 있는 우리의 장막 집이 무너지면 하나님께서 지으신 집, 곧 손으로 지은 것이 아니요 하늘에 있는 영원한 집이 우리에게 있는 줄 아느니라" 고후5:1

"너희는 마음에 근심하지 말라. 하나님을 믿으니 또 나를 믿으라. 내 아버지 집에 거할 곳이 많도다. 그렇지 않으면 너희에게 일렀으리라. 내가 너희를 위하여 거처를 예비하러 가노니" 요14:1-2

신구약 전체 성경의 핵심 주제는 '하나님의 나라'입니다. 하나님의 나라는 왕 중의 왕, 세상의 임금들 위에 계신 하나님께서 대리 통치자인 인간 왕을 통해 하나님의 말씀으로 약속의 땅(이스라엘, 교회, 천국: 영토)에서 제사장 나라로서 거룩한 백성을 이루어가는 것입니다. 이 주권과 국민은 언약 관계로 이루어지며, 그 핵심은 신뢰와 순종입니다.

국가3요소	세상 나라	(구약) 하나님 나라	(신약) 하나님 나라
주권 (언약 체결)	사탄과 짐승 (단7장) 왕, Boss 세속법 (강자의 법)	하나님 왕 (다윗언약) 율법	예수그리스도 왕같은 제사장 Leader 그리스도의 법 (약자의 법, 사랑의 법)
국민	세상 사람 자연인(사탄의 표)	아브라함 자손 (선민, 성민, 보민)	예수님의 피 (하나님의 인) 성도(갈 3:28)
영토	각 나라 영토	가나안 땅 약속의 땅	교회 (경배하는 자) cf) 마당만 밟는 자

현재 하나님의 나라는 세상 나라에 포위된 상태입니다. 그러나 미래에는 세상 나라가 하나님 나라로 변화될 것입니다.

A. 주권

"일곱째 천사가 나팔을 불매 하늘에 큰 음성들이 나서 이르되 세상 나라가 우리 주와 그의 그리스도의 나라가 되어 그가 세세토록 왕 노릇 하시리로다 하니" 계11:15

B. 국민

"그에게 권세와 영광과 나라를 주고 모든 백성과 나라들과 다른 언어를 말하는 모든 자들이 그를 섬기게 하였으니 그의 권세는 소멸되지 아니하는 영원한 권세요 그의 나라는 멸망하지 아니할 것이니라" 단7:14

C. 영토

"지극히 높으신 이의 성도들이 나라를 얻으리니 그 누림이 영원하고 영원하고 영원하리라" 단7:18

그날이 올 때까지 교회는 하나님 나라를 소망 없는 세상과 사람들에게 보여주어야 합니다. 그 나라에 들어가게 해야 합니다.

"하나님의 나라는 먹는 것과 마시는 것이 아니요 오직 성령 안에 있는 의와 평강과 희락이라" 롬14:17

1. 천년왕국

천년왕국은 예수님의 재림 때에 순교자들과 믿음의 선진들, 살아남은 신실한 성도들이 첫째 부활에 참여하여 이 땅에서 예수님과 함께 천 년 동안 왕으로 통치하는 나라입니다.

"또 내가 보좌들을 보니 거기에 앉은 자들이 있어 심판하는 권세를 받았더라. 또 내가 보니 예수를 증언함과 하나님의 말씀 때문에 목 베임을 당한 자들의 영혼들과 또 짐승과 그의 우상에게 경배하지 아니하고 그들의 이마와 손에 그의 표를 받지 아니한 자들이 살아서 그리스도와 더불어 천 년 동안 왕 노릇 하니 (그 나머지 죽은 자들은 그 천 년이 차기까지 살지 못하더라) 이는 첫째 부활이라 이 첫째 부활에 참여하는 자들은 복이 있고 거룩하도다. 둘째 사망이 그들을 다스리는 권세가 없고 도리어 그들이 하나님과 그리스도의 제사장이 되어 천 년 동안 그리스도와 더불어 왕 노릇 하리라" 계20:4-6

천년왕국에 대한 주장은 다음과 같습니다:

A. 전천년설

전천년설은 그리스도의 재림이 먼저 이루어진 후, 천년시대가 온다고 믿는 것입니다. 전천년설은 크게 두 가지로 나뉩니다

① 역사적 전천년설

7년 대환난 속에서 성령님께서 성도들을 보호하시는 가운데, 성도들이 죄와 사탄과의 영적 전쟁에서 승리하고 천년왕국 직전에 휴거되어 예수 그리스도와 함께 천년 동안 통치하는 것이라 믿습니다. 사도 요한이 이 믿음을 폴리캅에게 전수하

였고, 폴리캅이 이레니우스에게 전수하여 오늘날 우리에게까지 전해졌습니다. 필자는 이 입장에 서 있습니다.

② 세대주의적 전천년설

19세기 세대주의 신학의 창시자 달비와 스코필드의 관주성경을 통해 널리 퍼진 주장입니다. 이 입장에 따르면, 순교자와 믿음의 선진들, 그리고 성도들은 7년 대환난 직전에 휴거되어 예수 그리스도의 공중재림에 참여하고, 7년 대환난 기간 동안 어린 양의 혼인잔치의 주인공이 되었다가, 대환난 끝에 예수님과 지상 재림에 함께하여 천년 동안 통치한다고 믿습니다. 오늘날 휴거를 믿는 많은 사람들이 이 입장에 따릅니다. 그러나 이 입장의 전문 신학자들은 이스라엘과 교회를 분리하여, 교회는 휴거되지만 이스라엘은 휴거의 사실을 보고 난 후에 예수 그리스도를 믿음으로 7년 대환난을 거쳐 천년왕국에 들어간다고 봅니다.

B. 후천년설

후천년설은 그리스도의 재림이 천년시대가 지난 뒤에 온다고 주장합니다. 현재 이 입장을 취하는 신학자와 목회자는 거의 없습니다.

C. 무천년설

무천년설 또는 반천년설은 '1000'이라는 숫자를 상징적인 표지로 보고, 따로 천년왕국이 없으며, 현재의 교회 시대가 천년왕국 시대라고 주장합니다. 오늘날 많은 신학자와 목회자들이 이 입장을 지지하지만, 무천년설에는 몇 가지 심각한 문제가 있습니다. 예를 들어, 계시록 20장에서 "사탄이 무저갱에 갇혀서 천 년 동안 만국을 미혹하게 못한다"고 하지만, 현재 교회는 많은 미혹을

받고 있습니다. 또한, 성도들이 마지막 때에 재림의 기대를 갖고
깨어 경성하여 죄와 세상에서 승리하게 하는 계시록의 핵심을 희
미하게 합니다.

2. 천국의 특성과 천국에 가는 사람들

A. 천국은 우리가 상상하는 모든 것보다 천 배나 더 좋은 영광된 곳입니다.

① 생노병사 등 인간의 한계 상황이 없는 곳:

"모든 눈물을 그 눈에서 닦아 주시니 다시는 사망이 없고 애통
하는 것이나 곡하는 것이나 아픈 것이 다시 있지 아니하리니 처
음 것들이 다 지나갔음이라" 계21:4

② 의, 평강, 희락의 나라

"하나님의 나라는 먹는 것과 마시는 것이 아니요 오직 성령 안
에 있는 의와 평강과 희락이라" 롬14:17

③ 영광 충만

"하나님의 영광이 있어 그 성의 빛이 지극히 귀한 보석 같고 벽
옥과 수정 같이 맑더라" 계21:11-12

"그 성곽은 벽옥으로 쌓였고 그 성은 정금인데 맑은 유리 같더
라. 그 성의 성곽의 기초석은 각색 보석으로 꾸몄는데... 그 열
두 문은 열두 진주니 각 문마다 한 개의 진주로 되어 있고 성의
길은 맑은 유리 같은 정금이더라" 계21:18-21

④ 영생 복락

"또 그가 수정 같이 맑은 생명수의 강을 내게 보이니 하나님과
및 어린 양의 보좌로부터 나와서 길 가운데로 흐르더라. 강 좌
우에 생명나무가 있어 열두 가지 열매를 맺되 달마다 그 열매
를 맺고 그 나무 잎사귀들은 만국을 치료하기 위하여 있더라"
계22:1-2

B. 천국은 이런 사람들이 가는 곳입니다.

① 거듭난 자

"예수께서 대답하여 이르시되 진실로 진실로 네게 이르노니 사람이 거듭나지 아니하면 하나님의 나라를 볼 수 없느니라" 요3:3

② 회개와 믿음의 사람

"회개하고 복음을 믿으라" 막1:15

③ 순종의 사람 (착하고 충성된 자)

"빌라델비아 교회의 사자에게 편지하라 거룩하고 진실하사 다윗의 열쇠를 가지신 이 곧 열면 닫을 사람이 없고 닫으면 열 사람이 없는 그가 이르시되 볼지어다 내가 네 앞에 열린 문을 두었으되 능히 닫을 사람이 없으리라. 내가 네 행위를 아노니 네가 작은 능력을 가지고서도 내 말을 지키며 내 이름을 배반하지 아니하였도다" 계3:7-8

④ 화평함과 거룩함의 사람

"모든 사람과 더불어 화평함과 거룩함을 따르라 이것이 없이는 아무도 주를 보지 못하리라" 히12:14

⑤ 선한 말

"무릇 더러운 말은 너희 입 밖에도 내지 말고 오직 덕을 세우는 데 소용되는 대로 선한 말을 하여 듣는 자들에게 은혜를 끼치게 하라. 하나님의 성령을 근심하게 하지 말라. 그 안에서 너희가 구원의 날까지 인치심을 받았느니라" 엡4:29-30

⑥ 죄, 세상, 사탄과 싸워서 이기는 자

"너희가 육신대로 살면 반드시 죽을 것이로되 영으로써 몸의 행실을 죽이면 살리니 무릇 하나님의 영으로 인도함을 받는 사람은 곧 하나님의 아들이라" 롬8:13

3. 지옥에 대한 이해와 이 땅에서의 삶

A. 지옥은 원래 인간을 위해 만든 곳이 아닙니다.

범죄한 천사 마귀와 그의 수하 귀신들을 위한 곳이었습니다.

"또 왼편에 있는 자들에게 이르시되 저주를 받은 자들아 나를 떠나 마귀와 그 사자들을 위하여 예비된 영원한 불에 들어가라" 마25:41

"하나님이 범죄한 천사들을 용서하지 아니하시고 지옥에 던져 어두운 구덩이에 두어 심판 때까지 지키게 하셨으며" 벧후2:4

B. 지옥은 다음과 같은 곳입니다:

① 영벌을 받는 곳

"손에 키를 들고 자기의 타작 마당을 정하게 하사 알곡은 모아 곳간에 들이고 쭉정이는 꺼지지 않는 불에 태우시리라" 마3:12

"이런 자들은 주의 얼굴과 그의 힘의 영광을 떠나 영원한 멸망의 형벌을 받으리로다" 살후1:9

② 영원한 고통이 있는 곳

"그가 음부에서 고통 중에 눈을 들어 멀리 아브라함과 그의 품에 있는 나사로를 보고" 눅16:23

③ 영원한 불이 있는 곳

"풀무 불에 던져 넣으리니 거기서 울며 이를 갈게 되리라" 마13:42

"거기에서는 구더기도 죽지 않고 불도 꺼지지 아니하느니라" 막9:48

C. 지옥은 이런 사람들이 가는 곳입니다.

지옥에 가는 사람들에 대한 경고는 성경 곳곳에 나타납니다.

"하나님을 모르는 자들과 우리 주 예수의 복음에 복종하지 않는

자들에게 형벌을 내리시리니" 살후1:8

① 죽이는 자, 실족하게 하는 자

"도둑이 오는 것은 도둑질하고 죽이고 멸망시키려는 것뿐이요 내가 온 것은 양으로 생명을 얻게 하고 더 풍성히 얻게 하려는 것이라" 요10:10

② 육체의 열매를 맺는 삶

성령의 열매가 아닌 육체의 열매를 맺는 자입니다

"육체의 일은 분명하니 곧 음행과 더러운 것과 호색과 우상 숭배와 주술과 원수 맺는 것과 분쟁과 시기와 분냄과 당 짓는 것과 분열함과 이단과 투기와 술 취함과 방탕함과 또 그와 같은 것들이라 전에 너희에게 경계한 것 같이 경계하노니 이런 일을 하는 자들은 하나님의 나라를 유업으로 받지 못할 것이요" 갈5:19-21

③ 어두움에 속한 자

"너희가 전에는 어둠이더니 이제는 주 안에서 빛이라 빛의 자녀들처럼 행하라. 빛의 열매는 모든 착함과 의로움과 진실함에 있느니라" 엡5:8-9

④ 마귀의 자녀

"이러므로 하나님의 자녀들과 마귀의 자녀들이 드러나나니 무릇 의를 행하지 아니하는 자나 또는 그 형제를 사랑하지 아니하는 자는 하나님께 속하지 아니하니라" 요일3:10

⑤ 악하고 게으른 자

"주인이 이르되 잘 하였도다 착하고 충성된 종아 네가 작은 일에 충성하였으니 내가 많은 것을 네게 맡기리라 네 주인의 즐거움에 참여하라" 마25:23

"그 주인이 대답하여 이르되 악하고 게으른 종아" 마25:26

⑥ 육체를 위하여 심는 자

"자기의 육체를 위하여 심는 자는 육체로부터 썩어질 것을 거두고 성령을 위하여 심는 자는 성령으로부터 영생을 거두리라. 우리가 선을 행하되 낙심하지 말지니 포기하지 아니하면 때가 이르매 거두리라" 갈6:8-9

⑦ 계시록에서 사탄의 표를 맞은 자 계14:9

"또 다른 천사 곧 셋째가 그 뒤를 따라 큰 음성으로 이르되 만일 누구든지 짐승과 그의 우상에게 경배하고 이마에나 손에 표를 받으면" 계14:9

4. 이 땅에서 천국과 지옥의 실재를 알 수 있는 방법

우리는 이땅에서 양심, 죽은 자의 얼굴, 사후 세계의 체험자, 성경 말씀을 통하여 천국과 지옥이 있음을 알 수 있습니다.

마지노선으로 파스칼의 확률적 천국론을 고통해서라도 천국의 실재를 믿고, 이땅에서 예수님을 믿고 사랑하다가 다 천국에 입성하기를 바랍니다.

① 현세에 천국이 있다고 믿고 살다가, 내세에 천국의 실재를 체험하는 사람 - 대박 천국인생

② 현세에 천국이 있다고 믿고 살다가, 내세에 천국의 부재를 체험하는 사람 - 의미있는 인생

③ 현세에 천국이 없다고 믿고 살다가, 내세에 천국의 실재를 체험하는 사람 - 쪽박 지옥인생

④ 현세에 천국이 없다고 믿고 살다가, 내세에 천국의 부재를 체험하는 사람 - 허무한 인생

대박인생의 사람은 영생복락을 누립니다. 의미 있는 인생은 내세에 천국이 없더라도 복된 인생이며, 자손들과 지인들에게 그분처

럼 살아야 한다는 인생의 모델이 됩니다. 반면, 쪽박인생은 현세에서 마음껏 쾌락과 행복을 누리더라도 영원한 고통에 빠지게 됩니다. 허무한 인생은 무에서 왔다가 무로 돌아가는 사람이며, 공에서 왔다가 공으로 돌아가는 가장 허무한 사람입니다.

파스칼은 이 네 가지 확률 중 어떤 것이 더 좋은가를 각자에게 묻고, 확률적으로라도 대박인생이나 의미 있는 인생을 살라고 그의 저서『팡세』에서 강조합니다. 왜냐하면, 죽은 지 1분도 안 되어 천국과 지옥으로 내 인생이 영원히 결정되기 때문입니다.

✺ 천국天國과 지옥地獄

天	國	地	獄
하늘 천	나라 국	땅 지	감옥 옥

天	國	地	獄				

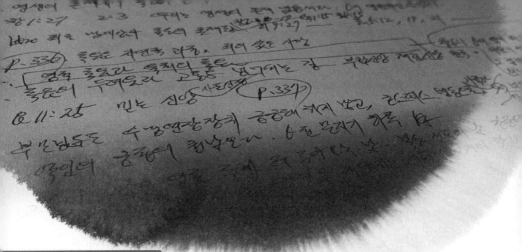

(53주) 계시록의 핵심 메시지

영생복락 永生福樂

1. 하나님은 누구신가?

"주 하나님이 이르시되 나는 알파와 오메가라 이제도 있고 전에도 있었고 장차 올 자요 전능한 자라 하시더라" 계1:8

"또 내게 말씀하시되 이루었도다 나는 알파와 오메가요 처음과 마지막이라 내가 생명수 샘물을 목마른 자에게 값없이 주리니 이기는 자는 이것들을 상속으로 받으리라 나는 그의 하나님이 되고 그는 내 아들이 되리라" 계21:6-7

2. 성도는, 나는 누구인가?

"그들이 새 노래를 불러 이르되 두루마리를 가지시고 그 인봉을 떼기에 합당하시도다 일찍이 죽임을 당하사 각 족속과 방언과 백성과 나라 가운데에서 사람들을 피로 사서 하나님께 드리시고 그들로 우리 하나님 앞에서 나라와 제사장들을 삼으셨으니 그들이 땅에서 왕 노릇 하리로다 하더라" 계5:9-10

"무명한 자 같으나 유명한 자요 죽은 자 같으나 보라 우리가 살아 있고 징계를 받는 자 같으나 죽임을 당하지 아니하고 근심하는 자 같으나 항상 기뻐하고 가난한 자 같으나 많은 사람을 부요하게 하고 아무 것도 없는 자 같으나 모든 것을 가진 자로다" 고후6:9-10

3. 죄에서 어서 나오라

"내가 들으니 하늘로부터 다른 음성이 나서 이르되 내 백성아, 거기서 나와 그의 죄에 참여하지 말고 그가 받을 재앙들을 받지 말라" 계18:4

"불의를 행하는 자는 그대로 불의를 행하고 더러운 자는 그대로 더럽고 의로운 자는 그대로 의를 행하고 거룩한 자는 그대로 거룩하게 하라" 계22:11

4. 하나님의 인침 받은 자로 인내하라

"성도들의 인내가 여기 있나니 그들은 하나님의 계명과 예수에 대한 믿음을 지키는 자니라" 계14:12

"이 사람들은 여자와 더불어 더럽히지 아니하고 순결한 자라 어린 양이 어디로 인도하든지 따라가는 자며 사람 가운데에서 속량함을 받아 처음 익은 열매로 하나님과 어린 양에게 속한 자들이니" 계14:4

5. 영적 전쟁에서 이기는 자 되라

"그들이 어린 양과 더불어 싸우려니와 어린 양은 만주의 주시요 만왕의 왕이시므로 그들을 이기실 터이요 또 그와 함께 있는 자들 곧 부르심을 받고 택하심을 받은 진실한 자들도 이기리로다" 계17:14

"또 우리 형제들이 어린 양의 피와 자기들이 증언하는 말씀으로써 그를 이겼으니 그들은 죽기까지 자기들의 생명을 아끼지 아니하였도다" 계12:11

6. 환난과 핍박 중에도 구령의 열정, 선교의 열정!

"그가 내게 말하기를 네가 많은 백성과 나라와 방언과 임금에게 다시 예언하여야 하리라 하더라" 계10:11

"성령과 신부가 말씀하시기를 오라 하시는도다 듣는 자도 오라 할 것이요 목마른 자도 올 것이요 또 원하는 자는 값없이 생명수를 받으라 하시더라" 계22:17

7. 거룩한 신부, 하늘군대의 상급을 소망하라!

"보라 내가 속히 오리니 이 두루마리의 예언의 말씀을 지키는 자는 복이 있으리라 하더라" 계22:7

8. 요한계시록 7축복의 말씀

계시록에는 7인, 7나팔, 7대접과 같은 하나님의 진노도 나타나지만, 성도들에게는 7가지 영원한 복을 약속하고 있습니다. 이 복들은 단순히 세상의 축복이 아닌, 하나님의 언약의 피로 주어진 영원한 축복입니다. 세상의 축복은 Happiness (우연히 발생하다에서 유래)로, 우연히 왔다가 우연히 사라지는 것이지만, 하나님의 축복은 Blessing (피에서 유래)으로, 예수님의 언약의 피로 영원히 주어지는 것입니다.

A. 말씀의 복

"이 예언의 말씀을 읽는 자와 듣는 자와 그 가운데에 기록한 것을 지키는 자는 복이 있나니 때가 가까움이라" 계1:3

B. 사후의 복

"또 내가 들으니 하늘에서 음성이 나서 이르되 기록하라 지금 이후로 주 안에서 죽는 자들은 복이 있도다 하시매 성령이 이르시되 그러하다 그들이 수고를 그치고 쉬리니 이는 그들의 행한 일

이 따름이라 하시더라" 계14:13

C. 예복의 복

"보라 내가 도둑 같이 오리니 누구든지 깨어 자기 옷을 지켜 벌거벗고 다니지 아니하며 자기의 부끄러움을 보이지 아니하는 자는 복이 있도다" 계16:15

"그에게 빛나고 깨끗한 세마포 옷을 입도록 허락하셨으니 이 세마포 옷은 성도들의 옳은 행실이로다 하더라" 계19:7-8

D. 거룩한 신부의 복

"천사가 내게 말하기를 기록하라 어린 양의 혼인 잔치에 청함을 받은 자들은 복이 있도다 하고 또 내게 말하되 이것은 하나님의 참되신 말씀이라 하기로" 계19:9

"너는 또 여호와의 손의 아름다운 관, 네 하나님의 손의 왕관이 될 것이라 ... 오직 너를 헵시바라 하며 네 땅을 뿔라라 하리니 ... 신랑이 신부를 기뻐함 같이 네 하나님이 너를 기뻐하시리라" 사 62:3-5

E. 첫째 부활의 복

"이 첫째 부활에 참여하는 자들은 복이 있고 거룩하도다 둘째 사망이 그들을 다스리는 권세가 없고 도리어 그들이 하나님과 그리스도의 제사장이 되어 천 년 동안 그리스도와 더불어 왕 노릇 하리라" 계20:6

F. 순종의 복

"보라 내가 속히 오리니 이 두루마리의 예언의 말씀을 지키는 자는 복이 있으리라" 계22:7

"성도들의 인내가 여기 있나니 그들은 하나님의 계명과 예수에 대한 믿음을 지키는 자니라" 계14:12

G. 회개의 복

"자기 두루마기를 빠는 자들은 복이 있으니 이는 그들이 생명나무에 나아가며 문들을 통하여 성에 들어갈 권세를 받으려 함이로다" 계22:14

"이르시되 때가 찼고 하나님의 나라가 가까이 왔으니 회개하고 복음을 믿으라 하시더라" 막1:15

🏵 영생복락 永生福樂

永	生	福	樂
길 영	날 생	복 복	즐거울 낙

永	生	福	樂				

"바른 신학과 열정적인 믿음이 함께할 때
참된 크리스천이 될 수 있습니다."

_서대인

한문공부와 함께하는 52주 신학(神學)과 신앙(信學) 이야기

지은이 서대인

편　　집 고정석, 김병학, 이송용
디자인 김병학

펴낸곳 순리유한회사

초판 1쇄 인쇄 2024년 11월 1일
초판 1쇄 발행 2024년 11월 5일

출판신고 2022년 2월 24일 제477-2022-000001호

주소 56011 전라북도 순창군 구림면 금상길 7-2
이메일 soonlee.life@gmail.com
전화번호 070-7556-1347

ISBN 979-11-980637-4-8

웹사이트 http://www.soonlee.net
쇼핑몰　 http://smartstore.naver.com/soonlee

도서출판 순리로는 순리유한회사의 브랜드입니다.